KB141256

민주주의와
공론장
위르겐 하버마스

컬처룩 미디어 총서 005

민주주의와 공론장

위르겐 하버마스

루크 구드 지음 조항제 옮김

컬처룩 미디어 총서 005
민주주의와 공론장
위르겐 하버마스

지은이 루크 구드
옮긴이 조항제
펴낸이 이리라

편집 이여진 한나래
디자인 에디토리얼 렌즈

2015년 12월 10일 1판 1쇄 펴냄

펴낸곳 컬처룩
등록 2010. 2. 26 제2011–000149호
주소 121–898 서울시 마포구 동교로 27길 12 씨티빌딩 302호
전화 070.7019.2468 | 팩스 070.8257.7019 | culturelook@naver.com
www.culturelook.net

ISBN 979–11–85521–29–9 94300
ISBN 979–11–85521–06–0 94300 (세트)

* 이 도서의 국립중앙도서관 출판예정도서목록(CIP)은 서지정보유통지원시스템 홈페이지(http://
seoji.nl.go.kr)와 국가자료공동목록시스템(http://www.nl.go.kr/kolisnet)에서 이용하실 수 있습니
다. (CIP제어번호: CIP2015031014)

일러두기

· 한글 전용을 원칙으로 하되, 필요한 경우 원어나 한자를 병기하였다.

· 한글 맞춤법은 '한글 맞춤법' 및 '표준어 규정'(1988), '표준어 모음'(1990)을 적용하였다.

· 외국의 인명, 지명 등은 국립국어원의 외래어 표기법을 따랐으며, 관례로 굳어진 경우는 예외를 두었다.

· 주는 다음과 같이 편집했다. 해당하는 부분을 설명하는 경우에는 각주(*)로, 참고 문헌을 알려 주는 경우는 후주로 했다. 독자의 이해를 돕기 위해 옮긴이가 설명한 경우도 각주로 했다.

· 사용된 기호는 다음과 같다.

논문, 신문 및 잡지 등 정기 간행물, 영화:〈　〉

책(단행본):《　》

1

최근 세계 사회과학계에서 하버마스의 '공론장'론(Öffentlichkeit, public sphere)만큼 각광을 받은 이론도 흔치 않을 것이다. 1989년 하버마스의 초기 저작인《공론장의 구조 변동》(Habermas, 1961/1989, 한국어판 2001)이 영역되고, 이를 확대·보완한《사실성과 타당성》(Habermas, 1992/1996, 한국어판 2000)이 출간된 이래 철학, 역사학, 사회학, 정치학, 미디어커뮤니케이션학 등 모두에서 공론장론은 지지와 비판이 교차하는 '뜨거운 감자' 였다. 공론장론의 특징은 1990년대 초반의 붐 이후 열기가 다소 수그러든 2000년대 이후에 관심이 다시 커졌다는 점이다. 초기의 논의가 주로 개념과 역사 해석 등을 두고 철학과 역사학, 사회학 등 기초 학문 중심으로 전개되었다면(크레이그 캘훈 교수가 편집해 1992년에 펴낸《하버마스와 공론장 *Habermas and the Public Sphere*》이 전형적인 예다), 후기에는 인터넷이나 대중문화, 숙의민주주의 등의 현상이 계기가 되면서 미디어커뮤니케이션학이나 정치학, 문화학으로 장이 옮겨졌다.

런트와 리빙스톤이 최근 보고한 바에 따르면, 미디어학의 전문 학술지인 〈미디어, 문화와 사회Media, Culture & Society〉가 게재한 공론장 관련 논문의 수는 35년 동안 346편에 달했다. 한 해 평균 10편의 꼴로, 단일 이론으로는 엄청난 양이다. 시기별로 보면, 창간 연도인 1979년부터 1989년까지 처음 10년간은 23편 정도였다. 영어권 연구자들에게 본격적으로 공론장론이 알려진 것이 1989년임을 감안하면 이 역시 적다고 볼 수는 없다. 그러나 다음 연대인 1990년과 2000년 사이에는 58개로 2배 이상 늘어났고, 마지막 연대인 2000년대 들어서는 이전의 4배가 넘는 무려 247개의 논문이 발표되었다. 이 정도면 가히 빅뱅이라 해도 과언이 아니다. 세이지 출판사의 개념 시리즈 중 2011년에 펴낸 공론장론의 편집자가 모두 미디어 연구자(J. 그립스러드J. Gripsrud, H. 모에H. Moe, A. 몰랜더A. Molander, 그레이엄 머독Graham Murdock)인 점도 이를 반영한다.

물론 이런 현상은 비단 미디어학만의 것이 아니다. 전통적 학문인 정치학이나 철학에서도 공론장은 여전히 현안이다. 정치학계의 유수 저널인 〈정치학 이론Political Theory〉은 2012년의 6호(40권)에서 《공론장의 구조 변동》 출간의 50주년을 기념하는 이례적인 특집을 마련해 개관에 해당하는 리처드 번스타인Richard J. Bernstein의 글을 비롯해 7편의 소논문을 실었다. 연구자 전체도 아닌 한 저작의 기념치고는 대단하다 못해 요란한 것이라 아니할 수 없다. 철학 쪽의 저널인 〈철학과 사회 비평 Philosophy & Social Criticism〉은 하버마스 연구자인 휴 백스터Hugh Baxter의 최근작 《하버마스Habermas: The Discourse Theory of Law & Discourse》의 출간을 기념해 2014년 2호에서 4개의 소논문으로 이루어진 특집을 기획했다. 백스터의 책이 하버마스의 해석에만 머무르지 않아 독창적 가치가 있다고는 하지만, 1차 연구자로 볼 수 있는 하버마스 자신이 살아 있는 가운데 2차 연구자의 저작을 기념한 것은 결코 흔한 일이 아니다.

이런 관심은 물론 상당히 서구적인 현상이다. 공론장의 태생이 유럽(의 근대)이기도 하고, 저자인 하버마스가 초기 주장을 더욱 '보편적'으로 발전시킨 상호주관주의와 커뮤니케이션 행위 이론이 서구 친화적이며, 최근에는 EU에 대응해 벌어진 '유럽 공론장European public sphere' 논쟁이 또한 그러하기 때문이다. 그러나 꼭 논란의 대상이 되는 '보편성'을 강조하지 않고서도 지금의 대의제−시장민주주의에서 시민의 정치적 토론이나 비판이 가지는 중요성을 폄하하는 사람은 사실 거의 없다. 공론장론이 최근 들어 호주·뉴질랜드나 홍콩, 스페인, 아일랜드, 터키, 일본이나 한국 등 비유럽(또는 유럽이라도 변방)으로 확산되는 이유에는 이 점이 가장 클 것이다.

한국에서도 공론장론은 연구자들의 집중적인 관심을 받았다. 그러나 1990년대에 하버마스의 방한을 전후해서 나타났던 뜨거움에 비해 2000년대는 질에서는 몰라도 양적으로는 소략한 편이다. 책으로는 박영도의 《비판의 변증법》(새물결, 2011)과 김경만의 《진리와 문화 변동의 정치학》(아카넷, 2015)을 들 수 있는데, 이 중 박영도의 책은 사실상 1990년대의 산물이다. 하버마스의 주요 저작이 2000년대 들어 집중적으로 번역된 것에 비추어 보면, 상당히 이상한 일이다. 아마도 이 점에는 양철판같이 쉽게 달아오르고 식는 한국 학계의 뿌리 깊은 병폐 외에도 심층적으로 분석해 볼 만한 여러 이유가 있을 법하다. 내가 보기에는 공론장론이나 하버마스에 대한 관심과 해석이 너무 이론이나 개념에 치우쳐 지나치게 규범성이나 보편성을 강화시켜 수용했기 때문이 아닌가 한다. 한국 민주화의 지체와 공론장이라는 이름에 턱없이 먼 미디어계 mediascapes의 보수성도 이에 일조했을 것이다.

물론 공론장론 자체가 그런 규범적 측면이 있다는 점은 부인하기 어렵다. 그런 점에서 저명한 사회학자인 찰즈 틸리Charles Tilly가 "도덕적으로는 바람직하지만 분석적으로는 쓸모가 없다"고 평가 절하했던 것도 일리가 있다. 그러나 공론장론이 이렇게까지 주목을 받게 된 데에는 나름의 이유가 있다. 주지하는 바대로 공론장론은 18세기와 19세기 유럽의 커피하우스나 살롱, 독서회, 신문·출판 등을 중심으로 형성된 부르주아 공론장 또는 '독서 공중reading public'을 모델로 한 것이다. 여기에서 공론장은 국가와 시민 사회 사이에 위치하면서 공중—참여자 사이에 아무런 제한이나 강제 없이 이성에 기초한 숙고와 합리적—비판적 토의를 통해 집합적 의사를 모으는 지리적·사회적 '공간'이다. 표 1을 보면, 하버마스의 전체적인 틀 내에서 공론장의 위치를 정확하게 알 수 있는데, 공론장은 공적·생활 세계의 영역으로 공적·체계인 '국가'와 사적·체계인 '경제', 사적·친밀의 영역인 예컨대 가정 같은 것과 구분된다. 이 공간은 그간 끊임없이 논쟁된 바대로 이론·경험, 역사·사실, 보편·배제, 서구·비서구, 규범·현실 등의 여러 규준에서 일치보다는 불일치를 낳았고, 전개 과정을 담은 여러 책과 논문도 출간되었다.

공론장이 가진 규범적 성격은 에리 애덧Ari Adut의 정리에 따르면 다음과 같은 조건의 필요성 때문이다. 첫째는 대화나 토론 시에 당사자

표 1 사회의 영역

구분	공적	사적
체계	국가	경제
생활 세계	공론장	사적·친밀의 영역

* 출처: S. Livingstone (2005b), "In defence of privacy: Mediating the public/privacy at home," In S. Livingstone (ed.), *Audiences and publics*(pp. 163~185), Bristol: Intellect, p.172.

들이 가져야 하는 예의(civicness, civility) 조건이다. 아무리 폭력보다 대화가 우선하기는 하나 모든 대화가 기대하는 결과를 가져오는 것은 아니며, 대화에도 조건이 갖춰져야 한다. 둘째는 공론장의 시민권 또는 시민의식과의 결합 조건이다. 이 시민은 주로 이성을 갖추고 합리적으로 행동하는 개인이다. 셋째는 이들이 광범위하면서 이타적으로 참여해야 한다는 조건이다. 즉 공론장은 사적 개인들이 시민적 예의를 갖추고 광범위하면서 이타적인 참여(숙고, 토론)를 통해 공공선을 찾고 의사를 결정하는 곳(관계)이다. 이런 접근이 취하는 커뮤니케이션은 너무 이상적이고 규범적이라서 현실성이 떨어지는 문제가 있다.

그러나 이런 문제점에도 불구하고 공론장론은, 현상적 측면에서는 소비 사회의 부상과 관련이 있는 일반 시민의 '정치적 무관심,' 정치로부터 공중을 분리시켜 정당성이 수시로 문제되는 대의제 민주주의, 계급분할을 약화시키고 사적 생활에 공적 기구의 틈입을 허용한 '복지 국가' 등 때문에 여전히 사회과학자들이 애용하는 이론적 근거가 되었다. 여기에 개인주의의 팽배, 냉전의 종식과 (시장)자유주의의 승리, 현실 민주주의의 답보(또는 새로운 모델의 모색 필요성) 등도 같이 거론할 수 있을 것이다. 미디어 쪽에서는 탈규제 정책의 보편화와 인터넷·네트워크 미디어의 부상 같은 이른바 미디어화mediatization가 크게 작용했을 것으로 보인다.

이렇게 공론장론의 반응에는 지지에 못지않게 비판이 많았다는 점이 특징이다. 일반적으로 어떤 이론에 이렇게 비판이 많으면 이론이 쉽게 '유통'되지 않는다. 그러나 공론장론은 처음 출판된 지 무려 30년 가깝게 시간이 흐른 후에 번역이 되었음에도, 또 집중적으로 비판을 받으면서 저자마저 처음의 주장을 많이 바꾼 이후에도 지속적으로 (오히려 나중이 더 뜨거운) 주목을 받은 매우 흔치않은 예다.

2

현재 뉴질랜드 오클랜드대학교에서 미디어학을 가르치는 루크 구드 교수의 이 저서(*Jürgen Habermas: Democracy and the public sphere*)는 계속해서 주목은 받았지만 정작 본격적인 이론서는 없었던 공론장론에 대한 귀중한 업적이다. 앞서 잠시 살펴 본대로 이 책 이후로 미디어 연구자들이 편집한 공론장론의 앤솔로지가 출판되었고, 호주의 앨런 맥키Alan McKee(*The public sphere: An introduction*, Cambridge: Cambridge Univ. Press, 2005)와 P. 존슨P. Johnson(*Habermas: Rescuing the public sphere*, London: Routledge, 2008), 아일랜드의 P. 오마호니P. O'Mahony(*The Contemporary theory of the public sphere*, Bern: Peter Lang, 2013) 등의 책들도 나와서 조금은 이 분야가 풍족해졌다. N. 크로슬리N. Crossley와 J. M. 로버츠J. M. Roberts가 편집한 앤솔로지(*After Habermas*, Oxford: Blackwell, 2004)까지 합치면 더욱 그럴 것이다.

특히 구드 교수의 이 책은 미디어학에서는 (과문한 탓인지는 몰라도) 하버마스에 대한 첫 저서다. 문화연구를 전공하는 맥키 교수의 책이 같은 해인 2005년에 나왔지만, '입문서introduction'라서 아무래도 가치가 떨어진다. 이보다 전에 미디어학자로 공론장론에 기여한 예는 공영 방송의 분석 차원에서 일찍부터 하버마스에 주목했던 니콜라스 간햄 교수가 1992년에 발간된 공론장론의 첫 앤솔로지에 참여한 것이다. 이후의 예를 하나 더 든다면, 스웨덴의 미디어학자 피터 달그렌Peter Dahlgren이 2009년에 쓴 《미디어와 정치 참여*Media and political engagement*》

(Cambridge: Cambridge Univ. Press)다. 이 책은 공론장론의 함의를 '지금 이 세계'로 옮겨 쉽게 쓴 제2의 공론장론이다.

원서의 제목에서 주제와 부제의 위치를 바꾼 《민주주의와 공론장: 위르겐 하버마스》로 출간되는 이 책('하버마스'보다 '공론장'을 강조했다)에서 구드 교수가 강조하는 것은 하버마스의 전체 지적 체계에서 공론장이 차지하는 '암묵적이면서도 고집스러운' 위치와 그간 따로 놀았던 성찰성에 대한 재주목이다. 그는 서문에서 공론장론이 철지난 것으로 치부되었을 때가 정작 재평가를 위해 무르익은 시간이라고 하면서 이 책을 썼다. 나는 그의 주장에 전폭적으로 동의하며, 특히 그가 '현대 민주주의의 재활성화를 위한 상상,' '철학적 커뮤니케이션 행위를 넘어 사회적-정치적 매개화' 속에 하버마스의 철학과 공론장을 위치시킨 점에 많이 공감했다. 미디어(텔레비전, 영화, 인터넷 등), 대중문화, 사이버, 정체성, 몸·체현처럼 미디어학에서 주로 논의되는 주제와 연관시킨 점도 매력적이었다.

내가 이 책을 처음 본 것은 앨런 맥키의 책을 먼저 읽고 난 이후였다. 하버마스에 비판적이었던 맥키 교수의 주장이 한편으로는 흥미로웠지만(나는 '노동 계급 문화'에 관한 그의 주장이 상당히 의미 있다고 생각한다), 다른 편으로는 반감도 커서 호주·뉴질랜드 연구자들에 대한 흥미가 조금 떨어진 상태였다. 그러다 우연히 같은 호주의 링컨 달버그Lincoln Dahlberg 교수의 뛰어난 논문("The Habermasian public sphere: Taking difference seriously?," *Theory & Society*, 34, 2005, pp.111~136)을 읽으면서 새삼 공론장론에 다시 주목했고, 공론장론의 최근 발전상에 대한 논문도 하나 쓰게 되었다. 구드 교수의 책에 대한 관심은 이때부터 가져 지난해 여름에 번역을 결정했다. 당시 쓰고 있던 책의 진도가 너무 지지부진해서 머리를 좀 쉬게

해 주고 싶었기 때문이다. 조금은 얇은 이 책의 볼륨이 이런 욕심을 부추겼다. 초역은 의외로 빨리 되었으나 끊임없이 오역을 바로잡은 교정 작업은 시간도 많이 걸리고 힘도 들었다.

읽고 쓰는 게 직업이라 번역 또한 별다르겠냐고 생각했지만, 하버마스에 대해 잘 알지 못하는 초보 대학원생(또는 학부 고학년)이 원문 없이 쉽게 읽을 수 있게 해야 한다고 생각하니 책임감이 커졌고, 이 책의 저자가 "독자에게 좌절감을 느끼게 할 정도로 딱딱한 이론"이라고 표현한 하버마스와 그와 필적한 다른 논자들의 이해도 어려웠다(오히려 나는 여기에 더 많은 시간을 소모했다). 부실한 번역을 많이 탓해 왔던 '전력'도 괜스레 어깨에 힘이 들어가게 했다. 휴식 차원에서 금방 하겠다고 시작한 것이 해를 넘기고 그해조차 거의 잡아먹었다.

3

끝으로 전체적인 번역 방식과 번역어에 대해 약간의 언급을 해야겠다. 번역에서 가장 크게 염두에 둔 것은 맥락과 함의의 명확한 전달이었다. 특히 하버마스와 다른 저자들의 직접 인용 부분은 대부분 원문을 찾아 역자의 입장에서 가능한 정확히 알고 옮기고자 했다. 그 과정에서 기왕의 번역 책들(특히 하버마스의 원전)도 참고했으나 다소 생경하게 읽힐 수 있는 부분들은 영역본 등을 참조해 쉽게 만들었다. 그러나 군이 영어식 문장의 구조나 표현을 너무 한글식으로 매끄럽게 하려고 의역하지는 않았다. 역자의 능력 부족이 일차적 원인이었지만, 학술서의 번역본은 약간은 딱딱하게 읽히는 게 더 좋다는 개인적 입장이 앞선 때문이었다. 특히 내용 자체가 '쉬울 수 없는' 이 책은 더욱 이런 접근이 필요한 게 아닌가

하는 생각을 했다. 구드 교수는 괄호를 많이 사용해 자신의 생각을 더욱 '두껍게' '엄밀하게' 전달하려고 애썼다. 그러나 때로 이 괄호는 독이성에 장애가 되었다. 그래서 이를 다소 신축적으로 옮겨 때로는 괄호를 없앴고, 매우 적지만 복잡한 문장 일부는 괄호를 만들었다. 각주의 처리도 원저와 다르게 했다. 내용이 있는 주는 해당 페이지의 각주로 했고 단순히 출처만 있는 주는 따로 후주로 분리했다. 원문엔 이탤릭체로 되어 있는 강조는 볼드체로 반영했으나 내용은 한국식으로 조정해 키워드 중심으로 일부를 바꾸었다.

번역어에 대해서도 조금 밝혀두어야 할 것이 있다. 먼저 가장 핵심적인 개념인 public sphere(독일어 Öffentlichkeit)는 아직까지도 반대 주장이 있지만, '공론장'에 대체로 합의를 본 것으로 간주해 이대로 했다. media는 두 가지, 즉 매체와 미디어로 번역했다. 하버마스가 체계와 생활 세계를 움직이는 기본 매개체로 간주한 화폐나 권력·법, 언어와 커뮤니케이션 같은 것은 매체로, 신문이나 방송, 인터넷 등을 가리킬 때는 매스 미디어의 어휘를 살려 미디어로 했다. 매개의 형태가 다르다는 의미에서다. pragmatism과 pragmatics는 통상적인 번역을 따라 각각 실용주의와 화용론으로 했다. 그래서 universal pragmatics는 보편화용론으로, formal pragmatics는 형식화용론으로 옮겼다. representative(독일어 repräsentative)는 주지하는 바대로 재현·표상·대의(대리·대표) 등의 뜻이지만, 하버마스는《공론장의 구조 변동》에서 이 용어를 봉건 체제 때의 공공성의 성격인 '과시'의 의미로 사용한다. 물론 자본주의·민주주의 때는 이런 과시를 일정하게 탈피해 재현·대의(대표)의 뜻이 된다. 번역 역시 이런 시기별 구분을 따라 각각 과시적, 재현적으로 했다(대의적이라는 말이 정말 어울릴 때는 역주를 붙였다). 유난히 애를 먹인 immediacy는 무매개성과 즉각성 등 두 가지로 번역했다. 인간이 사물을 인식할 때, 감각기관에 대상이 반영·지각·해석되는 일련의 과정을 거치는데 여기에는 이성·언어 같은 심리적 기제나 언론·토론 같은 사회적·커뮤니케이션적 기제가 매개적으로 개입한다. 무매개는 이런 매개가 없는 상태, 곧 사회적으로는 이슈화·토론이 없다는 뜻이다. 그래서 이 말은 지체나 완충 없이 즉각적으로 이루어졌다는 시간적·물리적 차원의 의미도 함께 갖는다. 문맥으로 보아 후자의 뜻이 강할 때는 즉각성으로 번역했다. local은 원래는 장소적이라는 뜻이지만 문맥에서 보면 지역적이라는 표현이 더 적절할 때가 있어 두 가지를 병용했다. embodyment는 기존에 화신, 육화, 체화 등으로 번역되어 왔으나 이 책에서는 '몸으로 만들어져 보인다 또는 보여진다'는 뜻의 '체현'으로 번역했다. 이에 따라 embody는 체현한다로, disembodiment는 비非체현으로 했다. dis-는 기존에 '탈'로 자주 번역되었으나 원래의 뜻인 '비'가 맞는 것으로 생각한다. disembedded는 embedded가 한때 '배태된' 등으로 번역된 점이 생각나 탈구나 탈각 등도 검토했지만, 워낙 일상적 쓰임이 없는 용어들이라 좀 평범하게 '이탈'로 했다. 기존의 대열이나 조직으로부터 분리되어 나온다는 의미다. 적당한 번역어가 정착되어 있지 않은 ethnography는 민속지학으로 했다. 문화기술지 등도 있으나 어차피 각각이 장단점이 있는 만큼 많이 쓰이는 용어를 찾았다. nationalism은 주지하다시피 근대 국가가 만들어지면서 민족이 창출·상상된 유럽식의 민족주의로, 우리말의 민족주의라고 번역하면 뜻이 오해되기 쉽다. 그래서 문맥을 보아 주로는 '국가주의'로, 민족의 의미도 함축한다고 보일 때는 '민족국가주의'로 했다. ethno-nationalism은 당연히 민족-국가주의로 했다.

이 정도를 번역하는 데도 많은 사람들의 도움을 받았다. 먼저 저자인 구드 교수는 역자의 이런저런 의문에 성실하게 답해 주고 새로운 서문도 보내 주었다. 박홍원 교수는 하버마스의 사고 체계 전반이나 영어 특유의 어법에 대해 많은 조언을 해 주었고, 결정적인 오역도 발견해 주었다. 정준희 박사와 송현주 교수도 고민했던 몇 가지 대목을 후련하게 풀어 주었다. 번역과 교정의 오랜 시간을 기다려 준 부모님과 가족들에게도 변함없는 감사의 마음을 전한다. 팔리지 않는 책을 또 한 번 빛을 보게 해 준 이리라 사장 이하 컬처룩의 식구들에게도 크게 고맙다. 나름으로는 노력했지만 오역이나 오해가 많을 것이다. 독자 여러분의 질정을 기대한다.

2015. 11.

조항제

처음 책이 나온 지 10년 만에 한국어 번역판이 나오게 된 것을 기쁘게 또 행운으로 생각한다. 많은 주의가 필요한 까다로운 일을 기꺼이 맡아 준 번역자 조항제 교수에게 감사한다.

내가 만약 2005년이 아닌 2015년에 이 책을 썼다면, 내용이 조금은 달라졌으리라 생각한다. 내가 보기에 하버마스는 10년 전과 마찬가지로 오늘날도 여전히(더는 아니더라도) 의미 있다. 그러나 단적으로 말해 세상, 특히 공론장은 정말 뿌리부터 변하고 있다. 영어 사용권에서 페이스북이나 트위터 같은 온라인 소셜 네트워크는 공적 커뮤니케이션에서도 사뭇 유비쿼터스 미디어에 가까운 형태가 되었다. 여러 측면에서 이 점은 긍정적이다. 우리는 지금 공적이고 글로벌한 대화와 토론에서 전례 없이 넓어진 반경을 본다. 정부, 기업, 유명 인사뿐만 아니라 '제4부'의 제도(예를 들어 주류 미디어)들도 지금 디지털 시민이라는 '제5부'에 의해 엄청난 조사와 비판을 받는다. 이 책에서 언급된, 잘 알려지지 않은 개념을 써서 표현한다면, '성찰적 공시성'의 문화가 널리 퍼진 셈이다.

그러나 보편적이고 시민적인 그리고 이성적인 숙의민주주의의 유토피아적 꿈이 10년 전보다 그렇게 나아진 것처럼 보이지는 않는다. 우리의 디지털 문화는 심각한 문제로 고통받고 있다. 다음의 몇 가지만 봐도 그렇다. 공적 커뮤니케이션 플랫폼의 대대적 상업 식민화, 변화의 여지를 보이지 않는 접근권의 불평등(글로벌 인터넷 '인구'의 성장에도 불구하고 여전히 지속되는 이른바 '디지털 격차'), 디지털 문화에 만연한 욕설, 희롱, 무례, 악의적 대화 등. 디지털 시민은 차이나 다양성과 관계 맺기보다 동질적인 사람들의 공동체 속으로 흡수되어 집단 극화를 발생시키는 '반향실' 또는 '필터 버블'*에 더 많이 속해 있다.

　나는 미국(그리고 확실히 내 새로운 조국인 뉴질랜드)을 비롯해 발전된 영어권 나라들조차 앞설 정도로 한국이 지구상에서 온라인의 연결 정도가 높은(속도가 빠른) 디지털 국가라는 점을 알고 있다. 그러나 이 점을 넘어 한국의 온라인 환경에서 내가 언급한 디지털 공론장이 얼마나 적실성이 있는지는 잘 모른다. 그래서 내 책에서 '새롭게 등장하는' 디지털 공론장을 다룬 부분(특히 4장)이 한국의 독자들에게 시대착오적으로 비칠까 봐 좀 두렵다. 그러나 독자들이 오늘날에도 여전히 의미 있는 개념적 분석에 주의를 기울여 줄 것으로 기대한다.

　이 책을 썼던 나의 목적은 어떻게 하버마스가 민주주의를 다시 구상해 보는 사람들에게 중요한 사상가인지를 보여 주는 데 있다. 정말 나는 하버마스가 정당이나 선거 제도 그리고 공식적인 거버넌스의 한계를 넘어 민주주의를 반드시 재성찰하게 만드는 절실한 논리라고 생각한다. 우리는 주어진 수동적인 것보다는 적극적인 시민권을 쟁취하기 위해 제

---

*　구글이나 야후 같은 세계적 인터넷 업체들이 이용자 개개인에게 맞춤식 정보를 제공함으로써 조장하게 되는 일종의 정보 편식 현상. — 옮긴이

도만이 아니라 문화로서 민주주의를 상상해야만 한다. 민주주의를 미리 재단된, 모두가 거의 비슷한 정책 매뉴얼로 제한하지 말고, 시민들 스스로 자신이 살고 있는 지금의 세계와 비판적 대화를 나누게 해야 한다. 그러나 아이러니는 하버마스의 저작이 대부분의 독자들에게 추상적이고, 모호하며, 딱딱하다는 점이다. 그는 민주주의의 이론가지만, 그의 공적 지식인으로서 혁혁한 위명에도 불구하고 그의 글은 결코 민주주의적인 적이 없다!

하버마스의 공론장 이론을 일부 비판하기도 했지만, 나는 기본적으로 복잡한 이슈와 문제들을 과도하게 단순화시키지 않으면서 일반적인 접근법보다는 좀 더 이해하기 쉽게 또 실생활에 맞게 제시하려고 노력했다. 나는 이 책의 비평자들이 이 점에서 성공했다고 말할 때 매우 기뻤다.

한국의 독자들이 이에 동의할지는 미지수지만, 나는 이 책이 적어도 조금은 유용한 성찰과 토론의 주제를 제기한다고 생각한다. 우리는 지금 경제적이든 지정학적이든 아니면 환경적이든, 위기 끝에 다시 위기가 오는 어려운 세계에 살고 있다. 이런 거버넌스와 경제의 체제에 근본적인 개혁을 꿈꾸는 일은 최근 역사의 그 어떤 시점에서보다 어렵고 시급한 일로 보인다. 이 일에 포용성, 활력 그리고 예의에 기초한 민주적 문화가 핵심적인 전제라고 믿는다. 그리고 하버마스의 공론장 이론이 우리의 민주적 문화의 상태에 관한 토론에 중요하게 기여할 수 있다고 생각한다. 그것이 설사 대답해 주는 것만큼 많은 의문을 낳을지라도.

2015. 11.

루크 구드

하버마스의 공론장 발상을 수용하는 데는 일종의 패러독스가 존재한다. 한편으로는 잘 연달練達된 영역인 것처럼 보인다. 그러나 사실 지금은 관념주의적이고, 유럽 중심적이며, 부지불식간에 가부장적이기까지 한 것으로 치부된다. 다른 한편으로는 민주주의와 시민권 그리고 커뮤니케이션에 관한 논쟁에서 계속 정례적으로 등장한다. 프로이트주의자들의 시대가 가고도 오랫동안 '무의식'에 대한 집착이 사라지지 않고, 마르크스의 지적 '경과'에도 불구하고 사회사상의 어휘 목록에서 '이데올로기'가 완고하게 살아남는 데에는 어떤 유사성이 있다. 이 책을 쓴 동기는, 적어도 일부 사람들은 하나의 주요 개념 또는 지성사적 인물이 철지난 것으로 선언되었을 때가 바로 재평가를 위해 무르익은 시간이라고 생각하기 때문이다. 과연 하버마스는 최신 사상에 무엇을 기여했는가? 우리가 만약 하버마스 사상의 유산을 이해하려 한다면, 우리는 기존 영역을 잘 파헤쳐서 숨겨진 귀중한 것이 있는지 없는지를 살펴봐야 한다.

　이 책의 목적은 다음과 같다. 첫째는 독자들에게 하버마스에 의해 발전된 있는 그대로의 공론장 개념을 소개하려 한다. 하버마스 비판 이론의 모든 측면을 빠짐없이 살펴보기는 어렵다 하더라도 그의 사상 궤적의 맥락 속에, 그의 성가를 처음 만들어 준 공론장의 발상을 위치시키고자 한다. 하버마스에 대한 비판적 평가들은 자주 공론장을 개별적 주제로 다루고자 하는 경향이 있다. 나는 공론장이 하버마스 자신의 명시적인 주목을 받지 않을 때조차 그의 전체 지적 기획에서 근본적인 것이라는 점을 보여 주고 싶다.

두 번째, 나는 하버마스에 비판적이지만 공감어린 독해를 하려 한다. 지금의 논쟁의 맥락에서 가장 가치 있는 통찰력을 그렇지 않은 것과 구분하는 데 주목하므로, 나는 많은 사람들이 삐딱한skewed 접근이라고 여기는 것을 선택한다. 나는 하버마스에 관한 일련의 비판과 이차적 비평들을 검토할 것이지만, 하버마스의 민주주의, 커뮤니케이션 그리고 시민권의 문제에 대한 관심을 공유하는 비평가들에 더 많이 주의를 기울이고자 한다. 다른 많은 비평가들과 다르게 나는 하버마스를, 하버마스가 정당한 질문을 하지 않았다고 간주하는 장 프랑수아 료타르나 미셸 푸코, 그리고 자크 데리다 같은 적들과 대결시키는 위대한 '이론 전쟁'에 많은 분량을 할애하지 않는다. 나는 이런 접근을 통해 하버마스의 사고에 생산적인 '내재적 비판'을 할 수 있기를 원한다. 그러나 물론 여기에서 잃어버리는 많은 통찰력도 있을 것이다. 게다가 우리가 인위적인 구분에는 매우 조심해야 함에도 불구하고, 이 책은 하버마스를 기본적으로 형식론의 철학자로보다는 사회·정치·커뮤니케이션 이론가로 본다.

셋째, 나는 하버마스의 공론장 개념을 더 많이 확대시키고자 한다. 하버마스가 말한 것, 거기에서 그가 의미했던 것을 논의할 뿐만 아니라 지적이고 정치적 측면에서 공론장의 발상을 더 미래로 나아가게 하는 방법을 제시하기 위해 노력한다. 이 책은 이런 방향에서 단지 일부의 잠정적인 시도만을 할 뿐이지만, 이 개념이 미래에 어떻게 활용될 수 있을지에 대해서도 몇 가지 제언을 하고자 한다.

첫 번째 장은 하버마스의 역사적 연구의 고전적 저작인《공론장의 구조 변동》에 대해 자세하게 살펴본다. 이 장은 발굴된 것을 다시 발굴한다. 2장은《공론장의 구조 변동》이 불러온 비판적 반응들을 살펴보고, 우리가 배울 수 있는 것을 상기시킨다. 3장은 하버마스가 공론장의 다음으로 전개한 이론적 전략의 일부를 찾아보고, 어떻게 그것이 공론장에 대한 우리의 이해를 재고할 수 있는지에 대해 생각해 본다. 마지막 두 장은 공론장 개념을 어떻게 확장할 수 있는지의 방안에 집중한다. 4장은 공론장의 담론에서 미디어의 역할(미디어 제도와 미디어 형식 모두에서)을 살펴본다. 단지 **커뮤니케이션**만이 아니고 **매개화**mediation도 우리가 공론장을 이론화할 때 심각하게 다루어야 한다고 나는 주장한다. 그렇게 함으로써 뉴 미디어와 '디지털 문화'의 중요성도 거론할 수 있다. 마지막으로 5장은 '성찰성'의 개념을 궁구하며, 이것이야말로 '공론장의 정치학'의 핵심이어야만 한다는 점을 강조한다.

발굴

개념의 역사

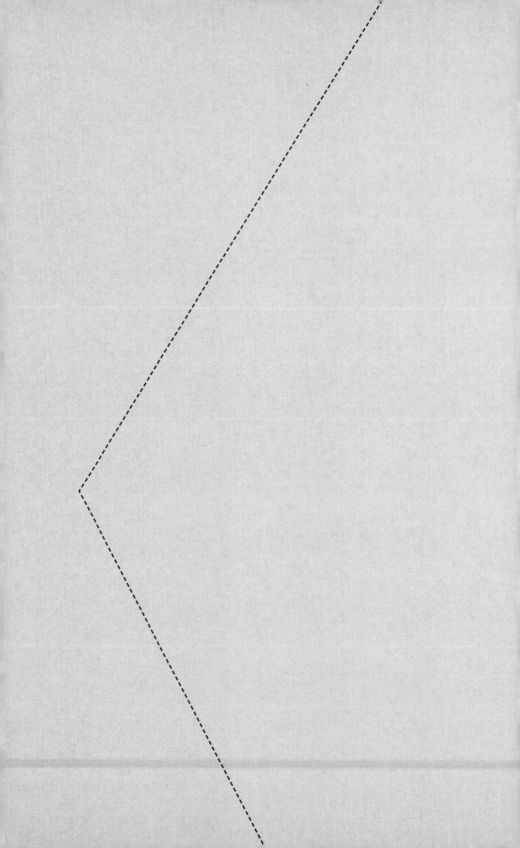

이 책에서 나는《공론장의 구조 변
동*Strukturwandel der Öffentlichkeit/The Structural Transformation of the Public
Sphere*》을 오늘날의 '민주주의 기획'에서 대두되는 시급한 문제들과 여
전히 공명하는 저작으로 보려고 했다. 이 저작과 '공론장' 범주를 중심
에 놓으면서, 나는 만약 우리가 민주주의에 대한 상상을 할 때 나타나는
문제들을 해결하려면, 하버마스의 후기 저작을《공론장의 구조 변동》의
관점으로 읽는 것이 현명할 것이라고 제안한다.《공론장의 구조 변동》
은 '시민권'이 괄목할 만하게 발전해 그 수사가 공통적인 관심사가 되었
을 시점 — 특히 서구 민주주의에, 물론 그에만 국한되지 않는다 하더라
도 — 에 우리에게 공적 숙의와 민주적 과정의 본질에 대해 면밀하게 성
찰해 보기를 권한다. 갈수록 세련되어지는 정치적 마케팅 기술, 시민을
오직 권력자와 연결시키려 할 뿐인 제도들에 깊이 연루된 미디어 문화,
시민권 담론을 필요에 따라 때로 쫓아내고 때로 전유하는 민족성과 민
족 – 국가주의ethno-nationalism의 지배적 정치 등에 대해서 말이다. 그리

고 민주주의의 공식적 제도들에 광범위하게 퍼진 혐오를 대변하는, 특히 젊은 세대에서 믿기 어렵게 낮은 투표율 같은 정치 행위의 양식들도 그러하다.

《공론장의 구조 변동》을 역사주의적으로 읽으면, 전개되는 역사의 변증법과 연관시켜 현재와 미래를 읽어 낼 수 있다. 진정으로 민주적이고 합리적인 공론장의 잠재성이 불가역적으로 소진되어 버리는 부정적 변증법이든, 반민주적 부르주아 공론장의 합리성과 비합리적 대중 사회의 민주주의가 궁극적으로 협상할 수 있는 급진-민주적 정치의 종반전을 향해 나아가는 긍정적 변증법이든, 다 그렇다는 말이다. 그러나 이보다 내가 제안하고 싶은 것은 《공론장의 구조 변동》을 최근 비판 이론의 특징인 추상적 흐름에 대한 반대에 유용한, 일종의 이론과 역사의 만남으로 읽는 것이다. 그러니까 나는 **철학적으로** 추상적인 것 — 법과 도덕, 그리고 이성이 맺는 관계나 헌정주의적 규범과 인권에 대해 **제도적으로** 추상하는 것 등을 말하며, 이 둘은 모두 하버마스의 최근 기획의 중심에 있다 — 에 대한 집착보다 민주주의에 대한 우리의 사고를 자극하고 힘을 실어 주는 담론이나 실천, 그리고 제도의 진화에 역사적으로 근거 있는 주목을 하고 싶다는 것이다.

《공론장의 구조 변동》은 우리의 향수적 열망을 살리기 위해 역사를 돌이켜보는 것이 아니며, 하버마스 자신도 비판자들이 단죄하는 만큼 결코 18세기의 공론장을 이상화하지 않았다. 대신에 《공론장의 구조 변동》은 우리에게, 과거와 지금의 곤경 사이의 연계와 단절의 지점에 관해 고민하는 데 도움이 되는 일정한 준거 틀을 제공한다. 역사 기술로는 전문적 역사가들의 감식안을 꼭 만족시키지 못한다 할지라도, 사회적·정치적 사상의 학자라면, 모호하면서 복잡한 역사들과 도덕적 이상들,

거시 이론적 체계들 사이에서 뚜렷한 진전을 보여 주지 못하는 하버마스의 최근의 어떤 작업보다 《공론장의 구조 변동》에서 더 많은 것을 발견할 수 있을 것이다. 우리는 《공론장의 구조 변동》의 주요 주제의 개관으로 시작한다.

| 부르주아 공론장 |

하버마스는 봉건주의에서 '공적 영역'은 상호작용과 토론의 장이라기보다는 단순히 과시*의 장이었다고 한다. 이 장에서 귀족과 상류층은 그들의 신민 앞에서 권위와 교양을 과시하는 상징적 드라마를 연기한다. 공적 '영역'에 대해 운운하는 것은 지위적 속성으로서든 수행적 양식으로서든, '공공성publicness'이 공간적 장소보다 더 큰 의미를 지니는 한, 사정을 오도하는 것이다.[1] 이러한 '과시적 공공성'과 오늘날의 대중 – 매개적 구경거리 사이에는 관계가 별로 없다thin. 그것은 공중을 **대신해서** 가 아니라 단순히 사람들 **앞에서** 하는 무대에서의 연기일 뿐이다. 사실상 보통 말하는 그런 '공중'은 없고, 단지 공적 전시display만 있을 뿐이다. 별개의 공적 영역과 그것의 필연적 결과로서의 별개의 사적 영역은

---

*　이 '과시'는 독일어로는 repräsentative이고 영어로는 representative로, 재현·표상·대의(대리·대표) 등의 뜻을 같이 가진다. 하버마스는 《공론장의 구조 변동》에서 이 용어를 봉건 체제 때의 공공성의 성격인 '과시'의 의미로 사용하는데, 자본주의·민주주의 때는 이런 과시를 일정하게 탈피하게 된다. 후자인 때는 재현·대의(대표)의 뜻으로 많이 쓰인다. ― 옮긴이

거의 존재하지 않는다. 그러나 교역과 금융자본주의의 새로운 형태들 — 여기에서 하버마스는 영국, 프랑스, 독일에 주목한다 — 그리고 '사적' 자율성의 이데올로기에 의해 뒷받침되는 '시민 사회'가 궁극적으로 확립되면서 '공공성'은 완전히 다른 것으로 바뀌게 된다.

봉건주의가 최후의 몸부림을 하기 오래전부터, 초기 자본주의자들의 지리적 교역의 범위와 정규성이 점증하면서 기본적으로 교역의 뉴스편지로 이루어진 커뮤니케이션의 네트워크가 확장되기 시작했다.[2] 우선 먼저 상인들의 폐쇄적인 네트워크에서 뉴스편지들이 교환되었다. 아직 인쇄술을 기반으로 하는 공적 문화의 등장은 아니었다. '공공성'은 여전히 봉건 권력들의 보호 내에 있었고, 구술적·연극적이고, 무매개적immediate 형태*에 머물렀다. 그러나 16세기에 들어 유럽의 사회적 풍경은 급격하게 달라졌으며 자본주의적 교역은 경제적·정치적 생활의 부속적 역할을 넘어 근간根幹이 되기 시작했다. 갈수록 중앙 집중화되는 국가**와 상업 자본주의 사이에 커지는 상호 의존 관계(국가는 외국과 국내 시장의 팽창을 뒷받침하는 정치적·군사적 힘을 안정시키고, 자본은 국가를 위해 재정을 조달한다)는 새로운 의미의 '공공성'이 시작되었음을 암시했다. 과시

---

*　　immediate(-cy)를 번역한 것이다. 인간이 사물을 인식할 때, 감각기관에 반영·지각·해석되는 일련의 과정을 거치는데 여기에는 이성·언어 같은 심리적 기제나 언론·토론 같은 사회적·커뮤니케이션적 기제가 매개적으로 개입한다. 무매개는 이런 매개가 없다는 뜻이며, 지체나 완충 없이 즉각적으로 이루어졌다는 시간적·물리적 차원이라는 의미도 함께 갖는다. 문맥으로 보아 후자의 뜻이 강할 때는 즉각성으로 번역했다. — 옮긴이

**　　하버마스가 역사가로보다는 사회이론가로서 서술했음에도 불구하고 정치적 중앙화의 '거대 서사'는 내가 여기에서 언급한 것보다 상당히 정확하게 다루었으며 불균등 발전을 염두에 둔 것이다.

적 공공성의 담지자였던 봉건 체제의 권력들, 교회, 왕, 그리고 귀족들은 양극화polarisation의 과정에서 해체되었다.[3] 종교개혁은 종교가 사사화 privatization되는 길을 열었다. 공적 권위는 의회와 법원 사이의 큰 분리를 포함해 더 관료적인 차원으로 발전했다. 그리고 국가 재정은 왕국의 사적 금고로부터 완전한 독립성을 구가했다. 사람들은 아직 신민일 뿐이었지만, '공적'이라는 용어는 탈인격화된 국가의 권위와 연계를 맺게 되었다.[4] 상류층·귀족의 고급 문화의 공공성과 중요성은 사라지기 시작했다.

경제와 국가 사이의 관계는 중상주의 시기에 들어 더욱 복잡해졌다. 한편으로 경제적 생산과 교역을 둘러싼 투쟁은 국가의 전지전능함을 약화시키기 시작한, 갈수록 자신감이 커진 '사적 영역'을 낳았다. 초기의 부르주아들은 개인적 장사에 기초해 자신의 독립성을 개척하고, '시민 사회'를 만들었다. 그러나 중상주의가 되면서 경제적 사안들은 당연히 치열한 공적 이익의 문제가 되기도 했다. 국가의 권위는 사적·경제적 주도권이 낳은 결실에 의존했으며, 부르주아의 운명은 국가의 조세정책이나 법적 조항, 그리고 군사력에 의해 좌우되었다.

왜냐하면 한편으로 국가에 맞선 사회는 명백하게 공적 권위로부터 사적 영역을 분리시켰으며, 다른 한편으로 삶의 재생산을 사적·가정적 권위의 제한을 뛰어넘어, 공적 이익의 영역에 들어가는 무언가로 전환시켰기 때문에 행정관리적 경계의 구역은…… 그것이 이성을 활용하는 공중의 비판적 판단을 유발한다는 의미에서 '결정적인' 것이 되었다.[5]

'비판적 사고'는 문자화된 정보의 전파에 의존했다. 언론의 정치적·

경제적·문화적·기술적 발전은 심대한 역할을 수행했다. 하버마스에게 적극적이고 이성적인 '공중' — '신민'의 집합과는 다른 — 이라는 근대의 개념은 언론 없이는 상상조차 할 수 없는 것이었다. 언론은 상인들의 뉴스편지가 교통이 증가하면서 발전한 자연스런 결과물이었다. 봉건 체제에서도 이미 이러한 뉴스편지들은 "권력 구조가 언젠가 해체되면서 나타날 바로 그 요소들을 촉발시켰다."[6]*

하버마스는 17세기 후반이 공적으로 접근 가능해 '언론' 형태에 가까운, 상인 자본가의 사적 통신원들이 만든 뉴스로 먹고살면서 가공도 하는 무언가가 등장한 결정적인 시기였다고 기술했다.[7] 이는 불특정한 수용자들을 대상으로 하는 정규화된 인쇄 커뮤니케이션의 등장을 암시했다. 물론 '수용자'는 대체로 부르주아와 지식층에 한정되었다. 그러나 언론은 결정적으로 무매개성의 원칙으로부터 결별했다. 뉴스는 이제 더 이상 직접적으로 관련된 몇 사람에게 영향을 미치는 사적인 일이 아니었고, 추정된putative 일반 이익을 전제한 큰 커뮤니케이션 환경의 일부가 되었다. 이러한 '일반 이익'은 단순히 새로운 이데올로기적 구성 개념construct의 수준을 넘어서는 것이었다. 그것은 또한 국지적 경제의 자기-충족성을 진보적 방향으로 약화시키고, 부르주아(그리고 물론, 그들의 노동자들은 새로운 커뮤니케이션 흐름을 공유하는 것이 일반적으로 허용되지 않았다)를 서로 연계되고 상호 의존적인 광역적·국가적 네트워크로 통합시킬 수 있는 매우 물질적인 힘을 반영했다. 그들은 '운명 공동체,' 다른 말로 하거나[8] 베

---

* 하버마스가 대중 인쇄술의 출현에 부여한 폭발성을 감안하면, 커뮤니케이션 미디어가 그의 저작 전체에서 전혀 이론화되지 않은 채로 남아 있는 것은 의아스런 일이다. 나는 4장에서 이런 맹점에 대해 고민해 볼 것이다.

네딕트 앤더슨Benedict Anderson의 잘 알려진 정식을 사용하면, '상상된 공동체imagined communities'가 되었다.[9] 이 시기에 이른바 '정치 저널'(결국 매일 발행되는 것이 규범이 될 때까지 계속 정규성이 커진다)로 불린 것, 조세에 관한 정보, 상품의 가격, 전쟁, 외국 무역을 다루는 언론이 등장했다.

하버마스의 생각에 언론의 발전에 결정적으로 중요했던 것은 공급 측면에서 나타난 다음과 같은 두 가지 추진 요인이었다. 첫째는 뉴스가 이미 상품이 되었고, 증가일로의 독자를 위해 뉴스가 생산됨으로써 규모의 경제가 활용되기 시작했다는 점이다. 둘째, 국가 당국이 인쇄된 언어가 가진 힘을 곧바로 알아차렸다는 점이다. 중앙화된 국가가 각 영지의 지역주의로부터 권력을 넘겨받으면서 이제 인쇄술은 법령, 포고, 왕실의 뉴스, 나라 전체에 걸친 여타 다른 권위의 상징 등을 커뮤니케이션해 주는 효과적인 수단이 되었다.[10] 그러나 이런 프로파간다 도구의 효과는 명백한 한계가 있었고, 오래된 '과시적 공공성'의 기능을 위해 새로운 장을 제공하는 데도 마찬가지였다. 수요 측면에서는 새로 등장한 '이성적인' 공중의 자기 이미지와 법령에 의한 통치의 원칙 사이에 근본적인 긴장이 있었다.[11]* 중상주의 시대에 국가는 "공적 규제와 사적 주도권의 독특한 양가성ambivalence"[12]을 갖추었다. 국가와 나중에 '시민 사회'로 등장할 것 사이의 경계 지역에서 언론은 부르주아 반란의 열기를 식히기보다 더욱더 타오르게 했다.

18세기 초기가 되면 저널과 정기간행물들의 지면이 경제적 정보와

---

*   하버마스는 종종 '기술결정론'으로 무시되기 일쑤인 이 테제를 본격적으로 다루지는 않았다. 이 테제는 새로운 미디어의 내재적인 본성에 과시적 공공성의 몰락을 촉진하는 무언가가 있다고 한다.

국가 프로파간다보다는 비판적이고 개방된 의견을 가진 기사들로 채워지는 것이 보편적 현상이 되었다. "이른바 학술적 기사를 가장하여 비판적 이성은 매일의 언론으로 들어오게 되었다."[13] 언론은 그것의 작동 자체가 기존의 교회와 국가가 차지하는 해석적 복점체interpretive duopoly에 도전하는 것이었기 때문에 은연중에 비판적인 것이 되었다. 초기 국면에서 그런 기사들은 정면으로 국가 행위를 공격하기보다는 문학이나 철학, 교육적 사안에서 독립적인 입장을 개진해 깊은 인상을 남겼다(예를 들어 초기 〈스펙테이터Spectator〉는 문학, 도덕 그리고 예의에 관한 토론에 집중했다). 이런 이유들로 하버마스는 더 직접적인 정치적 공론장의 선구자로 부르주아 공론장을 '문학 세계'에서 찾았다.

하버마스가 문학적 공론장에 부여한 선구자적 역할에는 좀 모호한 부분이 있다. '뉴스'나 정보에 직결되는 언론이 등장한 점을 이전 시기의 특징으로 보면서도 어쨌든 외형적으로는 18세기 현상이었던 문학적 공론장을 따로 그려냈기 때문이다. 사실《공론장의 구조 변동》은 세 가지 차원에서 문학적 공론장에 선구자적 역할을 부여하는 것처럼 보인다. 첫째, 17세기 언론은 전반적으로 하버마스가 18세기 공론장에서 읽어낸 '비판적 이성'을 반영하지 않는다. 상품의 가격, 조세, 국가 포고 등에 할애된 기사의 양만으로는 당시의 국가 사안을 비판적으로 성찰하는 '이성적 공중'이 저절로 구성되지 않는다. 둘째, 적어도 부르주아에 대한 공식적인 선거권의 부여가 판단 기준이 되는 한, **정치적** 공론장이 국가 권력의 수단을 둘러싼 적극적인 투쟁에 얼마나 연계되었느냐에 따라 18세기 문학적 공론장은 국가를 상대하는 정치적 대안의 예가 될 수 있다. 마지막 셋째는 일종의 동시대적 고려다. 부르주아 공론장의 이상적 자기 이미지 속에서 문학적 공론장은 부르주아가 스스로를 확립하는self-clarification '정치 이전의' 영역으로서, 곧 일종의 상상 속 '인본성' 또는 '진정한' 주체성이 활발해지는 자유의 공간으로 구성되었다. 이런 인본성과 주체성을 보호하는 것이야말로 '정말로' 정체polity의 **존재 이유**가 되어야만 한다.

문학적 공론장은 언론에 보도된 기사들이나 교육자나 **철학자들**에 제한된 인구층을 넘어 확산되었다. 비판적 이성은 번창했던 커피하우스(특히 17세기 후반이나 18세기 초반의 영국), 살롱(특히 혁명 이전의 프랑스) 그리고 문학계 등을 차지했다.[14] 물론 문맹과 빈곤으로 인해 농촌의, 그리고 도시의 많은 무산자들이 배제되었다. 부르주아에 힘을 실어 준 문학은 특히 형식과 내용 모두에서 부르주아를 다루었다.[15] 정치적 공론장보다 덜 배제적이었다 하더라도 문학적 공론장 역시 젠더화되었다. 여성은 사적 가정의 성격을 띠는 살롱에서는 적극적인 역할을 했지만, 커피하우스나 다른 공적 공간 모임의 참여는 심각하게 제한되었다.[16]

문학을 통해서는 새로운,* 자아의 개인화된 의미가 출현했다. 리처드슨의 《파멜라》, 루소의 《신 엘로이즈》 그리고 괴테의 《젊은 베르테르의 슬픔》은 자기 고백과 연관된 문학적 문화literary culture를 예증한다. "18세기 중반 이래로 이제 더 이상의 걸림돌은 없다. …… 이 세기의 나머지에서 사람들은 초엽에는 거의 알지 못했던 주체성의 영역에서 편하게 즐기고 느꼈다."[17] 문학적 공론장은 이러한 친밀성이라는 사적 영역의 주체성에 자리를 정했다. 공적인 것과 사적인 것 사이의 분기점은 고대 그리스에서 역사적 전례를 찾는다. 그러나 그리스에서 인본성의 자

---

*   원문은 a novel인데 소설이라는 뜻도 있어 중의적인 것으로 보인다. — 옮긴이

리는 스포츠와 웅변을 통해 영원한 덕을 추구하는 공적 **아고라** 그 자체다. 반면 가정−노예 경제로 인해 당시의 물질적 필요는 **오이코스**oikos[*]의 사생활 영역으로 제한되었다.[18]

부르주아 공론장은 사적인 사람들이 모여 하나의 공중을 구성하는 것으로 자신을 상상했다.[19] 권력과 지배는 신성불가침의 자아에 절대 반대되는 것이었다. 공론장은 권력에 의해 부패된 권위 구조로부터 문화와 문화 해석을 찾아오기를 원했다. 이 기획은 이상주의적이게도 '지위status의 제거'를 상기시켰다. 예술과 문학이 상품화되면서 그들은 내적 가치를 지니는 것이 되었으며 더 이상 낡은 권력의 전략적 도구로 기능하지 않았다. 그리고 그들에게는 원칙상 누구라도 접근 가능하게 되었다.[20]

> 부르주아 공중의 비판적·공적 토론은 원칙상 기존의 사회적·정치적 서열을 무시하고 보편적인 법칙에 따라 이루어졌다. 이런 법칙은 보통의 개인에게는 엄격하게 외부적인 것external이었기 때문에 문학적 수단에 의해 개인의 내부성이 발전될 수 있는 공간을 보장한다. 또한 이런 법칙은 보편적으로 타당하므로 개인화된 인간의 활동을 위한 공간도 보장한다. 객관적이므로 가장 주관적인 것의 공간도 보장했다. 왜냐하면 그것은 가장 구체적인 것을 보장할 수 있을 만큼 추상적이었으므로.[21]

하버마스에게 부르주아 공론장은 원칙상 평등한 대화가 지닌 가치에 의해 형성되었다. 주요 간행물들은 인쇄된 내용에서조차 편집자에게

---

[*] 공적 영역으로서의 폴리스에 대비되는 사적 생활 단위로서의 '집'을 의미하는 그리스어다. — 옮긴이

보내는 편지가 특별한 지위를 가지는 대화적 편집 형식에 의존했다.[22] '진실'은 늘 공개되어 있는 것이므로 비판적 대화는 도그마를 약화시키는 데서 의미를 찾을 수 있었다. 말하자면 담론은 새로운 참여자가 되었건 논증이 되었건 똑같이 타당성의 주장에 열려있어야만 한다. 담론의 각 장site은 더 큰 담론적 환경의 일부가 되어야 한다.[23] 문학 비평은 커피하우스와 문학계에서 발생하는 토론을 주업으로 삼고, 이를 위해 노력을 기울이면서 새로운 '대화적' 역할을 자임했다.

자기를 스스로 밝히는self-professed **정치적** 공론장의 기능은 사적 영역을 보호하고 진실성을 보장하려는 것이다.[24] 부르주아는 자유 시장의 능력 본위 이상을 주창함으로써 '보편적 계급'의 역할을 자임했다. 마르크스가 비판적 에너지를 집중했던, 정치적(말하자면, 부르주아) 해방과 인간적(말하자면, 보편적) 해방을 결합하는 과정은 이제 진행 중에 있다. 그러나 부르주아 급진파의 자기 이해에서는 그들 계급의 정치적 열망이 완전히 부정적인 것으로 간주되었다. 보수 부르주아들은 시민 사회의 번성을 낳을 수 있는 **권력의 중립화**로 새롭게 권력을 분화하지조차 않았다.[25] 지위와 특권을 막론하고 참여권을 부여하는 정치적 공론장의 이상은 부르주아의 관점에서는 단지 시민 사회의 영역으로부터 특권과 제한 그리고 공적 개입을 제거하는 과정, 그리고 계약의 자유와 자유방임의 교역 정책에 기초한 헌정주의적 틀의 발전을 통해서만 현실이 될 수 있었다.[26]

이성과 정의의 원천으로 서 있다고 주장하는 부르주아는 국가 비밀에 도전하는 과업을 맡았다.

역사적으로 군주 권위의 국가 기밀에 대항하는 이러한 종류의 합리성이 제기하는 논쟁적 요구는 사적 개인들 사이의 비판적 공적 논의와 연관하여 발전하였다. 비밀이 의지voluntas에 기초한 지배를 유지하는 데 기여하듯이 공시성은 이성ratio에 기초한 입법을 관철하는 데 기여한다.[27]

물론 언론은 정치적 공론장에서 새로운 '비판적 이성'의 최고의 매개체가 되었다. 전혀 놀랍지 않게도 하버마스는 프랑스나 독일이 검열에 대항해 고통스런 투쟁을 벌였음에도 불구하고,* 언론 자유와 의회 개혁의 역사에서 시작이 더 빠르고 덜 변덕스러운 발전을 보인 영국의 발전에 많은 관심을 기울였다. 하버마스가 지적한 대로 국가 행위를 공개하고 비판하는 데 헌신한 전통을 가진 '정치 저널리즘'이, 18세기 전반기에 주요 공직으로부터 사실상 배제당하고 장기간에 걸쳐 야당 노릇을 했던 토리당 시절에 부상했다는 점은 영국 역사의 아이러니다. 휘그당이 부르주아의 확대된 경제적 이익을 의회에 들여왔다면, 토리당은 **여론**public opinion의 지위를 높이는 데 결정적인 역할을 했다. 그들은 언론을 국가 당국에 도전할 수 있는 '제4부'로 확립시키려 했던 것이다.[28] 왕과 의회 사이의 전통적인 교착 상태는 여당과 야당 사이의 것으로 대체되었다. 그러므로 어떤 정치적 색깔을 지녔건, 이제 야당은 권력에 의해 부패되지 않은 도덕적으로 상위의 위치를 주창할 수 있었다. 점차 그들은 정치 토론에서 정당성을 척도로 삼아 여론에 호소했다. 하버마스는

---

* 영국에서는 16세기와 17세기 동안에 '허가제'가 출판 기업의 발전을 철저하게 제한했으며, 검열의 수단으로 기능했다. 우편 세제도 18세기와 19세기 전반기 동안에 정당한 유통을 방해했으며, 적대적인 지하 언론을 부추겼다. 명예훼손과 선동금지법은 언론의 자유에 대한 논쟁을 격화시켰다.

우리에게 '그러한 일들'이 "일종의 여론이 지배했던 상징적인 일로 너무 성급하게 결론이 내려져서는 안 된다"[29]는 점을 상기시킨다. 그러나 그런 일들은 나중에 19세기의 민주주의 개혁에서 구조적으로 반영되게 될 여론의 역사의 도덕적·수사적인 진화의 하나였음을 시사했다.

하버마스가 영국 사례에 대한 주목한 것은 효과적이었다. 영국에서는 프랑스와 대조적으로 새롭게 부상한 '여론'이 귀족 계급과 연계된 보수적 계층을 통해 때 이르게 주목받았다. 이는 하버마스가 평생을 걸쳐 추구했던 민주주의의 **형식주의적**formalistic 개념과 공명했다. 어떤 점에서 하버마스는 부르주아 공시성이 협소하면서도 역사적으로 조건적인 자신의 계급 이익을 상회한다는 18세기 부르주아 공론장의 자기 이미지에 동의했다. 그러나 하버마스는 또한 어떻게 영국 토리당의 특정한 계급 이익(그들은 경제적 자유화를 반대했다)이 그들을 여론의 미온적이지만 확실한 옹호자로 만들었는지를 보여 준다(이것은 그가 충분히 고민하지 않은 역설이다). 그들의 입장에서 20세기 민주적 엘리트주의를 예로 들 수 있는 공중은 중요한 국가적 사안에 대해 숙의하는 데는 몰라도 적어도 권력자들의 진실성을 판단하는 데는 적절했다.

하버마스는 영국과 유럽 대륙에서의 정치적 공론장의 발전을 대조적으로 묘사한다. 물론 지면의 여유가 없는 이 자리에서는 아주 간단하게 요약하겠다. 명예혁명으로 시작되어 150년 동안 영국에서는 언론에게 새로운 사실상의, 그리고 결국은 의회 의사록까지 공개하게 하는 법적 권력을 보장하기 위한 투쟁이 전개되었다. 동시에 우편세를 포함해 19세기 중반까지 언론을 통제하고 검열하는 다양한 시도들이 유지되었다. 그러나 그들은 단지 부분적인 성공만을 거두었다.[30] "〈더 타임스*The Times*〉(1785) 같은 새로운 거대 일간 신문 외에도 이 시기에 정치 이슈를 비판적으로 조명하는 다른 공적 제도들······ 공적 집회가 규모와 빈도 수에서 증가했다. 정치적 결사 역시 큰 숫자로 늘어났다.”[31] 18세기의 끝에 이르러 '느슨하게 조직된 클럽'과 불안정한 동맹들이 분명한 자기 경계와 처음으로 의회 외의 구조를 가진 정당으로 변모되었다. '여론'은 야당과 내각 모두에 의해 활용되었다. 결국, 1832년에 중산층으로 선거권이 확대되고 이슈 중심적으로 치러진 첫 번째 선거의 공약 또한 보도되면서 "오랫동안 여론에 의해 비판적인 평가의 표적"이었던 의회가 "여론의 바로 그 기관”[32]으로 변모되는 조짐이 나타났다.

대조적으로 프랑스의 이야기는 스타카토식으로 끊어진다. 영국에서는 없었던 헌법적 지주들props이 혁명 이후에 일간 언론과 의회 세력이 융성될 수 있게끔 지원했다. 그러나 아직 헌법은 혁명적 공론장의 위태로운 본질을 보여 주는 징후에 불과했다.[33] 혁명 이전에는 엄격한 검열이 지하 언론을 만들어 냈으며, 이어진 헌법적 보장은 테러의 시대가 되었을 때 중단되었다. 근대 의회로의 개혁에 어울리거나 부르주아와 귀족 사이에 더 깊게 자리 잡은 차이에 적절한 '신분제' 의회(신분이라는 이름은 맞지 않다 해도)는 없었다. 독일에서는 18세기 말에 군주가 정치적 지향을 가진 독서회와 비판적 저널의 성장에 폭력적인 반동을 가했다.[34] 물론 그런 반동은 정치의 장 전체를 변모시키는 '부르주아 공시성'의 성장한 비판적 능력을 증명하는 것이기도 했다.

그러나 하버마스는 여론의 등장을 단지 기록하기만 한 것은 아니다. 그는 또한 '여론'이 가진 의미에서의 변화나 투쟁에 대해서도 관심을 기울였다. 그 단어의 전前 역사에서 '의견opinion'은 부정적 함축을 갖고 있었다. 라틴어 **오피니오**opinio에서 파생되었고, 그리스어 **독사**doxa와도 관련이 있는 '의견'은 이성보다 추정에 기초한 판단을 뜻했다. 더 나간 사용은 명성이나 존경이란 말과 연계되었다. 그것에는 18세기에 전면적으로 떠오른 비판적 성찰이나 타당성, 공공성과 같은 말이 가진 성질이 기본적으로 없었다.[35] 17세기 중반에 토머스 홉스Thomas Hobbes는 이러한 의견 개념의 나중 발전에 의도하지 않은 이정표 역할을 했다. 종교전쟁의 그늘 속에 살았던 홉스에게 종교적 신념은 국가 권위의 범위에서 필수적으로 제거되어야 하는 것이었다. 홉스적 염세주의가 사라지면서 의견은 종교적 편견 이상으로 상승될 수 있었다.[36] 나중에 존 로크John Locke는 명시적으로 의견이 편견을 넘어서는 것으로 끌어올렸지만, 그래도 그는 의견이 **공적인** 것이나 입법적인 역할이 있다고 주장하지는 않았다.[37] 당시에는 급진적이었던 그의 견해를 따르면, 의견은 공적 권위의 약점이나 비행에 대해 '문책'을 할 수 있는 기초만 형성할 수 있을 뿐이다.

하버마스는 '공중'과 '의견'의 결합이 적어도 부분적으로는 영국의 토리당(그리고 야당 때의 휘그당)이 '인민의 감각' 또는 '공적 정신'에 호소하면서, 반대하는 방식을 근대적으로 세련되게 만든 혁신 때문이라고 주장했다.[38] 그러나 '의견'은 아직도 무매개적이었으며, 의견을 이성이나 판단으로 변모시켜야 하는 일은 정치 계급(그때까지는 엄격하게 말해 국민의 '대표자'가 되지는 못했다)에게 떨어졌다. 그 세기의 끝에 나온 에드먼드 버크Edmund Burke의 '사실상의 대표' 이론은 '공적 정신'으로부터 '여론'으로 이르는 변화를 표현한 것이다. "이성을 활용한 공중의 의견은 더 이상 단지 의견이 아니었다. 그것은 단순한 기분이 아니라 공적 사안에 대한 사적 성찰 그리고 공적 토론으로부터 생긴 것이다."[39] 의견은 '비판적 성찰'을 우선하면서 매개성을 얻게 되었다.

이와 대조적으로 프랑스 혁명기 때 장 자크 루소Jean Jacques Rousseau

의 '여론'은 비판적 성찰을 충성의 초석으로 본 중농주의자들에 대항해 '인민들'의 타고 난 양식을 부각시켰다. '계몽된 군주제'라는 중농주의자들의 견해는 민주주의 없는 공적 토론으로 귀결되었다. 이와 대조적으로,

루소는 공적 토론 없는 민주주의를 원했다. …… 그러나 여론의 두 가지 다른 기능, 비판과 입법을 결합하는 것은 혁명 스스로다. 1791년의 헌법은 인민 주권의 원칙과, 정치 영역의 한 요인으로 공론장을 헌법적으로 보장한 의회적 헌정주의의 원칙을 접합한 것이다. 여론의 프랑스적 개념은 영국에 비해 급진화되었다.[40]

독일에서는 정확하게 이 시기보다 조금 더 지나 '여론'이라는 용어가 통상적으로 쓰이는 말이 되었다. 특히 칸트의 '공시성 원칙'은 하버마스에게 결정적이었다. 칸트는 정치를 도덕에 종속시키는 것과 연관시켜 비판적 공론장의 자기 이미지를 표현했다. 자기 규제적인 시민 사회의 법칙 속에 내재된 도덕은 (홉스와 달리) "정치적으로 중요하지 않은 윤리적 호불호의 지위로 강등될" 수는 없었다.[41] 그만큼 공론장은 시민적 영역과 정치적 영역 사이를 연결시키는 다리로 기능하는 것이었다. 공론장을 뒷받침하는 공시성의 원칙은 조작과 강제로부터 자유로운 이성의 공적 사용에 호소했다. 핵심적 덕목은 인간이 스스로에 대해 공적으로, 말하자면 사적 개인이 아니라 인본성을 구현하는 한 구성원으로 사고한다는 것이다.[42] 공중은 '순수한' 이성의 활동에 전념하는 철학자들을 따라야 하며, "모든 사람은 저술을 통해 그의 공중이나 세계에 대해 말하는 학자, 곧 '저널리스트'로 불렸다."[43] '자율성'은 칸트적 공화국에서는 참여를 위한 전제 조건이다. 그러나 "단지 재산을 소유한 사적 인민만

이 비판적·정치적 토론에 참여하는 공중이 되도록 인정받았다. 왜냐하면 그들의 자율성은 상품 교환의 영역에 뿌리를 두고 있고, 사적 영역으로 그것을 유지하는 데 관심이 일치하기 때문이다."[44] 조화로운 사회적 관계가 가능한 이유는 자유로운 시민 사회가 세계 시민적 의식을 낳고, '사적 부도덕'과 '공적 덕성' 사이의 모순이 해결될 수 있기 때문이다. 필요한 자율성을 획득한 사람이라면 누구나 사적 열망('자유로운 시민 사회'의 유지)이, 숙의의 공론장에서 그와 함께한 모든 사람과 일치한다. '자기 자신의 주인'이 된 사람은 단지 스스로에게 봉사하며, 그것이 확대되면 아직 충분한 시민권을 얻지 못했지만 시민 사회의 혁신에 암묵적으로 관심을 공유하는 사람들을 포함해 모든 이들의 '복지'에도 기여할 수 있다. 시민 사회는 지위와 관계없이 사회의 구성원이 될 수 있는 기회를 똑같이 제공한다. "재산이 없는 사람은 결코 시민이 될 수 없다. 그러나 재능, 산업, 그리고 운을 가진 사람이면 언젠가 그런 지위를 획득할 수 있다."[45] 칸트에게 공적 숙의의 역할은 합의나 절충을 만들어 내는데 있지 않다. 왜냐하면 대화보다 '순수한 이성'이 사물의 진실을 더 잘 **드러낼** 수 있기 때문이다. 대신에 학자가 인도해 준다면, 공적 숙의는 '혼자서 독립적으로 하는 사고'에 일종의 훈련이 될 수 있고, 보편적 '공중'의 맥락에서 끊임없이 사고를 자극하는 역할을 할 수 있다. 칸트와의 이른 만남은 하버마스에게 대단히 중요했는데, 이유는 하버마스의 저작 전체에 칸트 사상의 영향이 보이기 때문이다. 하버마스는 칸트의 '순수한 이성'이라는 단일한 장치를 (결말이 정해져 있지 않은) 대화와 토론이 지배하는 방식으로 바꿨음에도 불구하고 보편의 틀을 발전시키는 데는 칸트를 따랐다. 그리고 하버마스는 개인의 권리에 대한 자유주의의 관심을 수용할 수 있는 공화주의에만 흥미를 가졌음에도 불구하고 루소의 '상식'보다

칸트의 '이성적' 공중의 모델을 선호했다.[46]

그러나 하버마스는 또한 그런 추상적인 이성을 혐오했던 헤겔과 마르크스의 영향을 받기도 했다. 칸트적 체계에는 스스로를 약화시키는 난점이 있었다. '자율성의 조건'의 필수적인 기반인 완벽하게 '자유로운' 시민 사회('법사적 조건')가 현실에서는 존재하지 않기 때문이었다. 이야기의 2막에서 하버마스는 역사를 칸트적 이상과 나란히 세우기보다 정치적 공론장의 제도적 윤곽과 자기 이미지를 변화시키는 동학dynamics에 집중한다.

| 부르주아 공론장의 추락 |

헤겔이 보기에 시민 사회 내의 특권과 갈등이라는 아주 다루기 힘든 문제는 칸트적 체계에서 '여론'이 주장할 수 있는 보편주의와 영원성을 파괴했다. 헤겔에 따르면, 여론은 "더 이상 통합과 진실의 기초로 유지될 수 없다. 그것은 그저 다수가 주관적으로 의견을 제시하는 그런 수준으로 전락되었다."[47] 정치는 추상화된 '보편적 도덕'의 일부가 될 수 없다. 국가는 무질서한 시민 사회에 개입해야 한다. 여론의 위에 서서 국가가 원칙적으로 시민 사회를 통합해야 한다. 국가는 추상적 도덕보다 갈망하는 영혼을 가진 대중들이 의미를 찾는 시대정신의 체현embodiment*이

---

*   이 용어는 화신, 육화, 체화 등으로 번역되어 왔으나 이 책에서는 '몸으로 만
        들어져 보인다 또는 보여진다'는 뜻의 '체현'으로 번역하고자 한다. 이에 따라
        embody는 체현한다로, disembodiment는 비非체현으로 한다. dis-는 기존에

될 수 있다. 헤겔적 체계에서 여론은 국가적 에토스를 수용하는 것을 반영하기도 하고 동시에 위협하기도 하면서 역설적으로 존중과 경멸을 같이 받는다.[48] 하버마스가 보기에 헤겔은 공론장을 '교육의 수단'이나 무질서한 엔트로피적 여론의 원인 또는 집합쯤으로 전락시켰다.[49]

헤겔처럼 마르크스 역시 시민 사회의 특징이 이익의 잠재적 조화보다는 극복하기 어려운 모순에 있다고 보았다. 그러나 잘 알려진 바대로 이것은 마르크스를 전혀 다른 길로 가게 이끌었다. 부르주아 혁명의 보편적 이상이 그들의 당파적 이익이 실현된 점을 은폐한 반면, 프러시아식의 신분 기초적 헌법을 헤겔이 찬양하는 것은 마르크스에게는 혁명에 의해 풀어진 해방적 에너지를 다시 감아 들이는 헛된 시도처럼 느껴질 뿐이었다.[50] 헤겔에게 부르주아 공론장이 입법적 기능을 가진다고 가정한다면 **너무 공적인** 것이 되어 버린다. 대조적으로 마르크스에게는 **충분히 공적이지 않은** 것이다. 1844년의 독일 부르주아에 대한 마르크스의 성명은 이러한 관점을 세심하게 요약한다.

> 그것은 독일에 일종의 유토피아적 꿈이 되는 급진적인 혁명이나 보편적인 인간 해방이 아니다. 그것은 건물의 기둥들을 그대로 서 있게 놓아둔 부분적인, 단순한 정치 혁명이다. 부분적이고 단지 정치적일 뿐인 혁명의 기초는 무엇인가? 그것의 기초는 시민 사회의 한 부분이 자신을 해방시키면서 보편적 지배를 획득하고, 하나의 특정한 계급이 특정한 조건으로부터 사회의 보편적 해방을 수행하는 바로 그 현실이다. 부르주아 계급은 단지 사회 전체가 같

'탈'로 자주 번역되었으나 원래의 뜻인 '비'가 맞는 것으로 생각한다. ─ 옮긴이

은 상황, 곧 자신이 돈과 교육을 소유하거나 쉽게 얻을 수 있는 상황에 있게 되는 조건에서만 사회를 해방시킨다.[51]

결국 '자유 시장'이라는 안개에 의해 가려짐으로써 자신의 소외와 착취의 실제적 조건을 제대로 볼 수 없는 노동자들은 마침내 진정으로 보편적인 해방의 프로그램을 다음 단계로 넘겨 버린다. 하버마스는 공론장의 사회주의 모델을 다음과 같이 요약한다.

마르크스는 부르주아 공론장의 내재적 변증법으로부터 공론장과 사적 영역의 고전적 관계가 특유하게 역전된 하나의 대안 모델로서 사회주의적 결론을 끌어낸다. 여기에서는 생산 수단에 대한 처분권에 따라 사적 개인들에게만 허용되어 왔던 부르주아의 사적 영역의 일부분, 즉 사회적 필요 노동의 영역에까지 공론적 비판과 통제가 확대된다. 이 새로운 모델에 따르면…… 사적 개인은 사적 개인들의 공중이 아니라 공중의 사적 개인들이 되어야 한다. …… 공론장은 이제 더 이상 사적 소유의 개인들의 사회를 국가와 연결하지 않는다. 오히려 자율적 공중은 …… 개인적 자유, 여가, 그리고 활동의 자유의 영역에서 …… 자신을 확립시킨다. 이 장에서 비로소 인간끼리의 비공식적이고 개인적인 상호작용은 처음으로 사회적 노동의 제한으로부터 해방되고…… 진정으로 '사적'으로 된다.[52]

그러나 마르크스는 헤겔처럼 오도된 역사주의를 벗어나지 못한다. 그 어느 누구도 공론장 자체 그리고 정말로 '여론'의 비판적 담론이 겪을 변화를 예측하지 못했다. 19세기가 진행되면서 정치적 공론장은 합의를 지향점으로 삼는 자기 이미지가 권력의 해체보다는 갈등의 관리나 권력의 **분화**와 관련된 것으로 넘어가기 시작하는 장이 되었다. 이익집단과 정치적 분파들의 협상은 이제 지도 원칙이 되었다.[53] 존 스튜어트 밀Johan Stuart Mill과 알렉시스 드 토크빌Alexis de Tocqueville의 저작은 이러한 변화를 반영한다. "자유주의와 더불어······ 공론장의 부르주아적 자기 해석은 상식적 사회개량주의를 선호함으로써 역사철학의 형식을 포기했다. 그것이 '현실'이었다."[54]

19세기 자유주의자들은 언론 미디어의 증가, 글을 읽고 쓰는 능력의 확산, 노동 계급의 부상, 여성의 선거권 획득, 그리고 반노예운동 등을 통해 유럽을 넘어 확대되는 공론장을 주시했다. 그들은 또한 자본주의 계급 내부에서 더 많은 갈등을 목도했다. 마르크스의 주장에도 불구하고 "선거 개혁은 19세기의 주제였다. 더 이상 공시성 원칙은 그 정도에 그치지 않고······ 이제는 공중의 확대가 주제가 되었다. ······ 여론 자체를 주제로 삼는 것self-thematisation은 더 이상 없었다."[55] 19세기 자유주의에서는 여론의 위험성을 강조하고 개인의 권리를 다수의 독재로부터 지키는 일이 중요해졌다.[56] 밀과 토크빌의 관심은 이중적이었다고 하버마스는 지적한다. 그들은 여론의 독재적 측면을 경계하는 한편, 더 철저하게 조직된 자본주의의 (국가 개입적) 국면으로 빠르게 이행·발전하고 있었던 국가 권력의 관료화와 중앙화를 또한 비판했다. 그들의 '반동적 정치'를 비판하면서[57] 다른 한편으로 하버마스는 국가와 정치적 공론장 사이의 변하는 관계에 대한 그들의 감을 찬양한다. 그것은 부르주아나 마르크스주의 모델보다 더 선견지명이 있는 것이었다.

변증법적으로 서로 관계를 맺은 두 개의 경향이 공론장의 붕괴를 가리키고 있다. 공론장이 보다 넓은 사회 영역으로 침투해 들어간 반면 자신의 정치적

기능은 잃어버렸다. 말하자면, 공개된 사안을 비판적 공중의 통제에 종속시키는 기능을 상실했다.[58]

19세기 사회에서는 민주주의가 더 넓게 확대되었다고 볼 수 있지만, 밀도는 반대로 낮아졌을 것으로 추정할 수 있다. 그러나 그것은 과정의 복잡함을 얼버무리는 것이다. 하버마스는 조직된 자본주의에서 정치적 공론장의 운명을 "'공적인 것'과 '사적인 것' 사이의 차이가 (더 이상) 유용하게 활용되지 않는 '재봉건화refeudalisation'의 과정으로 특징지은 바 있다."[59]

조직된 자본주의로의 이행은 국가와 사회 사이의 담합을 낳는다. '사회'는 국가 권력에 대한 통제를 강화한다. 그러나 시민 사회와 국가 사이에 관심이 합쳐지지는 않고, 시장의 '불완전성'이 특유의 위기를 조장하면서 시민 사회의 응집성만 지속적으로 약화된다. "집중과 위기의 과정이 사회의 적대적 구조에서 등가물 교환의 베일을 벗겨 냈다."[60] 조직화된 사적 이익 집단들이 국가 권력의 수단에 대해 일부는 보호주의를, 다른 측은 자유화를 요구하면서, 시민 사회의 정치화는 강화된다.[61] 노동자 계급의 선동 역시 이러한 정치화를 강화하며, 궁극적으로는 마르크스가 예측한 대로 자본주의의 해체가 아니라 선거권의 확대, 케인즈적 재분배의 수단들, 계약법과 집단적 임금 협상 과정의 '공표,' 복지주의 등을 낳을 뿐이다. 이런 활동은 엄밀히 말해 사적인 것도 공적인 것도 아닌 것으로 나타났다. '공적 부문'은 '공적 이익'이라고 내건 기치와는 다르게 '고객'(개인과 기업) 및 피고용자와 사적 방식으로 관계를 맺었다.[62]

부르주아의 이상과는 달리 '공적 이익'이란 용어는 이제 적대적인 사적 이익들 사이의 절충과 협상을 반영하는 것으로 간주된다. 그러나 요점은, 공론장이 이제 더 이상 단순히 사적 이익과 보편적 이익(그리고 《공론장의 구조 변동》에서는 애석하게도 다루어지지 않지만, 국가주의적 담론들에서처럼 두 이익이 합치되는 방식) 사이에 '자연스러운' 일치를 드러내는 데 몰두하지 않을 것이라는 점에 있지 않다. 부르주아와 탈부르주아 공론장들 사이에 '사적 이익'이란 용어가 계속 이어지는 것은 하버마스의 테제에서 핵심이 되는 '비판적 단절' — 말하자면, '사생활' 자체의 법제화에서 보는 — 의 주장을 실제적으로 모호하게 한다. 문제는 사적 이익이 여론의 단위로 형성된다고 생각하는 바로 그 방식인 것이다.

부르주아 모델에서 '사적인 것'의 범위는 친밀한 가정의 영역 그리고 자본주의적 시장의 경제 영역으로 설정된다. 하나가 다른 하나의 전제 조건인 이 두 가지 구성 요소는 자율성과 주체적 자유라는 이상에 기초해 있다. 확대되는 탈부르주아 공론장의 자기 이미지에서 경제적 범위와 가정의 영역은 서로로부터 제약을 받지 않게 되었다. 지금 시민으로 자격을 인정받는 대다수 사람들에게 경제 영역의 범위는 자본주의적 기업이나 사적 재산의 자유로운 운용에 있는 것이 아니라 대상화된 '노동 세계'에 있다.[63] 경영자주의의 등장, 분산된 주식 지분, 그리고 철저하게 노동조합으로 조직된 직업 부문, 사적 소유자들과 임금 노동자 사이의 이분법적 경계의 약화 등이 새로이 나타나면서 계급 설정class configurations이 복잡해지게 되었다. 경제가 더 강하게 정치화된 반면, 사적 자유의 영역은 최근 들어 가정의 일이나 친밀성, 여가 등과의 연계가 축소되기 시작하였다.

자유주의적 자본주의에서 상상해 온 부르주아 가족의 삶은 물질적 생산의 영역으로부터 자유로워진 것이었다. 그러나 그 자율성은 가장의 경제적 성공에 결정적으로 의존했다.[64] 조직된 자본주의에서는 가족의 삶이 경제적 영역과 다른 관계를 맺는다. 가족은 기본 경제적 단위로서의 개인으로 대체되기 시작한다. 경제 영역과 연계된 위험은 더 개인화되고, 동시에 복지주의의 맥락에서는 연성화soften된다. 물론 복지 국가는 가족 단위를 간과하지만은 않는다. 사실 오늘날까지 복지적 임금이나 조세, 의무 교육 등과 관련된 정책들은 핵가족을 사회적 규범으로 삼는 경향이 있다. 그러나 복지주의는 또한 **개인**을 이전과는 비교할 수 없을 정도로 자주 호출한다. "부르주아 가족이 한때 사적으로 위험을 감수해야만 했던 이른바 기본적 수요에 대해 오늘날 가족 구성원은 개별적으로 공적 보장을 받는다."[65] 국가와 비국가 제도 둘 다에 의해 강조된 복지주의 **문화**는 한때 가족의 전유물이었던 사회적 재생산의 영역에 깊이 관여했다. 사회적 서비스, 관계 상담, 치료 서비스, 그리고 자녀 양육, 다이어트, 라이프스타일 등에 대해 안내해 주는 수많은 채널들 같은 것으로 말이다.

그러나 달라지는 공적−사적 관계가 주는 함의는 복잡하다. 가정적 영역은 여가와 소비 그리고 라이프스타일(하버마스 자신이 나중에 '사사주의privatism'로 언급했던 신드롬)[66]에 집중된 내향적인 사생활에 자리를 비켜줌으로써 사생활의 '비어 있는' 영역[67]이 되었다. 초기 저작에서 하버마스는 이렇게 새롭게 발견된 사적 자유가 "환상에 불과한 것illusory"이라 했다.[68] 공적인 것과 사적인 삶의 분리는 사실상 일면적이며, 발전된 것은 "가족 바깥의 당국이 개인에 대해 하는 직접적인 침탈"[69]이었다. 하버마스는 이를 '허위적 사생활'이라고 강력하게 표현했다.[70] 비유가 과잉되는 것을 무릅쓰고 말한다면, 하버마스가 슬퍼했던 것은 그러한 제도들을 재조명하거나 자신을 충분히 돌이켜 보는데 필요한 거울이 없어졌기 때문이다. 부르주아 모델에서 정치적 공론장은 제도를, 문학적 공론장은 자아를 성찰하기를 열망한다는 점에서 둘은 같다. 그러나 지금의 문화적 생산물의 수용은 겨우 '여가 시간의 어정쩡한 사용'[71]의 양상으로 전락된다. 문화를 **토론하는** 공중은 하버마스에 따르면 문화를 **소비하는** 공중으로 대체되었다.

'사적 영역 자체의 중심으로부터' 진화하는 공론장은 이제 더 이상 하나의 열망으로조차도 존재할 수 없게 되었다.

> 부르주아 문화는 단순한 이데올로기가 아니었다. 살롱, 클럽, 독서 모임에서 사적 개인들의 합리적−비판적 토론은 생산과 소비의 순환, 말하자면 생활의 필요의 명령에 직접적으로 종속되지 않았기 때문이다. 단순한 문예적 형태에 조차…… 그것은 생존의 필요로부터의 해방이라는 그리스적 의미에서 '정치적' 성격을 지녔다. 결국 나중에 단순한 이데올로기로 전락한 이념(말하자면, 인본성)이 발전될 수 있었던 것도 이러한 이유들 때문이다. 사적 소유자와 자연적 인격, 즉 인간 자체의 동일시는 사적 영역 내부에서 한편으로 사적 개인들이 각자 자신의 삶의 재생산을 위해 추구하는 일과 다른 한편으로 사적 개인들을 하나의 공중으로 결합시키는 행위 사이의 분리를 전제로 한다.[72]

이 구절은 하버마스의 주장을 명확히 하는 데 도움이 된다. 18세기 부르주아 보편주의의 이데올로기적 성격은 따로 토론이 필요 없다. 그러나 부르주아 공론장은 정확하게 부르주아의 구조적 지배 **때문에라도 단순한** 이데올로기 이상의 것이다. 마르크스가 한때 선호했던 아리스토텔레스식 대조를 사용한다면, 부르주아 공론장은 스스로가 '필요의 영역'보다는 '자유의 영역' 속에서 존재하는 것으로 생각했던 것으로 보인다. 그러나 같은 것이 탈부르주아 공론장에서의 대다수 시민에게는 적용될 수 없다. 하버마스는 프랑크푸르트학파의 선배들의 관점을 반복하면서 '여가'를 자유보다는 노동의 세계의 과중한 수요에 의해 형성되는 재충전과 보상으로 이루어진 필요의 영역으로 간주한다. 테오도르 W. 아도르노Theodor W. Adorno의 표현을 빌면,[73] 대체로 여가는 '단순한 노동의 부속물,' 곧 노동자 종속의 확대판이 되어 버렸다. 부르주아에 의해 향유되는 '여가'가 적어도 생존의 문제로부터는 떨어져 있었던 반면, 탈부르주아 세계에서 여가는 "생존해야 하는 당위가 부과하는 즉각적인 제한으로부터 벗어나 해방된 세계를 구성하는" 능력이 결여된 것이다.* 성찰과 토론을 하는 자율적 영역의 기반은 이제 없어졌다. 도시 또는 교외의 라이프스타일은 사생활과 공시성의 통합을 훼손시켜 버렸으며, 한때는 공생적이었던 독서의 고독한 행위와 공적 토론의 사교성은 텔레비전이 지배하는 거실 안에서 파괴되어 버렸다.[74] 정신없이 바쁜 근대 생활은 비판적인 이성에는 어울리지 않는다. 그 밖에 발전 일로의 대중 미디어와 문화 산업 역시 마찬가지다.

---

* 하버마스가 문화 산업이 가진 이데올로기적 통합 효과를 과대평가했다는 공통적인 비판을 감안하면 그가 이러한 물적 문제에 기울인 관심은 기억될 만한 가치가 있다. 그가 한 H. P. 바르트H. P. Bahrdt 인용은 이 점을 강조한다. "공적인 것과 사적인 것의 상호성은 교란되었다. …… 그것이 교란된 이유는 대도시 거주자가 그 자체로 대중 사회의 인간mass man이어서 사적 영역의 육성에 대한 어떤 생각도 갖고 있지 않기 때문이 아니라 복잡해져만 가는 도시 생활 전체를 진정으로 공공적인 방식으로 개관할 수 없기 때문이다. 도시 전체가 거의 통찰이 불가능한 정글로 변화할수록 대도시 인간은 다음 차례로 확대되어 가는 자신의 사생활 안으로 위축되어 버린다." *Structural Transformation*, p.159.

20세기 대중 미디어와 문화 산업에 대한 하버마스의 열정적인 비판은 도발적이지만 다소 일관성이 떨어진다. 독자는 크게 봐서는 논쟁적이고, 세부에서는 정교한 두 가지 흐름을 같이 소화해야 한다. 나는 여기에서 매우 간단하고 작은 시도를 하나 할까 한다. 20세기 대중문화는 하버마스에게는 가장 낮은 수준의 공통분모에 흡수되는 것이다. 공론장이 확대되면서 문화적 생산물은 더욱더 쉽게 판매할 목적으로 복잡함을 크게 줄였다. 개인은 문화적 산물을 이해하고 성찰할 때 자신의 수준을 높일 필요가 없다.[75] 지식인들, 비평가들 그리고 아방가르드는 이렇게 동질화된 대중으로부터 소외되고, 반대로 대중으로부터 거리도 두게 된다.[76] 하버마스는 이러한 설명이 엘리트주의의 경우와는 다르다고 역설한다. 그가 슬퍼하는 것은 '공중' 자체의 확대가 아니라 대중문화의 구애받지 않는 상업주의가 검증된 공식들로 고착되어 버리는 방식에 있다. 그것은 안이한 친숙성을 조장하면서 대중의 기호를 다룬 기사처럼 복잡한 과정보다는 즐거운 즉각성을 선호한다. 근대 문학에서의 복잡한 캐릭터와 서사들의 자리는 우리가 쉽게 동일시할 수 있는 '실제적인' 사람들 — 유명인도 있고, '보통' 사람들도 있는 — 이 담긴 인생 상담, 추문의 폭로, '실생활' 이야기들로 채워진다. 하버마스는 아마도 이러한 즉각적 문화의 정점으로 비용이 저렴하면서도 높은 시청률을 보이는 최근의 '리얼리티 TV' 프로그램의 범람을 최적의 사례로 들었을 것이다. 대중문화는 수용자에게 스스로의 힘으로 자신을 성찰하는 심리적 작업을 해낼 수 있는 여유를 주지 않는다. 그것은 수용자의 감정적 필요와 그들에게 직접적으로 닥친 문제를 모두 처리해 버린다. 그러나 그럼에도 불구하고 대중문화의 친밀성은 정확하게 이러한 개인적 즉각성이 몰개성적 형식으로 이어지기 때문에 '환상에 불과한 것'이다. 말하자면 심리적 지도guidance가 공식의 형태로 한꺼번에 이루어지는 것이다. 하버마스는 오늘날 디지털 미디어계의 주문에 맞춘 '상호작용'을 이러한 '관리된 개인화'의 최근 버전으로 보는 것 같다(4장을 보라).

이것을 마셜 맥루언Marshall McLuhan식의 용어로 표현하면(맥루언이 더 찬성할 것이다), 공적인 것과 사적인 것의 내파implosion가 있는 것이다. 사적 삶은 공적으로 알려지고 동시에 공적 삶은 공적 인물들(스타나 정치인 등 같은)이 우리에게 쉽게 이해되는 많은 양의 전기나 심리적 관심사를 제공하는 방식으로 사적인 것이 된다.[77] 문화 상품의 토론과 논의는 갈수록 '불필요해지는' 반면 전적으로 사라지지는 않는다. 그러나 문화 상품 자체와 마찬가지로 전문적인 미디어 공간의 한계 내에서 일련의 미리 정해진 법칙이나 장르 관습에 맞춰 토론 또한 관리된다. 그것은 "행동을 대체하는 일종의 대용적 안정제"[78]로 기능한다.

문화적 공급의 **상품화**가 《공론장의 구조 변동》에서 하버마스를 가장 곤란하게 만든 것이라면 의심할 바 없이 약하게 베일에 가린, 그렇게 이성적이지 않은 기술에 대한 공포도 있다. 하버마스의 인쇄 미디어—중심적 편향은 그가 새로운 방송 미디어를 '원격적distanced 성찰'이나 '확장된 토론'을 오히려 좌절시키는 것으로 비난할 때 전면적으로 드러난다.[79] 라디오와 텔레비전은 가차 없고 광적인 교란의 주범이다.* 나중에

---

*   "인쇄된 커뮤니케이션과 달리 뉴 미디어들이 방송하는 프로그램은 수용자들의 반응을 특정하게 제거한다. 그것들은 공중의 눈과 귀를 자신의 매력으로 끌어당기는 동시에 공중을 '보호' 안에 두고 거리를 빼앗아 버림으로써, 말하자면 공중이 무언가를 말하고 반론할 수 있는 기회를 박탈한다." Habermas, *Structural Transformation*, p.171.

하버마스는 자신의 분석이 일면적이라는 점을 인정했다. 그가 《공론장의 구조 변동》을 집필한 이후에 나온 많은 미디어 수용에 관한 경험적 연구들이 수용자가 수동적이라는 가정을 문제로 보았기 때문이다.[80] 그러나 다른 한편으로 최근까지도 하버마스는 자신의 시청각 미디어에 대한 로고스 중심적* 반감을 포기하지도, 그렇다고 적절하게 자리매김하지도 않았다.** 문제는 하버마스가 매개화된 커뮤니케이션 자체를 좋아하지 않았다는 점이 아니다. 우리가 지금까지 봐 온 대로 그는 이성에 의해 매개되지 않은 전파 미디어의 **즉각성**immediacy을 두려워했고, 말을 중심으로 하는 논증을 보완하는 것으로 인쇄 문화가 제공하는 거리와 공간을 선호했다. 그러나 그가 충분히 강조하지 못한 것은 이러한 차이가 단지 얼마나 일시적인가다. 말로 한 것 자체도 항상 어떤 체현을 통해 이미 매개된 것이다. 그리고 인쇄된 말이 전파 미디어보다 반드시 더 많은 공간과 거리를 주지는 않는다. 몇 달 몇 년에 걸쳐 연구되어 만들어진 텔레비전 다큐멘터리가 가진 성찰의 수준을 매일 나오는 신문의 산

---

*   로고스중심주의logocentrism는 로고스라는 개념을 중심으로 서구 형이상학의 전통이 전개되어 왔음을, 즉 로고스가 서구의 사회, 문화, 사상 등 모든 영역을 지배해 왔음을 의미하는 것으로 자크 데리다가 처음으로 사용한 용어다. 이때 로고스는 단지 언어, 논리뿐 아니라 이성, 질서, 합리성 등의 의미를 포괄하며, 불변의 본질적·절대적 권위를 의미한다고 볼 수 있다. — 옮긴이

** 예를 들어 칸트에 대한 최근의 논의에서 그는 다음과 같은 주장을 한다. "그(칸트)는 전파 대중 미디어에 의해 의미론적으로 변질되고, 이미지와 가상 현실이 만연한 부르주아 공론장의 구조적 변동을 예측할 수 없었다. 그는 '대화적' 계몽이 처한 이러한 환경이 비언어적 교화와 언어를 이용한 기만 모두에 적용할 수 있었다는 점을 거의 상상할 수 없었을 것이다." Habermas, *Inclusion of the Other*, p.176.

탄총 같은 일시성과 비교해 보라. 그 차이는 한 번 검토만 해 봐도 곧 사라질 것이다. 우리는 이 문제를 이 책에서 다시 살펴볼 것이다.

《공론장의 구조 변동》에서 더 주목하지 않을 수 없는 주장이 또 있다. 미디어 기술의 혁신(전신, 무선 방송, 인쇄술의 발전 등)이 중요한 경제적 결과를 가져왔다는 점이다. 그들은 점점 더 큰 시장과 낮은 공급 탄력성을 선호하는 높은 인프라적 경비를 필요로 한다. 예를 들어 텔레비전은 최근까지 정말로 대중적인 규모가 아니면 경제적으로 살아남을 수 없었다.[81]* 그러나 이 점을 발전시키기보다는 하버마스는 상품화라는 더 일반적인 문제에 집중했고 그의 주장은 몇 가지의 해명을 필요로 했다.

하버마스의 문화의 상품화 이야기는 단지 일부만 프랑크푸르트학파의 주장을 반복한다. 아도르노나 막스 호르크하이머Max Horkheimer와 달리(그리고 발터 벤야민Walter Benjamin과는 비슷하게) 그는 18세기 동안의 상품화의 초기 단계를 진보적이고 민주화하는 힘이 작동했던 때로 기술했다. 그렇다면 이후의 어떤 지점에서 상품화가 문제의 원흉이 되었을까? 하버마스는 상품화의 다양한 기능을 '엄격하게 구분하는 것'으로 대답한다. 부르주아 모델에서 상품화는 단지 분배에만 영향을 미친다. 그것은 여유가 있는 사람이면 누구나 접근이 가능하게 만들어 줌으로서 문

---

*   오늘날 상황은 더 복잡해졌다. 디지털 기술에서의 발전이 소규모의 틈새 방송(이른바 '협송narrowcasting')이 살아남을 수 있게 만들었다. 그러나 광고주에게 우선적 매력이 별로 없는 시청 인구이거나 공동체라면 기껏 주변화될 뿐이므로 다양성에 미치는 함의는 모두 긍정적이지 않을 것이다. 게다가 오늘날에조차 텔레비전은 많은 측면에서 '대중 미디어'로 남아 있다. 예를 들어 내 지금의 나라인 뉴질랜드(마오리어로는 아오테아로아)에서는 작고, 광범위하게 산재된 인구 때문에 주류의 방송조차 수익성 좋은 사업이 아니다.

화를 지위로부터 분리하는 데 도움을 준다. 내용을 조종하지도 않는다.[82] 그러나 20세기에도 똑같다고 말할 수는 없다.

문화가 형식에서만이 아니라 내용에서도 하나의 상품이 되는 정도만큼 문화는 감상하는 데 필요한 요소인 훈련이 없어지게 되었다. '숙련된' 전유 appropriation가 감상 능력 자체를 다시 제고시키는데 말이다. 문화적 재화의 상업화가 복잡성에 반비례하게 되는 것은, 규격화 자체가 아니라 그들을 소비하기 쉽게 만드는 재화의 특수한 정형화, 말하자면, 엄격한 전제 조건에 얽매이지 않아도 향유될 수 있게 보장한다는 점이다. 물론 그러한 향유는 결코 중요하지 않다. …… 대중문화는 아무런 흔적을 남기지 않는다. 대중문화는 축적되지 않는 퇴행적 경험을 남길 뿐이다.[83]

그러나 최소한 하버마스는 설득력을 높이기 위해 이러한 두 가지 상업화의 이야기를 상대화시켜야만 했다. 최대의 이윤이 문화 산업의 존재 조건이 아닐 때조차 — 하버마스는 예를 들어 18세기 문학 잡지들은 손실을 남기는 것이 당연했다고 지적한다[84] — 내용이 시장 논리에 의해 정말로 때 묻지 않은 채로 남아 있어야 한다거나, 문화의 생산자들이 상업적 성공에 대한 어떤 고려도 없이 계속해서 즐겁게 일을 해야 한다는 점을 받아들이기는 어렵다. 하버마스는 우리가 지금 '페이퍼백 클래식'이라 부르는 대중 보급용 문고본의 대량 생산을 인용한다. 그는 제안하기를, 이것이 시장 논리가 문화적 산물의 진실성을 해치지 않고 분배와 접근을 넓혔으므로 법칙을 증명해 주는 최근의 예외적 현상이라고 한다.[85] 그러나 이것은 오류가 있는 주장이다. 특정한 문고본의 대중적 매력은 어떤(다른 것이 아닌) 책을 대량 인쇄해서 싼값으로 공급해 경제적으로 생존 가능하게 만드는 것이다. 이런 하버마스에게 짓궂은 대응은, 모든 '고전'의 축약된 판이나 오디오판이 들어있는 서점의 서가를 걸어 내려오게 하면서 내용의 진실성에 대해 비평하게 하는 것이다. 말하자면 실질적 관건은 상품화가 문화적 공론장에 끼친 영향이 다양하고, 잠재적으로 양가적이라는 것이다. 규모의 경제와 경쟁이 비용을 낮출 때의 상품화는 대중의 접근을 증진시킬 수 있지만, 또한 비용을 높게 유지시키고 가난한 사람들을 배제함으로써 오히려 문화 산업이 공급을 제한하게 할 수도 있다. '보통 사람들'의 습속의 취향이나 경험에 민감한 내용을 만듦으로써 엘리트주의를 약화시킬 수도 있으나 또한 시장성이 분명하게 계산 가능하지 않으면 주변적이고 혁신적인 형식은 침묵 속에 잠재울 수도 있다(최근의 오페라의 대중화는 이러한 양가적 경향을 예증한다). 제인 오스틴의 펭귄 판과 밀스 앤드 분*의 책이 상품화의 두 개의 다른 양식을 의미한다고 주장하는 것은 옹호될 수 없고 도움도 되지 않는다. 최근의 문화적 공론장을 분석하면서 어두운 결과가 훨씬 많게 나타난다고 생각할 때조차 상품화가 가진 지속적으로 잠재적인 양가성에 주목해야한다.

이런 점을 염두에 두고 우리는 하버마스 테제의 기본적 핵심 속으로 다시 돌아갈 수 있다. 말하자면, 시간과 공간을 빼앗긴 시민권과 시민을 시청률이나 흥행 가치, 판매 통계쯤으로 축소시키는 문화적 '시장판' 등이 동반 강화하는 경향성은 문화적 공론장의 이미지를 거의 해체시켜 버렸다. 생산자나 수용자 모두에게 목적이 된다는 점에 의해 문화

---

*   할리퀸 로맨스 등 통속 연애 소설로 유명한 영국의 출판사를 말한다. ― 옮긴이

가 '정치적'으로 의미 있다는 생각은 이제 사라졌다. 공적인 것과 사적인 것, 문화적 공론장과 정치적 공론장 사이에 서로를 돕는 공생 관계가 있다는 생각 역시 그러하다. 하버마스에게 비판적 공시성의 원칙이 훼손될 만큼 국가와 사회가 자체로 연계되어 있다는 것은 사실이 아니다. 중요한 것은 이런 과정이 비판적 공시성을 뒷받침하는 새로운 제도적 기초를 공급하지 않으면서 낡은 것을 약화시키고 있다는 점이다.[86] 한편으로 사회의 제도(사적 이익 집단, 정치 정당 등)는 국가 권력 구조의 **일부**가 되고, 다른 한편으로는 국가(그리고 더 일반적으로는 복지주의의 문화)가 한때 사회의 사적 영역이었던 곳에 파고들면서 양가적인 결과를 낳고 있다.

고전 자유주의에서 의회의 입법은 여론을 대변하면서 경쟁하는 사적 이익들과 행정부의 권위 사이를 매개한다. 그러나 국가의 활동이 팽창하면서 의회 과정의 능력을 넘어선다. 의회는 봉쇄가 필요한, 그저 번거로운 병목이 되어 버린다. 그것은 갈수록 잘 보지도 않고 도장만 찍어대는 고무 스탬프의 위원회를 닮아간다. "이제 권력의 정치적으로 중요한 행사와 균형의 과정은 사적 관료제, 특수 목적의 결사들, 정당들, 그리고 공적 기관들 사이에서 직접적으로 발생한다."[87]* 이것은 특히 조직 자본주의가 국가 활동의 가시적 팽창을 주도했기 때문에 의회가 전적으로 상징적 중요성을 잃었다고 말하는 것은 아니다(그러나 1980년대 이후로는 '국가의 권한 줄이기'라는 신자유주의의 신화가 혼란을 조장함으로써 '비조직 자본주의'가

---

* 물론 노동조합과 기업, 그리고 정부를 협상으로 이끌고 가는 삼자 체제의 코포라티즘('다우닝가 10번지[영국의 수상 관저 — 옮긴이]에서의 맥주와 샌드위치'는 예스러운 영국의 은유다)은 대부분의 서구 민주주의에서 지배적인 전문 로비스트들과 기업 친화적인 그늘 속의 네트워크로 대체되었다.

눈에 보이지 않게 국가 활동을 팽창시켰다). 그러나 여당이든 야당이든 모두 클라우스 오페Claus Offe가 의회 민주주의에서 '내용과 형식의 분리'라고 불렀던 것에 전반적으로 연루되어 있다.[88] 의회에서의 토론은 점점 더 무대 연출의 테크닉만 팽배하게 되었다. 점점 더 수세적이 되어가는 '잡동사니catch-all' 정당들*이 정당과 연계도 없고 정치적이지도 않은 시민의 표를 놓고 다투게 되면서 당 내에서의 토론 역시 유사하게 길들여진 것이 되어 버렸다.[89]

20세기 동안에 하버마스는 비극적인 거래가 이루어지는 것을 보았다. 민주주의는 양적으로 확대되었지만, 그 질은 지속적으로 하락한 것이다. 부르주아 모델이 투표 행위를 오랜 시간이 걸리는 숙의 과정에 필수적인 결론 — 일종의 '기요틴'이다 — 으로 삼으면서, 오늘날의 '국민 투표적' 민주주의는 투표와 민주적 참여를 같은 것으로 간주해 버린다 (이것이 왜 낮은 투표율이 민주주의 국가에서 가장 물의를 빚는 지표가 되는지의 이유다). 공식적 투표뿐만 아니라 여론 조사나 미디어에서의 시민의 소리 등을 합친 국민 투표의 수와 투표에 참여하는 자유로운 시민의 수는 극적이라 할 정도로 확대되었다. 게다가 오늘날의 투표 문화에서 시민의 무지는 여론 조사나 포커스 그룹 조사는 차치하고 공식적 선거에서조차 일상적인 문제가 된다. 시민들이 선택을 하기 전에 투표용지에 있는 각 후보나 정당들의 제안과 신념을 알아야만 한다는 것에 대부분이 동의한다. 그러나 현실을 지배하는 논리는 공론장의 그것이 아니다. 오늘날의 좋은 시민권의 윤리는 의견을 커피하우스나 인터넷 토론 집단의 논쟁적

* 이념적 색채가 약해 모든 것(그래서 잡동사니다)을 끌어들이는 현대의 정당.
— 옮긴이

집중 공격을 통해 반드시 '검증받아야' 하는 것은 아니다. 오히려 지배적 논리는 시장에서의 그것과 같다. 이 유추가 말하고자 하는 시민은 슈퍼마켓의 선반에서 필요한 물건을 빼기 전에 진열된 것 중(그리고 경쟁하는 기업들이 자신의 생산물에 대해 제공하는 주장들 중) 조심스럽게 선택할 것을 교육받은 소비자다. "시민들은 기본적으로 정치적 선택을 통해서가 아니라 일반적인 상품 수요의 태도를 취함으로써 국가와 관련을 맺는다."[90]

정치 토론에서 광범위한 참여의 결여가 정치적 공론장을 어떤 의미에서는 더 강하게 매개된 것으로 만든다면(정치는 당신이 무언가에 **관해서** 읽는 것이며, 텔레비전을 **보고** 당신이 무언가를 하는 것이 아니라 텔레비전**에** 그렇다/아니다의 단순 반응만 보이는 것이다), 다른 의미에서는 더 **무매개적**으로 만든다. 정치적 공론장은 자신의 주장을 관철시키기 위해 서로 경쟁하는 전문 정치인과 일반 시민의 관계와 거의 전적으로 잘 어울린다. 동료끼리의 공적 토론은 점점 더 주변적인 일이 되어간다.[91] 하버마스는 이제 더 이상 거론할 만한 수평적 정치 토론이 없다고 얘기하기보다는 그러한 토론이 거의 **공적**이지 않다고 주장한다. 이제 "정치적 논의는 대부분 조금이라도 동질적인 의견의 기후를 조성할 수 있는 집단, 가족, 친구, 이웃으로 한정된다."[92]

하버마스가 보기에 이제 '공론장'은 단지 기능적으로 권력의 회로 안으로 들어가는 데 필요한 일종의 행정관리적 변수나 개인적 선호의 단순한 집합물이 되어간다. "오늘날 자신을 증명identification할 수 있는 기회들은 반드시 창출되어야 한다. 공론장은 '만들어져야' 하며 더 이상 '거기에' 있지 않다."[93] 이러한 맥락에서 하버마스는 부르주아 모델을 뒷받침했던 '비판적 공시성'이 '조작적 공시성'으로 변화한다고 말한다. **공적** 숙의가 편견이나 반동주의, 집단 이기주의적parochialism 관점에 대항할 수 있는 방어벽이 되지만, 후기 자본주의에서 의견은 공시성 산업의 상징적인 밀고 당기기에 더 민감한 '분위기-의존적mood-dependent 성향'[94]으로 축소되어 버린다.

> 결국 의견은 더 이상 언어로 표현될 능력을 갖출 필요가 없게 된다. 그것은 어떤 개념으로 표현될 수 있는 습관이 단지 아니고 — 18세기에 여론이 하나의 비판적 규준이 되어 대립하였던 종교, 관습, 풍습 등 한마디로 단순한 '편견'에 의해 형성된 일종의 의견과 — 모든 행동 양식을 포괄한다.[95]

《공론장의 구조 변동》 이후로 하버마스의 많은 저작을 이끌었던 것은 어떻게 이러한 민주주의의 확대와 질 저하의 맞교환이 운명적 비극 외의 다른 어떤 것으로 상상될 수 있는지를 정확하게 보여 주고자 하는 목적이었다.

│ 비판적 공시성과 후기 자본주의 │

그러나 이러한 '재구성으로의 전환reconstructive turn'으로 가는 첫 번째의 실험적인 행보는 《공론장의 구조 변동》의 마지막 장에서 취해진다. 하버마스가 부르주아 모델의 약속이 전체적으로 복원될 수 있다는 욕망까지 가지지는 않았다 하더라도 — 그러한 희망은 비현실적일 뿐만 아니라 위험하기까지 하다 — 그는 후기 자본주의의 민주주의 안에서 비판적 공시성의 르네상스를 위한 가능성에 대해 고민하는 것이다.

우선 만일 비판적 공시성의 부르주아 모델이 후기 자본주의에도 적절한 것으로 판명되었다면 국가는 자유주의 때와는 다른 역할을 부여받아야 한다. 국가 활동의 범위가 변화되면서 비판적 공시성과 사후 감시도 같이 증가되어야 할 필요가 커진다. 여론을 하나의 영역에 국한시키면서 의회만을 확실하게 존재하는 **유일한** 공론장으로 협소하게 상정하는 것은 위축된 민주주의 모델을 오히려 옹호하는 것이다. 국가 활동의 변화 자체가 슬퍼할 일은 아니지만 그것을 비판적 공시성에 노출시킬 수 있는 방법에서는 새로운 사고가 필요하다.[96]

의회에 특권을 부여하는 것은 숙의의 방법과 범위를 좁게 설정하는 것 외에도 비현실적이거나 퇴행적인 권력 독점의 모델을 강화하는 위험성이 있다. 하버마스에 따르면, 비판적 공시성은 또한 국가와 상호작용하는 여러 기관들(특수 – 이익 집단, 기업, 전문직 협회, 정당, 기타 등등)로 확장되어야만 한다.

> 국가 기관뿐만 아니라 정치적 공론장에서 공적으로 영향력이 있는 모든 제도들은 공개성의 의무를 갖는다. 왜냐하면 사회적 권력을 정치권력으로 전환하는 과정에서는 사회에 대한 정치적 지배의 정당한 행사와 마찬가지로 비판과 통제가 필요하기 때문이다.[97]

게다가 직접적으로 정치권력을 낳지는 않으면서도 정치 과정에 영향을 미치는 제도들을 간과하는 것은 위험할 수 있다. 예를 들어 미디어 제도나 캠페인 집단에 '공적 이익'을 주장할 수 있는 자격이 주어진다면, 그러한 조직들이라고 해서 정당한 비판적 공시성의 규제로부터 면제되어질 이유는 없다. 다시 말해서, 공론장의 제도라고 스스로 주장한다면 더 큰 공론장의 비판적 감시에 열려있어야만 한다는 것이다. 그때 하버마스는 **성찰적 공시성**을 주창한다. 공론장이 소비자들의 머리 위에 있으려 한다거나 비판적으로 토론하는 공중과 상호작용을 하지 않는다면, 그들은 공론장**으로서** 심하게 모자라는 것이다. 정치적으로 중요한 제도라면,

> 어떤 방해도 받지 않은 커뮤니케이션과 공적 합리적–비판적 토론을 가능하게 하기 위해서는 제도적으로 정당 내 또는 조직 내의 민주주의를 반드시 허용해야만 한다. 거기에 더해 정당과 특수 이익 집단의 내부적 일을 공적인 것으로 만듦으로써 조직 내의 공론장과 전체 공중의 공론장 사이의 결합을 보장해야 한다. 마지막으로 조직 자체의 활동 — 국가 기구에 대한 그들의 압력, 다양한 의존 관계와 경제적으로 연루된 온갖 관계뿐만 아니라 서로에 대한 그들의 권력 행사 — 은 광범위한 공시성을 필요로 한다. 예를 들어 공론장의 조직이 재원의 출처와 운용을 열람할 수 있게 해야 하는 것이 이에 속한다.[98]

하버마스의 산재된 언급들에서는 부르주아 모델과 그 모델이 공·사를 구분하는 이상을 향한 향수적 태도보다는 다소 고통스러운 양가성을 볼 수 있다. 어떤 점에서 만일 현실적으로 공적 권위가 단지 사적 이익들의 갈등의 결과로 간주될 뿐이라면(그 안에 '공적 부문' 역시 연루되어 있다), 반대도 마찬가지로 그렇다. 말하자면 시민 사회의 '사적 영역'에도 공적 개입의 필요성이 있다. 아니 정말로 꼭 있어야만 한다. 부르주아 모델은 단지 법적, 곧 부정적 보장*만 따라서는 자신의 보편성의 이상이나 참여의 동등성에 부응할 수 없다.

엄밀한 의미에서 여론의 형성은 누구나 자유롭게 의견을 피력할 수 있고 신문을 발행할 수 있다는 단순한 사실만으로는 효과적으로 보장되지 않는다. 공중은 더 이상 공식적으로 그리고 물질적으로 동등한 지위의 사람들로 구성되지 않는다.[99]

확실히 하버마스는 이러한 불평등을 극복하기 위해 취해진, 현존하는 그리고 가능성이 있는 정책 수단을 분석하는 것을 정중히 사양한다(그러한 비결정성은 많은 독자들이나 비평가들을 좌절시키는 근원이지만, 그러나 또한 수십 년이 지난 가운데서도《공론장의 구조 변동》이 중요하면서 시사적인 저작이 되게 만든 이유다). 그러나 민주주의의 문제가 사회적 불평등과 불가분의 관계에 있다는 규준적 주장은 여전히 유효하다(이를 2장에서 좀 더 자세하게 다룰 것이다). 다른 한편으로 하버마스는 공적인 것과 사적인 것 사이의 차이가 완전히 없어진 것으로 보려 하지는 않는다. 그는 공론장을 먹여 살리고 공론장에 반영도 되지만 공론장에 의해 **지배되지는 않는**, 성찰과 투명성의 공간이라는 발상에 계속해서 가치를 둔다. 그러나 이러한 사적 자율성의 담론 — 그것이 의미하는 바와 기여하는 이익 — 은 곤혹감을 준다. '사생활'은 마치 개인이 공적 개입 없이 자신의 생각을 마음대로 추구할 수 있게 해 주어야 하는 것처럼 가정 영역 내에서 작동하는 조작적 권력 관계를 은폐할 수 있기 때문이다. 하버마스의 사생활 개념은 불충분할 만큼 모호하게 남아 있다. 나는 다음 장에서 이 이슈를 좀 자세하게 정리할 것이다.

*   언론의 자유처럼 '개입이나 제한을 해서는 안 된다'는 식의 법적 보장을 말한다. — 옮긴이

《공론장의 구조 변동》은 재구성된 공론장의 제도적 차원의 문제에 대해서는 분명하게 제시하는 것이 거의 없다. 하버마스는 기존 제도에 비판적 공시성의 원칙을 의식적이고 진보적으로 적용하려 하면서 정작 보통 말하는 새로운 정치 제도에 대해서는 별반 구상을 하지 않았다. 기존 제도로는 정당, 노동조합, 의회 바깥의 의사 결정 영역, 미디어, 특수이익 집단, 기타 등등을 들 수 있다. 이런 하버마스에서 볼 수 있는 부정적 측면은 암묵적인 보수주의다. 새로운 제도보다 현존 제도의 개혁과 갱신에 초점이 있다는 것이다. 나는 이 보수주의가 하버마스가 헌정주의를 주장하는 최근의 작업에서 더욱 큰 비중을 차지하게 되었다고 주장한다. 그러나 대체로 하버마스는 특정한 제도의 강점과 약점을 평가하는 데 도움이 되는 틀을 발전시키는 것에 주력했지, 우리가 얼마나 근본적으로 민주주의의 **제도들**과 공론장을 재고해 봐야만 하느냐의 문제에는 그렇게 큰 신경을 쓰지 않았다. 이런 형식주의적 지향은 그의 가장 구체적이고 역사적인 분석인《공론장의 구조 변동》에서도 이미 잘 나타나는 것이다. 여기에서 하버마스는 '담론 윤리'를 둘러싼 최근의 발상을 예로 들 수 있는 기본적인 몇 가지 민주주의적 가치를 묘사한다.

공론장들은 포용성inclusivity에 따라 판단되어야만 한다. 특정한 집단이나 개인이 주변화되는 방식에 비판적인 주목이 있어야 한다. 물론 유사한 이익과 의견, 배경을 가진 사람들로 구성되는 결사와 조직이 있는 것이 민주적 사회의 규범과 기대다. 그러나 그런 집단에 참여하고 구성원이 되는 것은 지위의 귀속적 기준, 예를 들어 재산이나 민족에 따라 조건적으로 결정되는 것이 되어서는 안 된다. 그런 결사와 조직이 공론장의 재구성에 긍정적인 기여를 하는 것은 단지 그들의 내적 절차가 광범위하면서 다원주의적인 공적 기준에 의해 면밀한 감시가 가능할 때다.

스스로 공시성의 조건에 철저하게 복종하는 한에서, 즉 엄밀한 의미에서 공론장이 되는 한에서 사회적 조직에 의해 징발되고commandeered 공론장과 집단적 사적 이익의 압력 아래에서 권력의 범위 안으로 들어간 공론장은 정치적 협상에 단순히 참여하는 것을 넘어 정치적 비판과 통제의 기능을 수행할 수 있다.[100]

그리고 비판적 공시성은 내외적 관계를 관할하는, 어떤 것도 그 누구도 한계가 없는 열려 있는 대화 원칙에 정당하게 힘을 실어 주는 초절차적 규범의 발전을 시사한다. 그러한 직접적 이상주의는 항상 실용주의적 고려(어떻게 가능한 시간 내에 일을 해낼 것인가) 및 윤리적 고려(평등주의적 담론 윤리의 의무가 되는 상호적 존중 및 타자에 대한 배려와 개방성 사이에서 균형을 잡는 고전적 딜레마)와 항상 긴장 속에 있다. 하버마스가 《공론장의 구조 변동》에서 자신의 모델을 세련되게 하지 못하거나 이런 딜레마를 분명히 해결하지 못했다는 점은 별반 논쟁거리가 아니다. 정확하게 이 책에서 우리와 하버마스의 만남을 통해 계속 반복될 그런 딜레마인 것이다.

담론적 시험

공론장과 그 비판자들

2

이 장에서는 《공론장의 구조 변동》이 불러일으킨 비판적 반응의 일부를 간략하게 개요로 살펴보고자 한다. 필요상 내 설명은 선별적이며, 내가 생각하기에 유용한 비평들에 — 그것이 문제를 일으킨다 해도 — 초점을 맞춘다. 이 비평은 공론장에 관한 하버마스의 시각 내에서 중요한 이슈들과 해결되지 않은 딜레마·긴장들을 명확히 하는 데 도움을 주는 것이다. 후기 작업과는 확연히 다른 《공론장의 구조 변동》에서 하버마스는 현재에도 적절할 수 있는 민주주의의 규범적 모델을 찾아 역사적 발굴이 포함된 방법론을 썼지만, 그에 대한 많은 비판적 해석은 그 책이 가진 역사서로서의 자격과 관련된 이슈를 제기했다. 《공론장의 구조 변동》의 역사적 발굴이 규범적 목적에서 이루어졌다는 사실 때문에 우리는 그런 논쟁을 다소 주변적이거나 현학적인 것으로 간주해 제쳐놓도록 유혹을 받을 수도 있다. 그러나 하버마스의 기획이 전적으로 역사적 기초에만 의존하지 않았음에도 불구하고 《공론장의 구조 변동》은 우리에게 과거로부터 무언가를 배우도록 하며, 비판적 공시성의 가치가 역사의 진공 상태에서 마치 마법처럼 만들어진 단순한 추상적 도덕만이 아닌 다른 무언가를 구성한다는 점을 이해하게 한다. 게다가 역사적 비판자들에 의해 제기되는 일부 이슈들은 특히 공론장의 개념적 토론을 위해서도 중요하다. 우리는 역사학에 대한 간단한 논의로 시작할 것이다. 이를 통해 역사가들을 만족시키지는 못한다 해도 정확성보다는 개념적 일관성의 문제를 전면으로 제기할 것이다.

| 역사로부터의 교훈 |

《공론장의 구조 변동》은 '비판적 공시성'의 등장과 지키지 못한 약속을 기록하려 했다. 가장 명시적인 정치 역사를 쓰면서도 그것은 목적이 수단을 왜곡시킨 점을 정당화한 책임이 있다. 말하자면 그것은 두 시대(자유주의와 조직된 자본주의) 사이를 단순화되고 멜로드라마적인 방식으로 대조한다. 그리고 두 개의 경쟁적인 범주들('비판적'과 '조작적')을 각각 개별에 적용하면서 과도하게 경직된 모습을 보여 준다. 하버마스는 회고에서 자신의 '영광으로부터의 추락' 서사와 더 정교한 역사서가 보여 주는 복합성 사이의 차이를 인정했다. "정치적으로 적극적인 공중으로부터 나쁜 프라이버시로 위축된 공중, '문화 토론적 공중으로부터 문화 소비적 공중까지' 일직선으로 이어지는 발전에 대한 나의 진단은 너무 단순했다"[101]고 그는 인정한다.

그러한 괴리는 크레이그 캘훈Craig Calhoun에 따르면 일종의 불균형적 방법론이 특징이다.

《공론장의 구조 변동》의 가장 큰 약점은 '고전적' 부르주아 공론장과 대조적으로 변화 이후의 '조직된' 자본주의의 공론장을 다루지 않는다는 점이다. 하버마스는, 18세기는 로크와 칸트, 19세기는 마르크스와 밀, 그리고 20세기는 전형적인 도시 교외의 텔레비전 시청자에 따라 판단하는 경향이 있다. 그래서 하버마스의 20세기 설명에는 주요 사상가들을 진지하게 고려해서 이데올로기적으로 왜곡된 저작으로부터 진실을 복원하는 시도, 곧 17, 18, 19세기에 대한 그의 접근의 특징인 일종의 지적 역사가 없다.[102]

그럼에도 불구하고 우리는 《공론장의 구조 변동》이 보여 준 20세기 초상화가 옳던 그르던, 지금은 하버마스가 대중문화와 대중주의 정치가 초래한 난국에 냉담하게 거리를 두는 소외받은 탈계몽주의 지식인의 관념에 정확하게 전제하고 있음을 기억해야 한다(사실 캘훈 역시 하버마스가 더 심각하게 신경을 써야 했던 20세기 지성사의 특정 양상들을 지목해 제안하지는 않는다). 게다가 우리는 역사 분석과 관련해 문제가 된 18, 19세기의 지성사적 인물들이 했던 역할의 뛰어남도 역시 마찬가지로 주장할 수 있다. 하버마스가 제시한 재미있는 역사적 증거에도 불구하고(1장에서 우리의 요약은 그렇게 공정하게 한 것은 아니다) 그는 궁극적으로 18, 19세기를 위대한 계몽주의 사상가들의 이미 굳어진 이론적 틀을 통해 해석하려는 경향이 있다. 《공론장의 구조 변동》에 대한 다양한 비판적 반응이 하버마스의 역사적 서사의 단선적 성격을 비판하기 위하여 수정주의적 역사에 가까이 갔다는 점은 그렇게 놀랄 만한 일이 아니다.

첫째, 우리는 하버마스의 설명이 '합리적' 커뮤니케이션이라는 (부르주아의) 특정한 양식의 성가를 드높였다는 주장을 진지하게 받아들여야만 한다. 이 커뮤니케이션은 정말 부르주아의 전성기로 그가 특징지은 때로부터 비롯된 것이지만 공론장을 차지했던 다양한 담론의 양식 가운데 단지 하나만 설명할 수 있는 것이다. 예컨대 제프 일리Geof Eley는 하버마스가 상대적으로 평등주의적, 합의적, 합리적-비판적 토론의 순수화된 모델을 추구하면서 자유주의적 자본주의 공론장의 수많은 담론 중에서 경합적, 반대적, 경쟁적 그리고 지위 또는 권위 중심적인 것을 배제해 버렸다는 점을 비판했다.[103] 그러나 만약 하버마스가 부르주아 집단 내에서의 담론적 실천과 제도가 가진 다양한 측면에 적절하게 주목하지 않았다면, 그가 비부르주아의 실천과 제도를 다룬 방식은 특히 문제가 될 것이다. 이 점은 다음에 나올 부분(그리고 이어지는 장)에서 더 이론적 수준에서 다루어지지만, 배제의 문제(특히 여성과 노동 계급의 배제)는 사회·정치 이론가들뿐만 아니라 역사 비평가들도 반복해서 비판한 것이다. 하버마스는 우리에게 공론장이 처음부터 어떤 배제적 기제 위에 만들어진 것이라고 말했다. 그러나 하버마스의 배제 서사는 문제가 있다. 예를 들어 키스 베이커Keith Baker는 '비판적 공시성'의 발전에 기여한 것은 18세기의 부르주아일 뿐만 아니라 여러 장에서 펼쳐진 노동 계급의 담론이었다고 주장한다.[104] 문제는 하버마스가 확장된 투표권, 더 큰 언론의 자유 등을 외치면서 노동 계급이 참여한 점(이를테면, 자코뱅이나 차티스트 등)을 무시했기 때문이 아니다. 오히려 그는 이런 투표권이나 언론 자유의 가치를 마치 비판적 공시성의 진정한 본산*인 부르주아 전통의 단

---

* 엘리는 다음과 같이 말한다. "이러한 (대안적 공론장들이) 어디까지 자유주의 모델의 부산물에 불과한지…… 그리고 그들이 어디까지 자신의 탄생의 동학과 고유한 내적 삶의 형태들을 소유하는지는 여전히 의문 속에 있다." Eley, "Nations, publics and political cultures," p.304.

순한 부산물인 것처럼 취급했다. 지배적인 부르주아 모델을 가로지르고 동시에 다양화도 시키면서* 이러한 '타자들'은 '유일한the' 공론장의 발전을 고찰하는 데 뚜렷하게 의미를 지닌다.[105] 사회이론가는 역사가와 다르게 상대적으로 정확하게 읽는 것보다 다양하게 해석하는 것에서 더 많이 배운다. 우리는 항상 주변적이면서 서발턴**한 정치 공간의 중요성, 특히 과거·현재·미래의 주류 서사의 범위 밖에 놓여 있는 공간의 공식적이면서 절차적인 특성에 대해 주의를 기울여야 한다.

유사한 문제는 하버마스가 정치 공론장으로부터 여성의 배제를 기술하는 방식에서도 발생한다. 여기에서도 중요한 것은 '배제'의 개념 자체이지 부르주아 정치 공론장에서 작동하는 배제의 힘을 과소평가했다는 점이 아니다. 낸시 프레이저Nancy Fraser가 지적한 대로 "여성이 공론장에서 배제되었다는 관점은 이데올로기적이다. 그것은 공시성이라는 계급과 젠더 편향적 개념에 의존한다. 이는 적어도 겉으로는 부르주아 공중이 '유일한' 공중이라는 주장을 받아들이는 것이다."[106] 처음 시작할 때, 하버마스는 대체로(전적으로는 아니라 하더라도) 여성이 이른바 '부

---

*   이 말에 나는 한편으로는 수정주의 역사학에 따라 그들의 원칙들, 목적들, 그리고 방식이 부르주아 공론장으로부터 그렇게 많이 벗어나지 않았다는 뜻을 담았다. 주류적 역사 서사로부터 배제된 것은 그들이 하버마스가 염두에 둔 의미로 '공론장'으로 인정받기 어렵다는 점에서 정당화될 수도 있다. 그러나 다른 한편으로 그들은 부르주아 모델 안으로 흡수되는 것이 당연시될 만큼 결코 부르주아 공론장에도 순응하지 않았다.

** 영어 subaltern을 소리 내어 읽은 것이다. 이탈리아의 사상가·혁명가인 그람시가 썼던 용어로 (역사 서술에서 소외된) 종속·하층으로 직역할 수 있지만, 주변부 내부에서 행해지는 이중적 억압과 착취 또한 일깨우므로 적당한 번역어를 찾지 못해 최근에는 그냥 서발턴으로 많이 쓴다. ─ 옮긴이

르주아 공시성'의 발전에 기여한 긍정적인 측면을 무시한다. 나중에 '여성 친화적' 살롱 문화의 존재를 인정하면서 하버마스의 정체는 다소 모호해진다. '공론장'이 사실상 남성 독점적이라는 인상(페미니즘 역사에 따르면, 부정확하다)이 전제되어 버리면, 역사적으로 여성은 지각자라는 생각이 성립된다. 실상에서 여성이 20세기가 될 때까지 **공식적**으로 정치적 공론장에 참여하는 것이 금지되었다는 점*을 감안하더라도 페미니즘적 역사 기술은 부르주아 시대의 초기부터 여성이 공론장에서 했던 역할을 강조한다. 정치적으로 지배적인 남성 부르주아에 의해 **적극적으로 주변화된**(남성 부르주아에게서 배태되지 않은) 살롱 문화의 참여자로서, 그리고 금주나 빈곤 구제 주장을 예로 들 수 있는 공적으로 활발했던 운동과 집단화의 참여자로서 말이다.[107]

게다가 《공론장의 구조 변동》은 수정주의적 역사는 경계하는 하나의 경향을 보여 주는데, 이 경향은 공식적 공론장에서 여성이 배제되는 것을 준#자연적인 조건처럼 여긴다. 이 준자연은 여성을 가정이라는 본연의 자리에 머물게 하는 이데올로기로부터 나온다. 이는 남성의 그것과 **동등할 것**으로 바라지는 않는다 하더라도 여성 조직이 지금까지 **공적인 것**에 틀림없는, 여성의 역할을 개척해 온 투쟁의 역사와 공헌을 평가절하 한다. 그들은 남성 지배적 공론장에서 선험적으로 배제될 뿐만 아니라 가부장제적 통제와 경제적 종속의 조건을 통해, 그리고 공론장의 제도 자체의 적대적 환경에 의해 적극적·강제적으로 그렇게 된다. 이

---

* 여성의 참정권은 1893년에 뉴질랜드에서 처음 투표권이 주어지면서 시작되었다. 매우 적은 나라들(오스트레일리아, 스칸디나비아)만이 1차 세계 대전 이후에 이를 따랐다.

러한 분석의 차원은 《공론장의 구조 변동》의 범위에는 대체적으로 없는 것이다. 하버마스가 마르크스주의식의 이데올로기 비판에 앞장 선 점은 우리가 반드시 기억해야 하는 부분이다. 그는 18세기의 일련의 **이상들**과 이 이상들이 역사에서 불완전하게 구현된 점 사이를 구분한다.* 그러나 여기에서 하버마스의 부르주아 이상 독해가 그런 이상을 내세우면서 이루어지는 제도나 실천의 독해보다 더 문제가 있는 건 아닌지에 대한 질문이 생겨난다. 부르주아 공론장은 단지 그 자신의 모순을 보지 못하기 때문에, 또는 하버마스 자신이 생각한 것보다 사실 더 노골적인 갈등이나 권력 게임, 전략적 사고로 꽉 차 있기 때문에 이데올로기적인가? 적어도 페미니즘 역사는 뒷부분을 더 그럴듯하게 보게 한다.

또한 《공론장의 구조 변동》은 '비판적 공시성'의 발전에서 여성이 기여했던 역할을 간과할 뿐만 아니라 그 역할이 지닌 독특성 또한 무시한다. 노동 계급 공중들과 같이 하버마스에 의해 특권화된 지배적인 남성 부르주아 모델에도 수렴과 다원화가 있다. 예를 들어 여성의 도덕 개혁 집단은 종종 '사적' 가치로 보이는 가정성과 돌봄의 윤리를 배제하기보다는 포용한다. 다른 말로 하면 여성은 공적 생활에 참여하기 위하여 배제적 힘에 도전한다. 뿐만 아니라 그들은 공시성의 의미, 공적인 것과 사적인 것 사이의 경계의 본질을 둘러싼 투쟁에도 관계한다. 우리가 나

---

*　　하버마스는 《공론장의 구조 변동》에서 자주 이론과 현실 사이의 차이를 혼동한다고 비판받는다. 예를 들어 R. Holub, *Habermas: Critic in the Public Sphere*, London: Routledge, 1991, pp.7~8. 그러나 나는 면밀하게 읽었다면 매우 분명하게 이 책이 지켜지지 않은 약속의 이야기임을 알게 된다고 생각한다.

중에 보겠지만 이런 역사적 논쟁은 민주적 구상을 위한 최근의 이슈에 서도 중심에 있다.

이 모든 것들은 《공론장의 구조 변동》의 서사가 페미니즘 학문과는 어울리지 않는다는 점을 시사한다. 상대적인 지각자로서 여성의 이미지 는 특히 '영광으로부터의 추락' 서사와 결합할 때 문제가 된다. 이 서사 에서 여성은 공론장이 대중화의 급류 속에서 자신의 긍정적인 속성을 거의 잃어버린 시점이 되어서야 비로소 이 장으로 들어오는 것이 허용된 다. 그러나 메리 라이언Mary Ryan은 공식적인 공론장이 여성을 용인한 것 이 민주주의 양적 팽창과 질적 저하가 맞바꿔지는 것의 일부였다는 견해 에 반대한다. 여성은 근대적 공시성의 형성에 적극적이었을 뿐만 아니라 민주주의의 본질에서도, 이를테면 한때 '가족'이나 '빈곤'처럼 사적인 이 슈라고 여겨졌던 것이 권력의 장에 포함될 수 있도록 정치적 의제를 확 장했다는 점에서 질적으로도 핵심적 발전을 도모했다. "여성이 선거권 을 얻고 공식적으로 공중의 일원이 되었을 때, 비록 자신이 속이 빈 요 새의 정복자가 되었음을 알게 되는 아이러니한 관찰을 했에도 불구하 고" 여성의 공식적인 공론장 참여는 "결코 무시될 수 없다."[108] 공론장이 퇴행적인 변모 과정을 겪었지만, 여성이 그 요새를 건설하는 데 역할을 다했다는 점뿐만 아니라 그들이 싸우지 않았다면 훨씬 더 비었을 것이라 는 점을 강조하는 것이 중요하다.

매우 특정한 사회 집단 ─ 남성, 자산가 계급 ─ 을 하버마스가 강 조한 이유는 의심할 바 없이 근대 자본주의라는 특이한 사회구성체, 국 가와 사회, 정치와 경제 사이의 새로운 관계에 대한 그의 파악과 관련이 있다. 하버마스의 서사가 '역사적 편협성historical blinkers' ─ 우리가 탈 마르크스주의 사고를 통해 역사의 환원적이고 경제주의적인 해석과 연관이 있다고 배우는 — 에서 벗어났는지 아닌지를 의심하는 것은 당연하다. 그러한 방법론의 문제는 남성 부르주아가 아닌 다른 사회 집단이나 마르크스가 자기 팽창적인 괴물로 보았던 자본 축적 외의 다른 역사적 동학이 하는 역할을 어떻게 보느냐와 밀접한 연관이 있다. 데이비드 자렛David Zaret은 하버마스가 자본주의 경제와 밀접하게 연관되어 있지만, 그것에 환원되지는 않는 다양한 역사적 동학을 적절하게 설명하지 못했다고 주장한다.[109] 대중 출판 기술의 발전, 종교개혁에 뒤이은 종교의 발전, 과학적 그리고 인간중심주의적 세계관의 발전 — 다른 말로 하면, 부르주아에 대한 신뢰와 자율성으로 나타난 근대성의 여러 측면들이다 — 은 정말로 《공론장의 구조 변동》의 서사에서는 적절히 어울리는 자리를 찾아볼 수 없다. 여기는 마르크스와 막스 베버Max Weber 사이의 고전적 결투를 반복할 자리는 아니다. 현재로는 하버마스 자신이 초기 저작에서 드러낸 경제주의적 편향이 문제가 되었다는 점을 인정했다는 것만으로 충분하다.* 그리고 우리가 앞으로 볼 바대로 공론장 이론을 재작업하는 하버마스의 이후의 시도는 경제를 탈중심화하고, 결정적으로 계급을 경제주의적으로 결정된 거시적 주체가 아닌 방향으로 몰

*   자레의 비판에 하버마스는 다음과 같이 반박한다. "나는 그 사이에…… 내 틀을 바꾸었다고 생각한다. 그래서 문화 발전의 영속적 자율성을 더 정확하게 설명했다. 단적으로 말해 나는 막스 베버를 더 많이 받아들였다. 또 종교적 사고의 변화, 도덕적 신념 체계, 세속화된 매일의 실천에 과학의 권위가 끼친 영향 등을 사회 변화의 '속도 조절자pacesetter'로도 생각했다. 그래서 나는 오늘날 최근의 인류학적 접근에서 나타난 증거들을 역사에 통합시키는 데 더 흔쾌하다." "Concluding remarks," in Calhoun (ed.), *Habermas and the Public Sphere*, p.464.

고 간다.

평등과 해방

《공론장의 구조 변동》을 집필하면서 하버마스는 1960년대 서독의 좌파를 많이 의식했다. 피터 호헨달Peter Hohendahl은 그 책이 하버마스의 목표 수용자들에게 불러일으킨 반응을 다음과 같이 요약한다.[110] 그는 하버마스의 부르주아 담론을 즉각 거부했던 마르크스주의 입장의 비판자들(예를 들어, 울프 밀데Ulf Milde)과 하버마스를 보수적이라고 비판하지만 그 안에서 살려야 할 중요한 것도 발견하는 측(오스카 넥트Oskar Negt와 알렉산더 클루게Alexander Kluge)을 구분한다. 밀데에 따르면, 하버마스가 부르주아 공론장을 자유 원칙의 체현으로 간주한 것은 용서받을 수 없는 일이다. 그에 따르면 하버마스는 부르주아의 재산 관계를 비정치적인 것으로 여긴다. 그리고 그는 적대적 계급 관계의 역할을 간과한다. 그러나 호헨달은 신속하게 그러한 반응을 일축해 버린다. 지배나 불평등으로부터 자유로운 공론장의 가능성(그리고 신비화)에 대해 논쟁이 없었기 때문이 아니다(우리는 나중에 이 문제로 다시 돌아갈 것이다). 하버마스의 전체적인 테제가 부르주아 공론장의 이데올로기적 모호성이 폭로되고 도전받는 탈자유주의 질서 관념에 근거한다는 점을 인정하지 않으면서도 즉각적으로 그것에 대한 논쟁은 벌어지지 않았기 때문이다. 호헨달은 그러한 명백하게 의도적인 오독의 뒤에 있는 동기에 대해 짐작하면서 예상된 반작용임을 지적한다. 반작용은 《공론장의 구조 변동》에서 제기된 실질적인 주장들에 대한 것이라기보다는 마르크스주의의 경제주의적 정통성에 대한 하버마스의 방법론적 도전에 대한 것이다.

> 결국 밀데의 비판은 상호작용이…… 기본적으로 노동에 못지않게 중요하다
> 는 접근을 하버마스가 선호해 토대와 상부 구조 관계의 정통적 해석에 이의
> 를 제기하는 경향을 지목한 것이다. …… 공론장의 목적은 가치와 기준에
> 대한 상호 주관적 일치다. 그것은 실질적 문제를 해결하는 데도 쓰일 수 있
> 다. 하버마스가 공론장에서 제도화된 것으로 보았던 것 — 개인화, 해방, 지
> 배로부터 자유로운 커뮤니케이션의 확장 — 은 [후기 저작]에서는…… '상
> 징적으로 매개된 상호작용'의 범주로 나타난다. 정통성으로부터 이러한 일
> 탈은《공론장의 구조 변동》에서 이미 언급된 것이기 때문에 정통 진영의 거
> 리낌은 예견된 것이었다.[111]

두 사람의 덜 정통적인 비판가들이《공론장의 구조 변동》에 대한 더 신중하고 덜 과격한 비판을 제기했다. 오스카 넥트와 알렉산더 클루게는 자신의 작업에서도 공론장의 범주를 채택한다. 이들에게 민주적 공론장의 발상은 마르크스주의의 역사주의적 버전에는 없는, 진보적 사회 변화의 도전과 가능성을 분석할 수 있는 중요한 개념이다. 공론장은 '집단적 의지'의 형성에는 필수적인 기초 제도다.[112] 그러나 넥트와 클루게는 하버마스 테제에서 두 가지 핵심적 측면을 인정하지 않는다. 첫째, 그들은 공론장이 있는 그대로 '일반 이익'을 명확하게 하는 장이 될 수 있다는 부르주아의 주장을 과도하게 받아들이는 하버마스의 성향을 비판한다. '부르주아'라는 통합적 용어unifying term는 "하버마스는 제도로 기술했지만 사실은 이질적 조직들의 느슨한 연합체로 밝혀진"[113] 것을 자칫 은폐할 뿐이다. 호헨달은 넥트와 클루게가 결사들의 다원성과 합

의적 지향 사이가 다르다는 점을 인정하기 꺼렸다고 적절하게 반박한다. 합의적 지향은 하버마스가 결사들의 성질을 귀속시키고 그들의 통합 원칙으로서 밝혀 보고자 했던 것이다. (나는 다음에서 다원성의 문제를 다시 다룰 것이다.)

둘째, 그들은 담론의 구원적 힘에 대한 하버마스의 집착을 비판한다. 그들은 공론장의 대안적 개념, 곧 **프롤레타리아적**이면서 담론보다 실천에 우위를 두는 안을 제기한다. 시대착오적인 언어에도 불구하고 이런 긴장은 오늘날의 공론장을 둘러싼 논의에도 여전히 설득력을 지닌다. 많은 사람을 위한 행동은 말보다 더 크게 들리며, 사람들은 더 이상 칭찬이나 영광의 표식으로 '말을 나누는 장소talking shop'나 '대화를 좋아하는 계급chattering classes'이라는 용어를 쓰지 않는다! 넥트와 클루게에게 '프롤레타리아'라는 용어는 단지 사회적 지위에 관한 것이 아니다. 그들은 우리에게 다음과 같이 말한다. "우리는 **프롤레타리아**라는 개념이 **부르주아**만큼 모호하다는 전제에서 출발한다. 그러나 그럼에도 불구하고 프롤레타리아는 노동 계급의 해방의 역사와 실질적으로 연계된 전략적 위치를 점한다."[114] 이와 대조적으로 하버마스의 "부르주아 공론장은 삶의 주된 관심에 충분히 근거해 있지 않다."[115] 부르주아는 생산 행위를 공론장을 정당화하는 데 드는 기여쯤으로 평가절하를 해 버린다. 해방적 동인에 의해 주도된 '진정한' 프롤레타리아 공론장이라면 노동 계급의 자율적 실천 속에 뿌리를 내려야 한다. 하버마스의 공론장과 다르게 이것은 '인간의 현실적 경험'[116]과 연관되는 것이다. 넥트와 클루게에게 '실천'은 포용적이다. 그것은 정치적 행위뿐만 아니라 물질적이고 문화적인 생산을 포함한다. 이러한 공론장의 포용적 참여 모델은 《공론장의 구조 변동》에서 하버마스가 보여 준 커뮤니케이션과 여론 형성에 대한 약간의 일차원적인 관심을 쓸모 있게 수정한 것이다. 그것은 우리에게 독립 영화를 만드는 것이나 거대 기업 조직과 경쟁해 지역적 연대를 수립하는 것이 공론장에서 정치 토론에 몰두하는 것에 아주 못 지않게 실존적·사회적으로 '의미 있는' 개입이 될 수 있다는 점을 상기 시켜 준다(우리가 나중에 보는 대로 하버마스의 후기 저작은 이해나 합의가 결렬될 때마 다 담론으로 돌아갈 **가능성**을 허용하는 '커뮤니케이션 행위'의 이상을 선호하면서 '순수한 담론'*에만 집착하고 있지 않다).

동시에 하버마스의 모델 또한 넥트와 클루게가 강조한 부분에 유 용한 반작용을 해 준다. 1960년대 후반과 1970년대 초반에 하버마스는 그가 독단적 '행동주의'로 보았던 서독의 좌파 학생운동에 애써 반대했 다.[117] 어떻게 넥트와 클루게의 실천 모델이 이런 위험을 초래하게 되었는 가를 보는 것은 그렇게 어렵지 않다. '프롤레타리아'라는 용어는 그때만 해도 그들이 염두에 두었던 것보다 더 모호했다. '노동 계급'은 '경영자 주의'가 등장하고, 화이트칼라 노동 부문이 확대되며, 블루칼라에서는 노동조합이 늘어나고, 하위문화가 다양화되며, 이민 노동자들이 늘어나 는 등의 맥락에서 이미 일관성이 없고 이질적인 범주가 되고 있었다. 말 하자면 특정한 전망을 공유하지도 않고, 누군가의 '실천'(이를테면, 독립 영 화에서 재현된 집단이나 거대 기업 조직의 고용원)에 의해 영향 받았을 뿐인 사람 들을 어떻게 참여시킬 것인가에 대한 고민이 없는 '실천에의 부름'은 잘 되어 봐야 정치적으로 무능하며, 나쁘게는 도덕적으로도 의심받을 뿐 이다. 미디어나 다른 공론장 제도에 의해 무시되기 일쑤이므로 일반 공

---

* 같은 문장에 담론이라는 용어가 두 번 쓰여 헷갈리기 쉽다. 뒤의 담론은 수식 어인 '순수한'에 방점을 두어 읽어야 한다. — 옮긴이

중과의 대화에 참여하지 않거나 할 수 없는 풀뿌리 캠페인 운동가나 직접 행동 집단의 문제는 오늘날에도 시급한 것으로 남아 있다. 단순히 핵심을 담론에서 실천으로 대체할 뿐인 공론장 모델은 우리에게 도움이 되지 않는다.

《공론장의 구조 변동》에 대한 더 최근의 마르크스주의 독해의 예는 커뮤니케이션학자인 니콜라스 간햄Nicholas Garnham의 경우다. 여러 가지를 감안해서 볼 때, 간햄은 하버마스의 공론장 개념에 비판적이기보다는 동정적이다. 그가 하버마스에 돌리는 미덕은 다음과 같이 실질적인 것이다.

> 그것의 첫 번째 미덕은 대중 커뮤니케이션의 제도와 실천 그리고 민주적 정치의 제도와 실천 사이의 불가분의 관계에 주목하는 것이다. 대중 미디어 연구의 대부분은 너무 미디어 중심적이다. …… 하버마스 접근의 두 번째 미덕은 어떤 공론장이든지 필수적인 자원의 물질적 기초에 대해 초점을 두는 것이다. …… 세 번째 미덕은 미디어 정책에 대한 사고를 과도하게 지배해 왔던 자유로운 시장 대 국가의 통제라는 단순한 이분법을 피한다는 점이다. …… 하버마스는 공론장을 국가와 시장 모두로부터 구분하고, 과점적 자본주의 시장과 근대의 개입주의적 복지 국가의 발전 둘 다에서 오는…… 민주주의에 위협이 되는 문제를 제기할 수 있다.[118]

간햄은 또한 30년이 된 미디어 산업의 격화된 탈규제 경향과 정보와 문화를 '공공재'보다는 '사적으로 전유 가능한 상품'으로 간주하는, 이제는 당연시되는 시각에 대응한 하버마스 테제의 예리한 적실성을 칭찬한다. 《공론장의 구조 변동》 같은 책이 그랬듯이 국가와 시장으로부터 독립적인 시민 사회 제도의 중요성을 부각시킴으로써 간햄은 좌파에게 이념의 자유로운 시장 이데올로기에 기초한 언론-자유 모델의 함정으로부터 빠져나오라고 권한다. 언론-자유의 모델은 미디어를 징발하는 국가 이익의 위험성이 다른 한편에 도사리고 있을 때 비판하기가 어렵다.[119] '공론장' 개념은 국가의 통제와 시장화 사이의 담론적·규제적 바꿔 타기에서 자주 놓치는 제3의 영역을 제공해 준다.

간햄은 또한 하버마스의 테제에는 "시공간에서 사회적·커뮤니케이션적 관계가 필연적으로 매개될 수밖에 없는 대규모 사회의 조건에"[120] 어울리는 재정식화가 필요하다고 주장한다. 나는 4장에서 매개화의 문제에 대해 살펴볼 것이지만 여기에서도 간햄의 주장은 우리의 관심을 끈다. 하버마스는 《공론장의 구조 변동》에서 면대면 대화에 큰 중요성을 부여했지만, 간햄은 매개화된 커뮤니케이션이 단지 재분배의 수단을 통해서만 해결이 가능한 보편적 접근권의 원칙에 특별하게 도전한다고 주장한다. 우리가 1장에서 본 대로 하버마스의 분석은 공론장의 이데올로기뿐만 아니라 물질성도 인정한다. 시간·공간·읽고 쓰는 능력의 기술 등에 대한 접근의 불평등한 양식은 공론장에 참여하는 기회에서도 불평등을 조장한다. 기술의 매개화가 갈수록 증가되는 조건에서 이러한 물질적 불평등의 문제가 부각되는 것 또한 사실이다.

《공론장의 구조 변동》의 대한 낸시 프레이저의 독해는 하버마스적 공론장이 자율성과 문화적 차이, 다원주의의 문제에 충분히 관여하고 관심을 기울이는 다른 한편으로 물질적 불평등에 대한 비판도 계속해서 유지할 수 있을지 여부의 문제를 해결하고자 한다. 프레이저가 하버마스를 읽은 결과는 아마도 공론장 탐구의 생산적 진로를 여는 데 다른 어떤 것보다도 크게 작용했을 것이다. 적어도 영어 사용권에서 프레이저는 하버마스의 민주주의 이해를 가망 없게 순진하고 가부장제적이며 시대착오적이라고 기각한 사람들에 의해 (프레이저 본인의 의도와 달리) 가장 자주 인용된 비판일 것이다. 최근 논쟁 때 하버마스의 공론장론을 중재하면서 프레이저가 했던 인상적인 역할을 감안해 나는 여기에서 좀 주목을 하려 한다.

프레이저는 몇 가지 측면에서 하버마스 이론이 보편주의와 다원주의 사이의 경쟁하는 동력들impulses을 완전히 소화하기에 충분하지는 않지만 출발점으로 삼기에는 '필수 불가결한 자원'이라고 주장한다.[121] 가장 중요하게는 하버마스가 주목한, 시장이나 국가에 의해 지배되지 않는 토론의 공공적 영역이 국가의 통제와 '사회화'를 결합시키면서 관료주의적, 귀족적, 심지어는 권위주의적 국가주의까지 정당화하려는 사회주의자들의 담론에 반대한다는 점이다. 그리고 이는 공론장과 국가적 그리고(또는) 공식적 경제를 합치려 하면서 결국은 가사 노동·자녀 양육의 상품화나 포르노그래피의 국가 검열이라는 수상쩍은 캠페인을 초래하는 페미니스트 담론에도 적용된다. 그러나 하버마스에 의해 그려진 공론장 이론이 만약 최근의 문제를 숙고하는 생산적 틀이 되려 한다면 일부 '비판적인 검토와 재구성'이 필요하다.[122] 프레이저에 따르면, 부르주아 공론장은 《공론장의 구조 변동》에서는 충분하게 비판적 검토가 되지 않은 적어도 다음과 같은 세 가지 가정에 기초한다. 그는 진일보한 연구라면 이런 문제를 반드시 조명해야 한다고 주장한다.

첫 번째 가정은 "공론장에서의 대화자는 지위의 격차를 유보bracket 시킬 수 있고 **마치** 그들이 사회적으로 평등한 것처럼 숙의하는 것이 가능하다는 점이다. 그러므로 이 가정은 사회적 평등이 정치적 민주주의에 필요조건은 아니라고 한다."[123] 부르주아 공론장에 접근할 때의 실제적 불평등의 양식은 제쳐놓고라도 프레이저는 '참여의 동등성'의 형식적 원칙 자체가 문제가 되지 않았(는)다는 것 역시 받아들이지 않는다. 부르주아의 이상은 불평등의 **제거**보다는 **형식적인 유보**, 그래서 다른 지위를 가진 대화자들이 마치 서로 동료인 **것처럼** 토론할 수 있다는 점을 필요로 한다.

> 그러나 [사회적 불평등]이 정말 효과적으로 유보될 수 있을 것인가? 수정주의 역사학은 그렇지 않다고 말한다. 오히려 부르주아 공론장 내 담론적 상호작용은 그 자체로 지위가 불평등한 것을 보여 주는 상관물correlates이자 표식인 스타일과 예의의 의례에 의해 통제된다. 이는 여성과 서민 계층의 구성원들을 주변화하고 이들이 동료로서 참여하지 못하게 하는 데 **비공식적으로** 기여한다.[124]

지배와 통제의 비공식적이면서 자주 교묘하기도 한 양식은 공적 숙의의 영역에도 거의 피할 수 없게 존재한다. 종속적이면서 대표되지 않는under-represented 집단은 이미 담론의 지배적 관습(예를 들어 스타일이나 수사법, 서열이나 순서 등)에 적응하는 능력이나 자제심에서, 그리고 말을 듣거나 진지하게 이를 받아들이는 가능성에서 불이익을 더 많이 받는 경향이 있다. 말하자면 그들은 대개 필수적인 '문화 자본'(피에르 부르디외Pierre Bourdieu)이 없다. 공적 커뮤니케이션 맥락(예컨대 정치 집회)에서 젠더 차이에 대한 페미니즘 연구는 최근 이런 관찰을 강화한다. 프레이저는 지위의 차이를 일단 유보시키는 형식적 필요성이 신비화를 조장할 수 있고, 근원적 불평등을 모호하게 하며, '당연시'되는 지배적 문화 가치를 강화한다고 주장한다.

숙의의 과정에서 사회적 불평등을 유보시키는 것이 마치 그들이 존재하는 데 존재하지 않는 것처럼 간주한다는 것을 의미하는 한, 이것은 참여의 동등성과는 어울리지 않는다. 그와는 반대로 그런 유보는 종종 사회 내의 지배적 집단의 이익이나 종속적 집단의 불이익을 용인하는 것이 되어 버린다. 대부분의 경우에 명시적으로 그것을 주제화해야 한다thematising는 뜻에서 불평등성을 **유보하지 않는 것**이 더 적절하다. 이것이 후기 하버마스의 커뮤니케이션 윤리의 정신에도 맞는다.[125]

하버마스가 나중의 작업에서 강조점을 바꾼 것에 주목해 볼 때 프레이저의 비판은 확실히 옳다. 그러나 우리는 민주주의의 진보적 모델에서 형식적으로 차이를 유보시키는 원칙을 흔쾌히 제거해 버리기 전에 잠시 생각해 볼 필요가 있다. 이 이슈는 이분법적 대립으로 보기보다 한편으로는 지위 불평등을 형식적으로 유보시키는 것의 가치를, 다른 한편으로는 책임감과 권리 사이의 해묵은 균형에 기초해 지위 불평등 자체를 주제화하는 것의 가치를 진지하게 고려해 보는 것이 더 유용하다. 다소 소리 높여 프레이저는 토론의 동등성에 영향을 미칠 것으로 느껴지는 불평등을 참여자들이 문제로 삼는 '권리'를 외치는 것처럼 보인다. 지위 불평등을 유보하는 것의 필요성은 숙의의 영역 내에서 동료 참여자들을 굴복시키려는 의도(예를 들어 누군가의 배경, 지위, 또는 민족성에 대한 잠재적 비방 같은 것)를 가지고 '권력 게임'을 하는 것을 피하려 하는 참여자의 **책임성**과 관련 지워서도 생각해 볼 수 있다. 단순히 상호 존중의 윤리를 상정한다고 해서 커뮤니케이션의 왜곡이나 나쁜 신념의 의도적·비의도적 또는 은연중이고 공공연한 형식이 그렇게 확연하게 줄어들 것 같지는 않다. 그러나 우리의 민주주의 모델로부터 그런 윤리를 삭제해 버리는 것은 도덕적 진공 상태를 야기할 수도 있고, 토론과 상호작용을 지배하는 테크닉을 정당화하는 데 도움을 줄 수도 있다. 어떻게 상호 존중의 윤리가 프레이저가 옹호하는 평등주의적 원칙과 내재적으로 대립하는지를 알기는 어렵다. 오히려 그런 윤리를, 민주주의의 관점에서는 위험한 비대칭성을 의심하고 주제화할 수 있는 권리와 결합시키려 하는 것은 실패할 수 있다.

그러나 프레이저에게 나의 수정은 아마도 다음과 같은 핵심적 요점을 놓치게 되는 것일지도 모른다.

참여의 동등성을 위한 필수 조건은 체계가 조성하는 사회 불평등이 제거되는 것이다. 이것은 모든 사람이 정확하게 같은 수입을 얻어야만 한다는 뜻은 아니다. 그것은 체계에 의해 만들어지는 지배·종속의 관계와 꼭 일치되지 않는 일종의 큰 틀의rough 사회 평등이다. 그래서 자유주의에는 미안하지만 정치적 민주주의에는 실질적인 사회 평등이 필요하다.[126]

이것은 숭고한 이상이기는 하지만 자신의 이론적·정치적 가치를 스스로 제한하는 무차별적 평등 개념을 보여 준다. 우리는 현실적으로 명백하고 중요하게 민주적 과정의 공정성과 개방성을 침해하는 사회적 불평등과 그렇지 않은 것 사이를 구분하는 것이 불가피하다. 확실히 이것은 간단하지 않다. 공적 토론을 도외시하고서는 우리에게 가능한 객관적이고 과학적인 기준이 전혀 없다는 점에도 불구하고 구분을 해야 하기 때문에 더욱 그렇다. 물론 사회 경제적 지위와 민주적 과정에 참여하는 능력 사이에는 강력한 연관성이 있다. 그러나 그 관계는 단순하거나 단선적이지 않다. 한쪽 극단에는 가장 기본적인 참여의 자원들, 예를 들면 기본 정보나 미디어나 교육에 대한 접근권 같은 것조차 없는 사람들이 있다. 그런 냉혹한 수준의 권리 박탈은 대부분의 서구 민주주의에서도 존재하며 참으로 시급히 해결해야 하는 문제다. 또한 참여의 동등성에 아주 잘 맞는 젠더와 관련된 이슈도 있다(예를 들어 육아와 자유롭게 시간을 쓸 수 있는 권리*를 포함해서). 그리고 물론 다른 쪽, 맨 위 극단의 기업 권력, 상속된 부와 권위 등은 모두 명백하게 더 높은 수준의 정치권력에 대한 접근권에 영향을 미치는 요인들이다. 그러나 한 시민이 다른 시민보다 단순히 사회 경제적 지위가 높다고 해서 항상 더 많은 권력을 갖고 공론장에 참여하는 것은 아니다.

보편적 교육, 공공 정보 서비스 등(이것이 구체적인 조건에서는 원칙을 적용하는 데 수반되는 가치 판단 때문에 복잡해진다 할지라도 — '어떤 **종류**의 교육과 정보가 필요한가' 같은 질문에서 볼 수 있다)의 공급을 기반으로 참여의 동등성을 개선함으로써 최소한의 제한만 두는 것은 '대략의' 사회 경제적 평등의 필요성보다 더 확실한 정치적 또는 전략적 '첫 걸음'이 된다. 여기에서 요점은 배분적 정의의 중요성을 무시하지 않는 것이다. 오히려 나는 참여의 동등성과 사회 경제적 평등성 사이의 관계가 프레이저의 비판에서 과잉 단순화되었다고 주장하고 싶다.

이것은 단지 이론적 주장만은 아니다. 만약 정치적 기획으로서 '공론장의 정치'가 정당한 민주주의의 선결 조건으로 사회적 평등을 상정한다면 진보적 활동의 범위가 축소될 가능성이 높다. 프레이저는 사회적 평등성과 참여의 동등성이 상호작용적 관계를 맺어야 한다는 사실

---

*   아이와 관련해 임신과 육아를 담당해야 하는 여성은 남성에 비해 상대적으로 자유 시간이 적고 분산되어 있다. — 옮긴이

을 얼버무린다. 이 관계의 해석에서 참여의 지위는 사회 경제적 지위에 의해 영향 받지만, 또한 사회 경제적 지위 역시 참여의 지위에 의해 영향 받는다. 사회적으로 불이익을 받는 집단은 적어도 부분적으로는 공론 장에도 낮은 수준으로 접근할 수밖에 없어 자신이 어려움에 처해 있음을 알게 될 것이다. 만약 공론장에서 자신의 목소리를 내지 못하면 그들의 이익 역시 증진되기 어려울 것이며, 더 나은 사회적 평등을 위한 노력 또한 저해될 것이다. 이것이야말로 자유민주주의의 악순환이다. 이러한 악순환에 대응할 수 있는 가능한 안들이 있다. 한 안은 잃어버린 목소리를 대신해서 말해 주고, 차별받는 집단의 입장에 서서 평등성을 추구하는 특별한 소수에 의존하는 것이다. 사회적 격차의 오른쪽 편에 선 사람들(우파)을 위해 물질적 안락을 추구하는 세계에서, 불이익을 받는 집단을 직접first-hand 경험으로부터 격리시키는(그리고 미디어에 의해 조성된 협소한 고정관념에서 벗어나지 못하게 하는) 이러한 대안은 좋게 봐야 희망 없이 순진하고, 나쁘면 가부장제적·희생자 중심적 복지주의의 윤리적 위험을 초래할 뿐이다. 두 번째 안은 사회 경제적 평등성과 참여적 동등성 사이의 연계를 계속 고수해 운명론적으로 그들의 악순환을 받아들이는 것이다. 세 번째는 연계를 상대화해 그것의 악순환적 계기보다는 선순환적 계기를 향하는 것이다. 공론장에의 참여와 접근을 위한 자원이 커지면 커질수록 불이익을 받는 집단이 그들의 목소리를 내고, 집합적으로 자신의 이익과 필요를 해석·표현하며, 더 나은 사회 경제적 **그리고** 참여적 동등성을 실현하는 것이다. 단적으로 표현해 '삶의 기회'와 '담론 기회' 사이의 연계는 어떤 민주주의 이론에서도 결정적으로 중요하며, 프레이저의 주장에 따르면 그것은 고전적 자유주의에서는 모호했던 것이고, 《공론장의 구조 변동》에서도 충분히 이론화가 되지 않았던 것이다.

프레이저가 시사한 것보다 단순한 문제가 아니라는 사실만 염두에 둔다면, 우리는 낙관을 조금 가질 수 있을지도 모른다.

부르주아 공론장을 뒷받침하는 두 번째 가정은 다음과 같다. "공중들이 경쟁해 여러 양태로 확산되는 것은 더 나은 민주주의를 향해 가까이 가기보다는 필연적으로 한 걸음 뒤로 물러나는 것이고, 하나의 포괄적인 공론장이 다중적 공중들의 연쇄보다 더 낫다."[127] 낸시 프레이저는 "사회적 불평등의 효과로부터 담론 영역을 특별하게 분리하는 것은 가능하지 않다"[128]는 자신의 주장(앞에서 본)을 내세운다. 이는 연대를 결성하고, 정체성·이익·목적을 분명히 하며, '자신의 목소리'를 (지배 집단의 이익에 노골적으로 봉사하는) 대화의 표준적 양식이나 '우리'라는 것의 구성(이를테면 '국가 이익'이나 '인본성'에서 볼 수 있는)으로부터 독립적인 것으로 만들기 위하여 종속 집단이 자신의 대안 또는 담론적 숙의를 할 수 있는 '서발턴' 공간을 필요로 한다는 주장으로 이어진다.[129] 프레이저는 구조적 측면에서 모든 서발턴 공중들이 민주적이거나 평등적이지 않다는 점을 서슴지 않고 지적한다. 그러나 아마도 더 중요하게 그는 자신의 주장을 정치적·문화적 분리주의separatism와 거리를 둔다.

계층화된 사회에서 서발턴 공중들은 두 가지 특징을 가진다. 한편으로 그들은 철수withdrawal와 재정비의 공간으로 기능한다. 다른 한편으로는 더 광범한 공중들을 겨냥하는 선동적 행위의 기초와 훈련의 기반으로 기능한다. 그것의 해방적 잠재성은 정확하게 두 개의 기능 사이의 변증법 속에 있다.[130]

하버마스의 부르주아 공론장 독해는 자신에게서 나온 의견이 서로에게 영향을 미치고 권력의 중심 또한 같은 국가를 향해 있어, 단수형의 하나의 공론장으로 특징 지워지는 다수의 결사·커피하우스·독서 집단 등을 상기시킨다. 그러나 하버마스의 모델은 이론적으로는 모두에게 (가정에 따라) 열려 있고, 구성원들이 잠재적으로 유동적인 네트워크를 구성하며, 특정한 이익 집단을 넘어서는 일련의 결사들에 기초한다. 역사적 정확성의 문제를 제쳐놓는다면, 프레이저는 특정한 이익과 소속 의식을 가진 사람들의 집단과 공중의 중요성을 강조하는 민주주의의 모델을 주장하고 싶은 것이다. 포용성이 총체화totalized된 윤리라면, 사실 다양한 종속적 집단의 이익과 잘 어울리지는 않는다. 그의 주장은 합리적인 공적 담론의 초석으로서 포용성 윤리의 중요성을 부정하는(의도를 지닌) 것은 아니다. 만일 공론장이 하나의 포용적 광장이라고 한다면, 프레이저의 기술은 그 광장 주변의 대기실, 곧 열려 있으면서 '포용적'이고 일부는 특정한 집단에 의해 전용으로 사용되기도 하는 공간의 중요성을 지적하는 것이다. 한편으로 건강한 다원주의와 다른 한편으로 집단이기주의·분리주의를 구분하려 하는 이론적 도구는 불가피하게도 이러한 양보와 함께 결정적으로 무뎌져 버린다. 성찰적 판단이라면 무엇이든 공적 담론 **그 자체**의 영역에서 이루어진다는 점에도 불구하고 그렇다는 말이다.* 그러나 공론장에 관한 어떤 이론이든 규범적이고 사회학적인 가치는 서발턴 공론장들의 유효한 역할, 토드 기틀린Todd Gitlin의 표현을 따른다면 개별주의적 공적 '영역sphericules'**을 인정하는 데 따른

---

*   공론장이 총체화된 포용의 윤리를 받아들인다면 서발턴 집단에 의해 전용되는 공간은 필요치 않으므로 이론 자체가 '무뎌진다'는 지적이다. — 옮긴이

**   대중 미디어에 의한 대규모 제도적 수용자와 구분되는, 자발적으로 형성되는 '부분적 공중들partial publics'을 가리킨다. — 옮긴이

다.[131] 이런 통찰은 탈국가주의 정치의 맥락에서 더욱더 중요하다. 거기에서는 어떤 경우든 고전적 자유주의와 다양한 좌파 민주주의 모델이 시사하는 바대로 국민 국가가 더 이상 정치적 통제의 **중심**이라고 주장할 수 없다. 그리고 신자유주의적 글로벌화, 다국적 코포라티즘, 그리고 탈근대적 정체성이 기초가 되는, 지역화된 디아스포라의 그리고 전술적인 정치운동의 등장에 힘입어 엔트로피적 압력이 정치 과정에 영향력을 행사한다(5장에서 더 자세하게 다룰 것이다).

세 번째 가정은 "공론장에서의 담론이 공공선common good에 대한 숙의로 제한되어야 하며, 사적 이익과 이슈의 등장은 항상 바람직하지 않다는 것이다."[132] 공적 토론을 '공적' 의제 또는 일반적 관심에 국한하는 원칙은 민주주의 이론에 문제를 제기한다.

> 이것은 객관적으로 영향을 미치는 것 또는 제3자의 시각에서 볼 때 모든 사람에게 영향을 미친다고 간주되는 것과 참여자들에 의해 공통적인 관심의 문제라고 인정되는 것 사이가 모호하다. 집단적 자기 결정의 영역으로서 공론장의 발상은 그것의 적절한 경계를 정하려고 하는 제3자적 접근과는 어울리지 않는다. 여기에서 중요한 것은 두 번째, 즉 참여자의 시각이다. 단지 참여자 스스로만이 무엇이 그들에게 공통적인 관심자인지 아닌지를 결정할 수 있다. 그러나 참여자 모두가 동의할지를 보장할 수는 없다.[133]

이러한 관찰은 잠정적이면서 또한 성찰적인 것으로서, 공적인 것과 사적인 것 사이의 경계를 다루는 논거에 힘을 실어 줄 수 있다. 우리가 이미 지적한 대로 사회주의와 페미니즘 정치는 둘 다 각각 노동과 가정(이전까지는 '사적' 관심)을 공적 영역에 넣음으로써 기존 공사적 경계를 다시 설정한다. 경계는 역사적으로 맥락적이고, 진보적인 민주 정치를 위해 선험적으로 고정될 수 없으며, 공적 숙의의 향배에 따라 결정되어야 하는 것이다. 이 입장의 미덕은 가부장제적이고 자본주의적인 이해관계가 교활한 관행을 숨기는 방편으로 '사생활'을 활용해 온 역사적 증거에 근거해 경계 자체를 거부하는 사람들에 의해 조장될 위험이 있는 도덕적 진공 상태를 피할 수 있다는 점이다. 프레이저의 수정은 우리에게 공론장의 정치를 '자연적인' 공적 이익의 안전한 영역 내에 국한시키기보다는 사실상 그 경계의 식역으로 확장시켜야만 한다는 점을 상기시켜준다. 그렇게 공론장의 발상은 윤리적 상대주의와 엘리트주의라는 두 가지 함정을 피하면서 사생활과 공적 이익의 문제를 다룰 수 있는 자원을 제공해 준다. 윤리적 상대주의는 자유시장 대중주의(종종 대중 미디어에 의해 옹호되는)의 논리적 결론이다. 이 대중주의는 '공적 이익'과 공중이 관심 있는 것은 무엇이든지, 그것이 말초적 욕망이든 사생활이든 관계 없이 일치시켜 버린다. 다른 한편으로 정치인들에 의해 표현되는 엘리트주의는 공적 이익의 경계를 결정하고, 일상을 통제·감시·(미시적으로) 운영하는 말초적 욕망이나 다수의 충동으로부터 사회를 보호하는 의견지도자나 도덕적 수호자에 의지한다. 성찰적 공론장의 발상은 우리에게 감시의 관행을 통해 순환의 형태*로 오직 공적으로 중요한, 그래서 '도덕적인' 사회생활을 목표로 삼는 그러한 훈육적 기제(푸코와 그의 추종자들이 가르쳐 준 바대로 훈육은 꽤 큰 비중으로 자신이 스스로 가한다)에 대해 비판적으로 사고할 수 있는 길을 열어 준다. 공론장론은 사회생활의 측면을 미리 '사

---

*   '침묵의 나선 이론'에서처럼 여론의 형태로 일반 시민을 감시해 주류 또는 미디어의 주장대로 따라오게 만드는 것을 말한다. ─ 옮긴이

적' 또는 '공적'으로 규정짓는 블랙박스에 할당해 버리는 것을 피한다. 그것은 착취적 고용부터 가정 또는 성폭력에 이르기까지 사회 권력과 지배의 숨겨진 영역을 새롭게 조명하는 담론을 강조한다.

그렇게 많은 이슈들 — 가정 폭력, 포르노그래피, 공공장소에서의 흡연, 자동차의 사용, 화학 살균* 등 — 이 윤리적 판단뿐만 아니라 공적 이익과의 연관성에서 낳는 의문이 상기시키는 사실은 '공적'·'사적'이라는 용어가 장소적 공간의 틀 속에서 이해될 때 위험을 초래할 수도 있다는 점이다. 말하자면 우리는 사회생활의 '영역들' 사이의 경계는 말할 것도 없고, 모든 사회 영역을 사실상 관통하는 사회 현상의 거대한 복합상도 함께 고려해야 한다. 우리는 하버마스의 최근 사고에서 중요한 역할을 했던 도덕 철학의 어휘들, 곧 '윤리'(또는 '좋은 삶') 같은 특정한 개념과 윤리적 입장의 다원성을 수용할 수 있는 일반화된 '정의'의 원칙 사이를 구분하는 게 더 나을 수도 있다. 그러나 우리가 앞으로 보는 바대로 하버마스는 '공적 이익'에 정의의 원칙을 현실적으로 적용하는 것은 이미 정해진 하나의 삶의 양식을 선호하는 윤리적 기획이라는 점을 강하게 주장한다. 게다가 '공적'·'사적'이란 말은 어떤 쇠퇴의 조짐도 보여 주지 않을 정도로 연이어 발생하는 문화적·정치적 담론과 논쟁, 그리고 경계 논쟁에 스며들어 있다. 우리는 결코 완벽하지 않은 어휘를 떠맡은 셈이다.[134]

프레이저가 공적 의제의 범위를 둘러싸고 벌어지는 경쟁의 중요성을 강조한 점은 맞다. 이는 젠더나 민족처럼 일부에 의해서는 감지되지

---

*　　　농약. — 옮긴이

만 나머지 사람들에게는 아닌 정체성의 갈등 — 공적 영역 내에서 권력과 지위를 분배하는 것과 밀접하게 관련된 — 에 중요한 영향을 미친다. 이는 **사적인 것**, 곧 정체성과 지위가 공론장의 범위 바깥에서 문제가 되는, 표면적으로는 익명으로 구성되는 부르주아의 공론장 개념을 암묵적으로 수용한 하버마스에서는 드러나지 않는 것이다. 우리는 이런 모든 것에서 공적 토론이 다양한 주제에 부여하는 다양한 수준의 일반성이 있다는 점을 기억할 필요가 있다. 민감한 이슈들이 미디어의 픽션 서사나 자발적(그리고 종종은 익명적)으로 제공되는 증거*처럼 사람들의 사생활에 대한 욕망을 꼭 무시하지 않으면서도 공적으로 토론되는 다른 방식이 있다. 물론 그러한 조건에서조차 공적 '토론'은 시민들을 개입적이고 억압적인 반작용에 취약하게 만드는 히스테리나 마녀사냥을 발생시킬 수 있다. 요컨대 공적 의제의 성격이나 범위, 경계 등에 대해 더 큰 담론적 성찰성을 진작시키고자 하는 진보적 정치라면, 적어도 스스로는 시민적 자유를 위협해서는 안 된다.

그러나 프레이저는 공적 이익에 적합한 **주제들**만 거론한 것은 아니다. 또한 그는 **공공선**의 확립을 지향하는 숙의의 문제를 제기한다.

> 이것은 우리가 오늘날 자유주의적-개인주의와 대조하여 시민적-공화주의적이라고 부르는 공론장에 대한 견해다. 간단하게 말해 시민적-공화주의적 모델의 정치관은 사람들이 개인들의 선호의 합을 뛰어넘는 공공선을 진작시키기 위해 서로 이성적으로 사고하는 것이다. …… 이러한 견해에 따르면,

---

*   넌픽션. — 옮긴이

사적 이익은 정치적 공론장에서는 적절한 곳을 찾기 어렵다. 기껏해야 그것은 토론의 과정에서 변형되고 넘어서게 될 뿐인 숙의의 전前 정치적 출발점에 불과해진다.[135]

시민적—공화주의적 관점은 공공선을 공적 논의를 통해 **드러나게 되는** 정해진 무언가로 보는 부르주아 모델의 경향성을 수정한다. 대신에 공공선은 대화를 통해 잠재적으로 **만들어질** 수 있는 것으로 상정된다. 이것이 하버마스가 최근의 저작인 《타자의 포용*Die Einbeziehung des Anderen/The Inclusion of the Other*》(3장을 보라)에서 다시 제기한 민주주의의 '숙의적' 모델이다. 그러나 하버마스는 "숙의는 공공선에 관한 숙의이어야만 한다고 전제함으로써 숙의의 발상과 공공선을 결합시키는 점"[136]이 문제다. 다른 말로 하면, 토론은 "**우리**에게 좋은 것은 무엇인가"라는 질문에서 은연중에 훈육된다. 1인칭 복수에 대한 이러한 강조("하나의, 모두를 포괄하는 '우리'")는 특정한 집단의 지배를 강화하고, 과거에는 목소리를 잘 내지 못했으며 바로 그 이유로 지금은 '그들'에 대항해 자신의 정체를 스스로 정의할 수 있는 힘이 결여된 타자들*에 불이익을 주는 경향이 있다. 그때 프레이저는 어떤 민주주의의 모델이든 자신의 또는 사적 이익의 표현을 배제한다면 그 자신의 진보적 열망이 약화된다고 주장한다. "착취자와 착취 받는 자가 공유하는 공공선의 전제란 신화에 불과한 것이다."[137]

공론장이 다원적이어야 할 뿐만 아니라 이익 집단들 사이에 철수

---

*   이들이 서발턴이다. — 옮긴이

와 배제의 공간을 허용해야 할 필요성을 프레이저가 강조한 것은 종속 집단이 자신의 정체성과 이익을 성찰하고 분명히 할 필요성을 올바르게 설명한다. 우리는 또한 일반적 공론장에서 다른 이익 집단과의 적대적 만남이나 그들의 비판이 자신을 성찰하고 해명도 하는 과정에 기여할 수 있을 것으로 본다. 그러나 우리는 여기에서 조심을 해야 한다. 하버마스 자신은 자유주의적-개인주의나 시민적-공화주의 모델 둘 다와 모두 미묘하게 다른 민주주의의 모델을 발전시켰다는 점이다. 《공론장의 구조 변동》에서 하버마스는 이미 대규모 사회에서는 이익이 궁극적으로 공약 불가능하다는 점incommensurability* — 다원적 공중과 이익 집단을 상상의 탈부르주아 공론장을 구성하는 요소로 포함한다면 — 을 뚜렷이 했다. 매우 특별한 방식으로 하버마스가 후기 작업에서 '공공선'의 개념을 사용했다는 점은 더욱 분명해진다. 하버마스는 현실적으로 공적 담론의 **결과**보다는 **지향성**에 관심을 둔다. 그 모델은 참여자들이 공적 담론에 굳은 신념을 갖고 참여하며, 남에 의해 설득되어 처음 가졌던 생각을 적어도 수정하거나 심지어 아예 버릴 수도 있다는 전제(항상 그렇게 가정될 수는 없지만)에서만 힘을 발휘한다. 이야말로 하버마스의 숙의적 모델이 공론장을 기껏해야 의견의 충돌이나 마지못해 하는 협상을 위해 궁리나 하는 영역으로 축소시킨 민주주의 모델들 **그리고** 계몽주의적 인본주의의 자만심과 결별하는 곳이다.

---

*   토머스 쿤Thomas Kuhn의 《과학 혁명의 구조The Structure of Scientific Revolutions》에서 처음 나온 말로, 쿤은 과학 혁명으로부터 출현하는 정상 과학적 전통은 앞서 간 것과는 양립될 수 없을incompatible 뿐만 아니라, 같은 표준으로는 공약이 불가능하다고 했다. — 옮긴이

하버마스적 사고에서 공론장은 이해와 일치의 **가능성**을 시험받는 곳이다.[138] '합리적-비판적' 토론의 시험은 결코 합의의 달성이 아니다. 오히려 중요한 **시험**은 절차가 강제 없는 합의의 **가능성**을 어느 정도 허용하느냐다. 공론장 내에서 더 나은 동등성을 추구할 수 있고, 경쟁하는 입장들의 이면에 흐르는 이해관계를 밝혀낼 수 있는 동력은 정확하게 하버마스가 공론장을 구상할 수 있었던 기초다. 하버마스는 공론장이 허위적 합의의 신화를 벗겨 낼 수 있다고 믿었던 것이다. 하버마스에게 공론장 자체는 비판 이론보다 더 이데올로기를 비판할 수 있는 자리가 되어야 한다. 이렇게 성찰성을 강조하는 측면은 지금까지의 하버마스 비판에서는 없는 것이다. 예를 들어 브루노 라투르Bruno Latour는 하버마스의 공론장을 캐리커처하면서 "선한 의지를 가진 남자들이 모여 시가를 물고…… 대기실의 옷걸이에 그들의 신*을 걸어두는"[139] 하나의 '클럽'으로 묘사한다. 그러나 사실 공론장은, 공유된 우주가 정확하게 잠재적인 에너지원이면서 글로벌화된 담론의 단순한 전제 조건이 아닌 라투르 자신의 '구성주의적 세계 정치'의 인식으로부터 그렇게 멀리 떨어져 있지 않다. 이는 다른 말로 하면 밑으로부터의 세계시민주의를 가리키며, '타자'를 '부담 없고unencumbered,' '합리적'인 인본성을 가진 서구 클럽에 가입할 수 있도록 자애롭게 초청해 주는 '근본주의적' 세계시민주의와 상반되는 것이다.**

---

*　　gods를 직역한 것인데, 공론장에 들어가기 전에 유보해 두는 종교(넓게는 지위나 정체성 등)를 의미한다. ― 옮긴이

**　　나는 라투르와 하버마스 사이의 맞수 관계를 과장하고자 하는 의도는 없다. 라투르는 실제 하버마스보다 자유주의적 인본주의에 더 급진적인 비판을 가

| 합리성과 체현 |

하버마스의 합리주의는 정말 많은 비판적 평가의 표적이 되어 왔다. 대부분은 형식 철학의 차원에 집중한다. 여기에서 나는 공론장의 정치에 좀 더 직접적으로 연계되는 두 가지 비판만 주목하려 한다. 둘 다는 합리성의 문제를 비체현disembodiment을 지향하는 부르주아의 것과 연계시킨다. 문자화된 언어 그리고 단일한 정체성을 향한 무차별성 원칙의 특권화된 위치는 합리성과 비체현의 연계를 강조한다. 그러나 그럼에도 불구하고 하버마스는 이 연계를 문제 삼는 데 다소 주저한다.

존 더럼 피터스John Durham Peters는 전 또는 후 부르주아 체제의 '재현적 공시성'에 대한 하버마스의 경멸과 그가 참여적 포럼에 반대되는, 일종의 구경거리로 기능하는 정치를 병리적 현상으로 간주하는 방식을 문제 삼는다.[140] 《공론장의 구조 변동》에서 **공시성**Öffentlichkeit은 봉건 체제와 연관된 지위의 과시적 전시나 발전된 자본주의의 PR성 축제 뒤에 숨겨진 그늘 속의 비밀이 아니라 중대한 국가 일에 대한 합리적 토론이 뒷받침된 개방성을 의미한다.

한다(물론 진지한 관심을 받을 만하다). 그리고 우리에게 비인본적 이해가 공론장으로부터 제거되어야 한다는 하버마스적 (잘되어야) 환상 또는 (최악의 경우에는) 명령을 제쳐 놓도록 권한다. 인간을 신으로부터 해방시키는 계몽주의의 관점이 비현실적이고 자민족중심주의적이라고 인지하는 것과 이러한 문화적·종교적 지대를 가로질러 인간끼리의 커뮤니케이션이 현실적으로 낳는 조건을 해명하는 것은 별개의 일이다. 그곳이 하버마스가 라투르보다 더 강하게 기여하는 자리다.

재현Representation은 말의 정치적·미학적 의미에서 모두 하버마스의 커뮤니케이션 이론에서 특이한 자리를 차지한다. 첫째, 《공론장의 구조 변동》에서 하버마스는 재현적 정부*를 의심한다. 《공론장의 구조 변동》의 민주주의 모델은…… 참여적인 것이다. 민주주의는 시민과 정부를 하나로 여기는 정체성이다…… 참여 민주주의의 이상은 미학적 재현에 대해 불신한다. 두 태도는 선택적 친화성을 갖는 것이다. 하버마스는 민주적 문화를 위한 담론의 가치 있는 형태로 대화, 독서 그리고 분명한 스피치를 우선하고, 반대로 극장, 과시적 형태, 의례, 비주얼, 그리고 일반적으로 수사법을 노골적으로 적대한다.[141]

피터스는 특정한 형태의 정치 문화에 대한 하버마스의 선호가 프로테스탄트적 금욕주의를 무심코 노출시키는 것이라 믿는다. 하버마스에게 "'커뮤니케이션'은 결단코 냉철한 일이다. …… 그는 언어의 디오니소스적 측면, 그것의 위험성, 비합리성, 그리고 창조적 파괴력을 경멸한다."[142]

그러나 피터스의 비판 요지는 하버마스의 공론장이 문화적으로 왜곡되어 있다는 것 정도를 지적하는 데 있지 않다. 하버마스의 특별한 선호가 사실상 그의 포용적 민주주의의 이상 전체를 약화시키기 때문이다. 우선 비판 이론이 지금의 민주주의에서 나타난 동기의 결핍을 해결하지 못했던 이유는, 바로 속이 비어 있는 합리적 토론이 형식적인 '유토피아'에 그쳤기 때문임을 일깨운다[143](우리는 이 문제를 다음 장에서 다시 살펴볼

---

*   이때의 representation은 일반적으로는 대의代議라는 말로 번역되지만 일관성을 위해 재현으로 했다. — 옮긴이

것이다). 그러나 더 중요하게 제한 없는 대화의 이상은 고대 그리스의 아고라에나 어울리고 대규모 근대 사회에서의 조건에는 맞지 않는, 시민들 사이의 공현존co-presence에 대한 열망을 상기시킨다. 피터스가 지적한 대로 하버마스의 최근 작업은 공현존이 오류라는 점의 인정, 말하자면 시민과 정부의 단일한 정체성을 포기한다(《공론장의 구조 변동》에 대한 우리의 독해는 사실상 이것이 항상 그래왔다는 점을 제안한다). 그러나 이 경우에 피터스가 질문하듯이 왜 하버마스는 커뮤니케이션의 합리주의적 개념에 집착했을까? 그리고 왜 민주주의에 대한 위협으로 재현적 공시성의 미학적 구경거리를 지목했을까? 만일 복잡한 대규모 사회에서 어느 시간에나 우리가 모두 정치 과정에 똑같은 참여자가 될 수 없다면, 정치 커뮤니케이션은 불가피하게 구경꾼을 만들어 낼 수밖에 없을 것이다. 모든 양식의 재현적 공시성을 전면적으로 비난하는 것은 정치 공동체에서 구성원을 만들고 관여하게 하는 과정 자체를 비난하는 것과 같다. 미학화는 또한 참정권을 부여하는 행위이기도 한 것이다.[144]

동시에 피터스는 정치의 제약받지 않은 미학화와 재현적 구조에서 불가피한 체현을 구분하려 하지는 않는다. 재현적 구조와 미학적 커뮤니케이션 사이에는 정말로 필연적인 연계가 있다. 우리가 복잡한 세계에서 커뮤니케이션의 투명성이라는 오류를 버린다면, 우리는 신뢰, 지위 그리고 아우라의 매개되고 응축된 상징이 민주적 과정에서 자신의 역할을 충실히 수행하는 것을 보게 된다. 그러나 이런 고려는 항상 상대적인 것이다. 결국 정치 커뮤니케이션의 그 **어떤 것** — 기술적으로 매개된 것이든 그렇지 않든 — 도 그것이 화자의 의도이든 아니든, 미학적이거나 표현적 차원을 하나도 보여 주지 않을 것이라고 주장하기는 어렵다. 화자의 진실성이나 아우라, 그들이 자아내는 전망의 창의적인 매력은 언제나 변함없이 시민들의 미학적 판단에 따를 뿐이다. 하버마스의 나중 이론인 '커뮤니케이션 행위'도 정확하게 보통의 스피치가 표현적, 규범적 그리고 인지적 차원을 동시에 포괄한다는 개념에 기초해있다.

재현적 구조는 대중 미디어(4장)를 연상시키는 커뮤니케이션의 '합선 short-circuiting'과 표현적 또는 감정적 상징이 인지적 언술을 부분적으로 대체하는 것을 필요로 한다. 그러나 이는 지배적으로 미학화된 정치의 불가피성을 수용하는 데까지 가지는 않는다. 재현적 정치 구조와 대중 매개화라는 단순한 사실만으로 공론장이 곧바로 실재 없는 스타일의 정치를 한다고 비난 받지는 않는다. 하버마스 자신은 문자나 음성 언어를 넘는 커뮤니케이션을 의심하고, 피터스가 그 점에 의문을 표시했던 것은 맞았다. 나는 나중에 이러한 로고스중심주의가 매개가 보편화된 사회에서는 결코 생산적이지 않고, 공론장에서의 비판적 시각을 위해서도 반드시 필연적인 것이 아니라는 점을 주장할 것이다. 그러나 하버마스 모델의 미덕 가운데 하나는 공론장 내에서 비판의 역할을 강조한다는 점이다. 그것은 우리에게 어떻게 하면 인지적·규범적 **그리고** 표현적 언술을 지금보다 더 쉽게 '담론적 시험'에 따르게 할 수 있을까를 사고하게 해 준다. 이것은 권력자나 시민 자신에 의해 만들어지는 주장의 정확성과 옳음 여부를 심문하는 것을 의미한다. 그러나 그것은 미학적이거나 표현적인 제스처의 진실성에 대해서도 똑같이 토론하는 것일 수 있다. 예를 들면, "웃음, 매끄러운 표현 방식, 옷맵시 등이 실제로 숨기는 것은 무엇인가?" 물론 우리는 공론장을 충분히 '합리화'하고, 모든 미학적·표현적 상징을 제거할 것을 기대할 수 없고 바라서도 안 된다. 이런 뜻에서 '담론적 시험'이란 용어가 가진 로고스 중심적·과학 만능주의적 성격은 반생산적일지 모른다. 그러나 열려 있는 공론장이라면 더 많은 사람들에게 여러 종류의 언술 생산에 참여할 수 있도록 해 주고, 지배적인 수사적·미학적 전략은 말로 된 토론뿐만 아니라 대안적인 것 또한 충족시킬 수 있도록 해 주며, 권력 측이 보여 주는 미학적 구경거리를 본 시민들로 하여금 창조적 방식으로 '돌려줄 대답'을 찾아내게 해 주어야 한다. 그런 의미에서 우리는 권력을 '합리화'시키기 위해서는 담론의 냉철성보다 민주주의 그 자체에 주목해야 한다.

자신의 비판에서 피터스는 하버마스의 비판적 진술에 거슬러 리처드 세넷Richard Sennett의 발상을 옹호한다.

세넷이 공적 생활에서 하나의 '추락'이라고 슬퍼했던 것 — 냉철한 자기표현의 사적이고 '친밀한' 형식들이 의상, 스피치 그리고 행실에 의한 개인적 전시로 이루어진 화려한 것을 대체한 것 — 은 하버마스에게는 시민 사회의 더 민주적인 양식들을 향해 진일보한 것이다.[145]

나는 정말 하버마스가 세넷의 발상을 더 진지하게 받아들여야 한다고 제안한다. 그러나 이유는 피터스가 제기한 것과 다소 다르다. 정치적 카리스마에 대한 논의에서 세넷은 20세기 후반의 정치가 지도자의 대담성이나 아우라가 아니라, 그들의 평범한 인간성 — '통제된 자발성'[146]*이다 — 이 기반이 된 퍼스낼리티 정치의 형식에 의해 지배되게 되었다고 주장한다. 이 인간성은 신뢰와 진실성을 보는 눈을 훈련시켜 실질적인 정치 토론을 대체한다. '세속적 카리스마'를 정치의 비합리적 형식

*　　　극장 같은 데서 관객과 배우가 공연이 원활히 이루어지게끔 자발적으로 행동하는 것. — 옮긴이

으로 무시하기보다는 세넷은 우리에게 합리적 명분과 비합리적 결과 모두를 고려하도록 권유한다.

> 세속적 카리스마는 합리적이다. 즉각성, 내재성, 경험성에 대한 믿음에 의해 규율되는 문화, 반대로 가상적이거나 신비스럽고 '탈근대적'인 것은 직접적으로 경험될 수 없다는 점 때문에 거부되는 문화에서 그것은 정치에 대해 생각하는 합리적인 방식이다. 당신은 직접적으로 정치인들의 정서를 느낄 수 있다. 그러나 당신은 직접적으로 그의 정책의 미래적 결과를 느낄 수는 없다.[147]

세넷은 최근의 정치가 타블로이드지의 섹스나 부패 스캔들에도 불구하고 너무 냉철하고 합리적이어서 오히려 '실제 이슈'(복잡한 것이다)는 퍼스낼리티나 명성에 의해 가려지고 너무 늦게 부각된다고 한다. 훨씬 나중이 되어서야 비로소 정책의 결과를 직접적으로 느낄 수 있을 뿐이라는 것이다. 민주주의의 합리적 명분은 역설적으로 순수하게 합리적이지 않은 것을 포용하는 우리의 의지(또는 능력)에 의존한다. 필요한 것은 상상력의 도약이고, '정치적 판타지'다. 그것을 통해 우리는 퍼스낼리티에 기초한 정치의 즉각성과 거리를 둘 수 있으며, 최근 정치 문화의 일상적 즉각성을 넘어서는 이슈들을 해결할 수 있다. 여기에 하버마스의 냉철한 합리주의에 대한 가치 있는 도전이 있다. 나는 마지막 장에서 정치적 상상력(또는 '사실에 반하는 사고')의 개념을 재고찰하려 한다. 하버마스와 세넷은 둘 다 퍼스낼리티가 지배하는 정치에 대해 비판한다. 세넷이 시사한 것(그리고 의심할 바 없이 하버마스가 불편하게 느낀 것)은 표면적으로는 정책과 결정의 '가정된 결과what ifs'에 생각을 집중시키는 더 '선견지명이 있는' 정치 양식이다.

피터스는 "하버마스에게는 모든 상징적 정치 너머에 결코 부활되어서는 안 되는 왕의 몸the king's body이 숨어 있다"[148]고 했다.* 이것이야말로 정체성 형성이나 문화적 쇄신의 문제에 치중한 하버마스의 최근 저작에서는 별로 다루어지지 않은 《공론장의 구조 변동》의 문제의식에 대한 그럴듯한 독해가 될 수 있다. 그러나 이를 경시하면서 피터스는 만약 우리가 하버마스의 합리적 정치 커뮤니케이션의 이상을 진지하게 받아들인다면 '상징 정치'를 무차별적으로 비난해야 하며, 우리의 유일한 대안은 반대로 미학화를 또한 가리지 않고 **수용**해야 한다는 것 같은 잘못된 인상을 준다. 우리가 정치인의 무분별한 섹스 행각을 둘러싼 미디어 추문과 세계의 많은 분쟁 지역에서 자행되는 폭력과 고통의 이미지를 구분하지 못할 것인가? 둘 다의 이미지는 인지적 통찰력을 대신해 미학으로 느껴지는 상징으로 기능한다. 종종 그런 재현은 심할 정도로 피상적이거나 완전히 호도하는 결과를 낳을 수도 있다. 그러나 어떤 상징은 통제의 민주적 기제가 형성되는 데 다른 것보다 더 적절할 수 있다. 어떤 것은 공적 토론의 에너지원이 되어 공적 정책과 제도적 관행을 면밀하게 조사하게 만든다. 물론 이와 다른 것은 부정할 수 없게 혼란스럽고, 눈요기용 인포테인먼트infotainment에 그쳐 공적 토론을 위축시킨다. 미학적 상징들이 베네딕

---

*　피터스의 좀 더 자세한 주장인 다음을 보면 더 이해하기 쉽다. "이것이야말로 신교도의 우상 파괴의 주된 사례. 권력의 자리는 비어 있어야 한다. 성스러운 것을 상징적으로 보이게 하는 시도는 물화와 폭력의 위험이 있다. 권력의 자리에는 오로지 말, 곧 단지 절차에 의해 보장되는 시민의 비판적-합리적 토론만 있어야 한다." ― 옮긴이

트 앤더슨이 썼던 의미의 대규모 '상상의 공동체'[149]를 매개할 수 있는 것은 틀림없다. 반면 그들이 비합리적 증오와 배제를 먹여 살린다는 점 또한 사실이다. 또한 나치즘에 대한 하버마스의 개인적 기억 역시 미학화된 정치에 대해 과도한 반작용을 하게 했다. 결국 나치즘은 과도하게 미학화된 정치의 위험성을 일깨우는 '각성제'로 남는다! 상징 정치가 '뉘른베르크 집회'*를 훨씬 넘는다는 피터스의 지혜 덕택에, 우리는 "냉철한 정보 차원의 질과 더불어 화려한 시끄러움도 존중할 줄 아는 더 폭넓은 (대중) 커뮤니케이션"[150]에 관심을 둘 뿐만 아니라 오히려 그것의 진보적이면서도 파괴적인 성질을 풀어낼 수 있는 방식까지 탐구할 수 있다.

마이클 워너Michael Warner의 하버마스 비판은 공론장에서 욕망의 역할을 강조한다. 욕망은 하버마스의 서사 속에서는 극히 주변적인 것처럼 보인다. 워너의 주장에서 중심적인 것은 공론장과 몸의 관계다. 부르주아 공론장의 '보편적 이성'은 자신self의 특수성을 멀리하는 능력에 따라 발휘된다.

> 출판물로 등장하게 된 부르주아 공론장에서…… 부정성의 원칙은 자명한 공리였다. 공적으로 당신이 말한 것의 타당성은 당신 자신과는 부정적인 관계를 맺는다. 당신이 말한 것은 당신이 누구 때문에가 아니고, 당신이 누구임에도 불구하고 힘을 발휘할 수 있다. 이러한 원칙에 암묵적인 것은 사람들로 하여금 그들의 몸과 지위에 부여된 현실성을 뛰어넘을 수 있게 해 주는 하나의 유토피아적 보편성이다. 그러나 개인을 추상화시키는 수사적 전략은 공

---

*   1933년의 나치스 연차 대회. 나치가 주도권을 행사한 이 대회에서 히틀러가 주요한 연설을 했다. ─ 옮긴이

론장의 유토피아적 계기이지만, 동시에 지배의 주요한 근원이기도 하다. 공적 토론에서 자신을 추상화할 수 있는 능력은 항상 불평등하게 쓰이는 자원이기 때문이다.[151]

몸의 정체성은 부르주아 공론장의 경우, 시민이 백인이나 남성 같은 지배적 또는 당연직 집단에 속할 때 가장 쉽게 무시된다. 어떤 점에서 이것은 프레이저에 의해 도입된 주제가 발전된 것이다(이 장의 앞부분을 보라). 공론장 자체의 공정성에 영향을 미칠 것으로 인지되는 개인적인 속성이 명시적으로 표현되고 토론될 때, 부르주아 모델의 권력 관계는 도전을 받을 수 있다. 그러나 하버마스에 의해 기술되는 '재봉건화'의 과정은 비주얼 미디어를 경유해 정말로 공론장의 중심에 몸을 위치시킨다.

다양한 초기의 공론장에서 몸의 이미지는 공적 담론에서 중요하게 취급되지 않았다는 점이 중요하다. 담론의 익명성은 공공선에 대한 시민의 사심 없는 추구를 증명해 주는 하나의 방식이다. 그러나 지금 공적인 몸의 이미지는 사실상 모든 미디어의 맥락에, 모든 장소에 전시되어 있다. 이전의 출판 담론이 추상화된 비체현의 수사에 의존한 곳에서 지금 비주얼 미디어는 찬양, 동일시, 전유, 스캔들 등 일정 범위의 목적을 위해 몸을 전시한다. 서구에서 공적인 것이 된다는 것은 하나의 도상성iconicity을 갖는 것을 의미한다.[152]

워너는 자기 추상화라는 합리주의적 이상에서 '대중 공시성'과 도상성을 일종의 병리적 일탈로 읽는 지혜를 문제 삼는다. 그는 그런 이상이 '소수화된 주체들'뿐만 아니라 '특권화된 주체들'에게도 부정적으로 작동한다고 주장함으로써 프레이저보다 더 나아간다. 왜냐하면 합리주의는 "그들에게 추상화의 특권을 부여하는 바로 그 몸의 특성으로부터 추상화하기 때문이다."[153] 자기 추상화는 일종의 거부이며, '나쁜 신념'의 형식이다. 그러나 동시에 "공적 비체현의 특권으로 (스스로를) 추상화하기"를 바라는 '갈망,'[154] 우리의 몸의 특성과 한계를 넘어 부상하기를 바라는 '갈망'은 우리 문화에서 깊게 몸에 밴 것으로 남아 있다(예컨대 인터넷 채팅방에 의해 촉진된 정체성 놀이 또는 웹로그나 홈페이지를 통한 '자비 출판'의 폭발을 둘러싼 흥분을 생각해 보라). 자기실현과 자기 부정 사이의 결과로 생긴 긴장이 있다. 워너는 이것이 지금의 도상성의 중개자인 소비자본주의가 일부를 역할 하는 것이라고 말한다.

> 문학공화국의 나쁜 신념 중 일부는 그것에 접근을 하는 몸을 부정하기를 요구한다는 점이다. 공론장은 아직도 시민들이 자신을 공적 비체현의 특권 속으로 추상화시키기를 바라는 자유주의 논리를 지향한다. 그리고 그것이 실패했을 때, 그들은 또 다른 종류의 갈망으로 돌아설 수 있다. 그것은 그들의 몸을 없애버리기보다 더 나은 모델과 바꾸는 것이다. 대중 공론장은 긍정성과 자기 추상화를 모두 허용하면서 시민들이 자신의 속성과 교환할 수 있는 상표로 둘러싸이게 하여 둘 사이의 차이를 줄이려고 노력한다.[155]

소비자본주의는 긍정적 또는 부정적 전유를 통해 "끊임없이 차별화가 가능한 주체를 만드는"[156] 이미지와 브랜드(상품과 상징에 부착되어 있는)의 만화경 같은 집합을 제공한다. 긍정성은 자신을 정의하는 전략을 통해 표현된다. 자기 추상화는 출판의 익명성을 통해서가 아니라 상징의 공적 교환 속으로 익명적으로 (시장에) 진입하는 것을 통해서 가능해진다. 그때 하버마스에 대항해 워너는 "공론장은 소비와의 접합에 의해 부패되지 않는다. 어느 편인가 하면 오히려 소비는 부르주아 공론장의 자기모순 때문에 없어진 대안적 공시성counterpublicity을 유지시킨다."[157] 이 점은 최근에 지배적인 정체성과 차이의 정치를 설명하는 데 도움을 준다.[158]

하버마스 자신은 민주주의 이론에 워너의 이야기가 어느 정도 적절성을 갖는지를 인식하는 게 쉽지 않다.[159] 그러나 우리가 주체에 대한 워너의 정신분석학적 관점이 설명하는 대로 설사 욕망과 자기모순에 근본적 역할이 있음을 인정하지 않는다 하더라도 여기에는 약간의 성패가 달린 중요한 이슈가 있다. 소비주의를 대안적 공시성의 장으로 취급하는 관점의 생산적 측면은, 소비자를 불운한 희생자로 보는 프랑크푸르트학파의 관점을 기호학적 게릴라(움베르토 에코Umberto Eco[160])로 소비자를 찬양하는 탈근대적 관점으로 대체하는 데 있지 않다. 대신에 시민보다는 소비자로 우리를 부르는 문화의 유혹을 진지하게 생각해 보게 한다. 소비주의는 아도르노처럼 우리의 정신이 근대 생활의 관행이나 리듬에 단지 무뎌지기 때문에 유혹적일 수 있는 것이 아니다. 더 나은 대안이 없는 상태에서 그것이 자기 정체성의 이슈를 해결해 주는 일종의 틀이 되기 때문이다. 소비주의는 우리가 아는 바대로 정치적 공론장으로부터 분리된 사회생활의 영역이 아니다. 소비주의의 논리는 대개 정치적 공론장 자체에도 깊숙이 스며들어 있다.《공론장의 구조 변동》에서 하버마스가 정체성의 문제를 유보하는 부르주아 원칙을 있는 그대로 받아들인 것처럼 보인다면, 그의 나중 작업(3장)은 공적 생활이 정체성의 형성 과정에서 하는 역할에 주목한다. 그러나 여기에서 그의 강조점은 문화적·집단적 **소속감**의 문제다. 그는 개별적인 자기 정체성의 공적 차원에 대해 많은 것을 말하지는 않는다. 이 정체성은 탈근대적 담론이 제안한 바에 따르면, 의미화의 네트워크들 내에서 진행되는 **차별화**의 기획으로 가장 잘 이해될 수 있다. 동시에 동일화를 하기도 차별화를 하기도 하는, 최근의 소비문화의 동력으로 보이는 욕망은 특히 하버마스에 의해서는 그리 중요하게 다루어지지 않는다. 그러나 만약 우리가 이것을 진지하게 고려한다면, 그것이 쇼핑몰에서뿐만 아니라 정치적 공론장과도 연루되어 있음을 인정한다면, 우리는 무엇을 해야 할 것인가?

우리가 말이나 생각, 이념뿐만 아니라 **몸**도 공론장에 많이 있다는 점을 인정한다면, 편집자에게 보내는 익명으로 쓴 편지의 필자, 넬슨 만델라의 포스터, 시위자들이 쓰는 고무로 만든 조지 부시 마스크, 그리고 정치적 집회에서 연주되는 음악 등을 모두 비슷하게 만드는 긴장이나 모순으로 공론장이 가득 차 있다는 점도 인정하게 된다. 인터넷은 이러한 긴장이나 모순으로 이루어진 소우주의 일부다(4장을 보라). 인터넷은 익명과 비체현을 허용해 주고 체현을 재설정하는 가능성(예를 들어 개인적인 홈페이지의 세심하게 잘 만들어진 자신 또는 채팅방이나 가상 공동체에서 '정체성놀이') 또한 제공한다. 간단히 말해 요점은 우리의 공론장 모델이 몸과 상징, 그리고 욕망을 병이 아니라 중요한 현상으로 설명해야 한다는 것이다. 동시에 그것은 비판과 다양성을 아우르는 범위와 다양한 시민들이 즐기는 (비/재)체현의 장에 대한 불균등한 수준의 접근권을 계속해서 문제로 삼아야만 한다.

3

재설정

《공론장의 구조 변동》 이후의 공론장

　　　　　　　이 장에서 우리는 《공론장의 구조 변동》 이후 하버마스가 발전시킨 중요한 사고의 일단을 추적한다. 정치적 공론장은 그의 이후 저작에서 명시적으로는 주목 받지 않았지만, 하버마스의 비판 이론이 차지하는 영역이 방대함에도 불구하고 은근하면서 고집스럽게 중요한 것으로 남아있다.

　우리가 본 대로 《공론장의 구조 변동》에서 하버마스는 공론장의 실질적 역사에 대한 논의와 공시성 및 여론 개념에 대한 당시의 지적 담론을 결합시켰다. 1960년대 후반 동안의 일련의 중요한 에세이들에서 (*Toward a Rational Society*라는 제목의 영어로 된 모음책이다)[161] 하버마스는 사회과학이 민주주의의 문제에 접근할 때 사용할 수 있는 개념적 도구를 발전시키는 일에 집중했다. 그러나 그 에세이들은 당시의 특정한 역사적 맥락과 밀접하게 연계되었다. 하버마스는 시끄러운 학생운동을 피하는 그늘 속에서 이를 썼으며, 전후 독일의 질식시키는 합의의 정치와 생산력주의 이데올로기에 반대하는 '새로운 감수성'을 설파했다. 이 에세이들은 공론장에 대한 하버마스의 생각의 궤적을 이해하는 데 많은 도움을 주었으므로 오늘날까지도 통찰력 있는 저작으로 인정받고 있다. 그들은 또한 최근의 논쟁의 맥락에도 생각을 위한 꺼리를 제공했다. 우리는 하버마스의 나중의 개념적 작업을 살펴보기 전에 여기서부터 시작할 것이다.

| 과학주의와 정치 |

이때의 하버마스에게 중심적인 문제틀은 '정치의 과학화와 여론'이라는 그의 한 에세이의 제목에 잘 드러난다. 비판의 목표는 정치의 과학주의 모델이 공고화되는 점이었다. 이 모델에서 설정된 '전문가'와 정치지도자, 그리고 시민 사이의 일련의 관계는 《공론장의 구조 변동》에서 설명된 부르주아 모델이나 하버마스 자신의 급진화된 탈자유주의적 모델과는 사뭇 딴판이었다. 하버마스에 따르면 정치의 과학주의는, 그의 비판의 주 목표였던 과학주의 모델 — 그때까지 지배적이었던 실증주의 — 을 지적으로 재확인한 것임에도 불구하고 전후의 민주주의[특히 (독일)연방공화국]의 정치 문화와 제도에 깊숙이 스며들었다.

물론 실증주의는 콩트나 흄 같은 계몽주의의 선각을 통해 뿌리내린 것이다. 그러나 국가사회주의*(그리고 소비에트)에서 '과학'의 이름으로 이루어진 행위에 대한 최근의 기억들로 인해 과학으로부터 정치적 가치를 제거하려는 투쟁은 더욱 심화되어졌다. 이렇게 모든 규범성의 흔적을 제

---

* 　　　나치즘 같은 일종의 파시즘을 말한다. — 옮긴이

거하려는 것은 '타당한' 지식의 무제한적 생산을 낳고, 과학을 이데올로기적 이해관계에 의한 동화와 왜곡으로부터 해방시키려 한다. 특히 정치과학에서 '현실'과 '규범'을 분리하는 기획은 이미 이전의 막스 베버와 조지프 슘페터Joseph Schumpeter에 의해 발전되었고, 지금(1960년대 후반)은 "근대의 정치사회학에 의해 확고해진 상태였다."[162] 실증주의 사회과학의 근본적인 전제는 이러하다. "이론적 지식으로부터 우리는 잘해야 주어진 목적에 맞춘 도구적 행동을 위한 규칙을 끌어낼 뿐이다. 그와는 반대로 실용적 지식은 커뮤니케이션 행위의 법칙 문제이며, 이런 기준은 과학적으로 구속되는 방식에서는 근거를 찾을 수 없다."[163] 그 정도로 정치과학의 적절한 역할은 현상을 기술하고, 모델을 만들며, 측정 가능한 현상을 예측하고, 그들 사이의 인과적 관계를 찾아내는 것이지(예를 들어 정치 캠페인과 그것의 예상된 효과성 사이의 관계처럼), 정치 영역 내에서 추구되는 목적의 도덕적 함의를 평가하거나 판단하는 것이 아니었다. 이에 따른 결과는 '비정치적' 정치과학이었다. 이론과 정치 사이의 분리가 신성불가침으로 남아 있는 한, 과학의 목적은 그저 정당 같은 특별한 이익 집단에게 지식을 공급해 주는 것에 불과했다.

하버마스는 정치학적 과학주의의 두 가지 하위 모델을 숙고했다. 이 두 모델은 정치과학의 내적 기능뿐만 아니라 정치 영역 자체의 개념화에서도 일정한 영향력을 가지며, 전문가(정치과학자 자신을 포함해), 정치가 그리고 시민 사이의 관계에 대한 특정한 주장 또한 제기한다. 하버마스가 제시한, '결단주의적decisionistic' 모델과 '기술 관료적technocratic' 모델은 서로 배제적인mutually exclusive 블랙박스로서보다는 하나의 연속선 사이에 세워진 양 극단poles이라고 볼 때 가장 잘 이해될 수 있다. **결단주의** 모델은 핵심적인 영향을 끼친 학자가 베버이며, 이 연속선에서 더 지적으로 온건한 쪽에 위치한다.[164] 여기서 과학은 정치 과정 내에서 비판적이면서 스스로 한계가 있는 역할을 한다. 그것은 도구적 지식을 공급하며 정치적 수단을 평가하기도 하지만, 경쟁하는 정치적 **명분**을 놓고 선택하는 과정에 과학적 합리성을 적용시키지는 않는다. 결단주의는 한편으로 사회의 가치와 목적을 개진하는 '정치인'과 다른 한편의 과학적 '전문가' 사이에서 조심스런 노동 분업을 요구한다. 결단주의는 정치적 의사 결정 과정의 중심에 비합리적 핵심이 있음을 운명론적으로 받아들인다. 시민과 관련해서는 대체로 국민 투표적plebiscitary 수준*에서 정치인에 대해 주기적으로 지지하면서, 이들을 정당화시켜 주는 것으로 역할을 제한하는 경향이 있다. 시민이 결국은 비합리적인 것으로 여겨질 가치에 대해 장시간에 걸친 숙의에 참여하는 것은 비생산적이고 비효율적이다.[165] 특정한 사회가 민주주의에 대해 윤리적 선호를 가질 수는 있지만, 공적 투입이 갖는 유일한 '합리적' 기초는 결국은 정당화의 결여에서 오는 엔트로피적 결과를 방지하는 것이다.

대조적으로, **기술 관료 모델**은 과학적 합리성이 적용될 수 있는 범위를 확장하려 한다. 그것은 정치권력의 합리화 가능성을 완전히 배제하지 않는다.[166] 정치적 목적 자체의 실현 가능성과 결과는 합리적으로 평가될 수 있다. 논리적 결론을 끌어내 보면, 이 모델은 가치(목적)가 기술(수단)**로부터** 파생되는 사회를 상기시킨다. 피드백을 통제하는 사이버네틱 체제**에서는 정치의 타당성이 변화하는 '환경'의 맥락에 따른 '체

---

*   찬반을 묻는 단순한 수준의 투표. — 옮긴이
**   정치에 대한 국민의 반작용을 기계적으로 관리해 저항을 무력화시키는 체제
       를 말한다. — 옮긴이

계' 자체의 원활한 재생산으로부터 나오므로 사회적 가치에 대한 비판적 성찰은 불필요한 것이 되어 버린다.

기술 관료 모델에서는 전문가와 정치인의 관계에 대한 급진적인 재평가가 필요하다. 결단주의적 모델에서 전문가는 정치 행위자에 종속적인 존재로 상정된다. 전문가는 이미 범위가 정해진 정치 목적을 달성하는 데 필요한 기제를 평가하는 데만 요긴하다. 그러나 기술 관료 모델에서 정치인과 전문가의 관계는 역전된다. 전문가에 의해 발전된 테크닉은 정치 행위자의 목적을 형성한다. 여기에서 기술한 테크노크라시의 노골적인 버전을 드러내놓고 지지하는 사람이 지금에는 많지 않고, 지적으로 유행 또한 지났음에도 이 모델은 여전히 정치 문화에 대한 최근 논의에서 큰 비중을 차지한다. '실용주의pragmatism'라는 용어는 긍정적으로는 정치에서 이데올로기나 도그마를 소멸시키기 위해 싸울 때, 부정적으로는 가치를 단지 기회주의적으로만 사용하는 것처럼 보이는 기술 관료와 중견 정치인들의 득세를 매도할 때, 관행적으로 사용된다.*

명백하게 정치인이 전술가 또는 전략가로서 갖는 마키아벨리적 동

---

* 　최근의 정치 문화에서 대중이 실용주의 용어를 쓰는 방식을 하버마스가 *Toward a Rational Society*에서 논의한 정치의 '실용론' 모델과 혼동해서는 안 된다. 하버마스의 '실용론'은 기술관료주의 모델을 거부하며, 하버마스 자신의 정치 문화의 이상과 상통한다. 하버마스의 이상은 사실뿐만 아니라 규범에도 관심이 있는 비판적으로 토론하는 공중과 전문가 사이의 상호작용을 근거로 삼는 것이다. 그러나 하버마스는 실용론 모델을 비판한다. 왜냐하면 언급한 대로 그것은 "과학적 정보를 현실의 통상적인 언어로 믿을 만하게 번역하거나, 반대로 현실 문제의 맥락을 전문적이고 전략적인 장점을 가진 전문화된 언어로 다시 옮기는 명확한 논리적 특성과 사회적 전제 조건이 결여"되었기 때문이다. "The scientisation of politics and public opinion," p.70.

기는, 정치인이 우선해서 도덕군자로 행동해야 한다고 요구하는 순진한 이상주의가 책임을 물을 일이 아닌 것과 마찬가지로 후기 근대에서 특징적으로 생겨난 현상이 아니다. 그러나 기술 관료 모델은 적어도 근대적 측면을 차별 짓는 현상 가운데 하나임을 보여 준다. 정치적 '테크닉' (공적 행정뿐만 아니라 PR을 포함해)은 '과학적' 질문과 지식 생산이 빠르게 발전하고 확장하는 영역일 것이고, 사실상 20세기의 주요 성장 산업의 하나다.

하버마스는 기술 관료 모델에서 중요한 모호성 하나를 문제 삼지는 않는다. 아마도 이 모호성이 당시 하버마스의 사고에 깊이 스며들어 있었기 때문일 것이다. 그 문제는 이 모델의 성공 여부(또는 잠재적 성공 여부)가 시민들 사이에 '기술 관료적 의식'이 잘 전파되었느냐에 달려 있는지 여부다. 공중이 반드시 전문가주의expertocracy를 지지할지, 또는 체념적 운명론에 만족해 여가의 오락과 소비의 유혹쯤으로도 충분할지는 분명하지 않다. 이론적으로 볼 때, 기술 관료 모델은 공적 영역을 정치 체계가 그저 적응해야 하는 환경적 변수쯤으로 간주하는 강력한 기술 관료적 이데올로기가 없이는 살아남기 어렵다. 최근 정치 문화에서는 도덕적·윤리적 수사의 기회주의적 활용('포퓰리즘')과 분별 있게 조율된 절차적 가시성(예를 들어, 의회 토론의 텔레비전 생중계), 그리고 정치 '체계' 안으로 들어가는 것을 어렵게 만드는 비전적esoteric 언어 게임 사이에 사실상 지속되는 긴장이 있다.

하버마스에게 정치 문화에 만연된 기술 관료적 세계관은 위험한 것이다. 그는 초합리적인 정치 담론의 현실 또는 가능성에 전제를 두는 기술 관료 모델과 평가적 담론과 인지적 담론 사이를 명백하게 구분하는 결단주의적 모델 모두에 도전하고 싶어 한다. 이러한 도전은 실증주의에 대한 더 넓고, 그때에는 논쟁적이었던 공격의 일부다.[167] 당시 논쟁에서 지금도 등장하는 주제는 사실과 규범의 담론을 분리하는 실증주의의 이상이다. 반면 이의 '순수화'된 과학적 패러다임은 자신이 내적으로 가진 가치들, 말하자면 '이성,'* 계몽, 진리와 '진보,' 그리고 도그마나 신화에 대한 반대 등의 원칙에 자신이 당파적으로 헌신하고 있음을 인정하지 않는다. 그러나 하버마스에 따르면, 정치과학의 양 모델은 각각 내부에 특유한 오류를 갖고 있다(물론 장점도 있다). 하버마스 자신은 가치가 사실로부터 추론되어서는 안 된다는 원칙에 동의한다.[168] 그러나 이것이 가치가 기술 관료적 구상에서 제거되어야 하거나 결단주의가 주장하는 대로 제도적으로 분리되어야 한다는 뜻은 결코 아니다. 정치과학이 특정한 가치의 입장으로부터 분리될 수 있다는 발상은 옹호되기 어렵다.

기술 관료들은 자신이 추구하는 정치적 목적이 인본주의적 결정의 산물보다 정치에 고유한 것intrinsic이라고 잘못 생각한다. 그러나 달라지는 환경적 변인에 대해 잘 적응해(또는 정말로 기술 관료적 구상의 마르크스주의적 변이에서 볼 수 있듯이 소멸 직전의 체계를 역사적·필연적으로 대체해서) 체계를 원활하게 재생산하는 것은 정치의 궁극적 목적이 아니다. '재생산'과 '환경'을 둘러싼 경쟁적 해석들, 구체적인 정책 제안들을 프레임frame하는 것은 결국 추상적 발상(자연 체계와 비슷하게 사회 체계를 개조하려는 인간의 의지에 기초한)이다.[169] 다른 한편으로 결단주의 모델은 전문가들이 마치 진리만을 추구하며 외부적 동기 — 윤리적 의지나 정치관, 연구비를 위한 경쟁 등 기타 — 에 의해서는 선택이나 선별을 하지 않는 것처럼 가치 자

---

*   대문자 '이성Reason'으로, 일반적으로 쓰이는 말로서의 이성이 아니라 서구의 과학주의가 가진 중심적 가치를 지칭한다. — 옮긴이

유적 과학 영역의 신화를 지지하는 반면, 정치적 의사 결정 과정의 중심으로 환원될 수 없는 정치 나름의 우연적 핵심이 있음을 인정한다. 그러므로 결단주의 모델은 정치적 상대주의라는 비난을 받기 쉽다. 적어도 기술 관료 모델은 지지하는 마지막 선에서 과학적 엄격성을 견지해 운명론적 태도가 상대적으로 약하다는 미덕이 있다. 하버마스 자신은 커뮤니케이션의 합리적 표준에 전제를 둔 민주주의의 모델을 주장하지만, 우리가 앞으로 보는 바대로 그의 자기 제한적 **절차적** 합리주의의 전망은 기술 관료적 구상과는 전혀 다르다.

  기술 관료적 이상은 적어도 세 가지 측면에서 문제가 있다. 첫째, 그 것은 은연중에 과학 공동체를 뒷받침하면서 '좋은 과학'의 평가 기준으로 기여하는 핵심 가치(제한 없는 토론,' '강제 없는 합의,' 그리고 동료들의 비판 같은 수평적 윤리를 비롯한)를 적절하게 반영하지 못한다.[170] 둘째, 이 기준이 또한 규범적 담론에도 생산적으로 적용될 수 있다는 점을 인정하지 않는다. 과학적 공동체 내에서도 '규범'의 문제나 주장(예를 들어, 윤리나 공동체 이익의 면에서 다양한 연구 제안이 가진 상대적 장점과 관련된)은 사실과 결과의 커뮤니케이션만큼이나 보편적이다. 대화의 교환이나 제한 없는 토론의 원칙은 우리가 《공론장의 구조 변동》에서 본 대로 모든 유형의 규범적 담론에 적용되어야 한다고 하버마스는 믿는다. 셋째, 그러나 하버마스는 이러한 과학적 표준이 실증주의의 인식 태도와는 반대로 역사적으로 특정한 일련의 목적들 — 예컨대 '진리,' '탈신화화,' '진보' 등 — 을 사실상 반영한다고 주장한다. 이쯤에서 그는 결단주의를 비판하는 이유가 된 상대주의와 비합리주의에 자신이 왜 빠지지 않았고, 왜 이런 유럽적으로 보이는 미덕들이 **단순한** 가치 이상으로 될 수 있는지, 즉 정치적 상대주의에 대한 혐오에 의해 조장된 충동적 반작용에 끌려가지 않거나

'전체주의적 관리 사회'의 기술 관료적 '악몽'이 주는 공포를 피할 수 있는지를 설명해야 한다. 그러나 초기 에세이들에서 그의 비판적 성찰은 이런 수준에 도달하지 못했다.

물론 당시의 특수한 시대정신의 맥락에서 볼 때, 하버마스의 과학주의 비판이 자의성의 책임을 질 이유는 없다. 당시 학생운동은 대학에 만연한 실증주의 문화와 전후의 정치를 지지했던 기술 관료적 이데올로기를 거부했다. 특히 서독의 신세대들은 새로운 객관주의 아래에서 과거의 공포를 청산하려는 발상을 받아들이지 않았다. 그러나 하버마스는 단순히 신세대의 지적 대변자는 아니었다. 그는 오히려 비판자였으며, 특히 반과학 비합리주의로 악화되어가는 반문화의 활동이나 신념을 감지했을 때는 더욱 그러했다. 과학주의에 대한 비판적 거리를 두고 하버마스는 학생운동에서 과학과 도덕, 그리고 미학을 서로 균형을 갖추어 결합시킴으로써 계몽주의 기획을 개조하고 쇄신해야 하는 필요성을 느꼈다. 학생운동이 저항의 수단과 목적에 대해 합리적 토론을 생략함으로써 반대를 위한 반대에 빠져 있는 것처럼 보였기 때문이다. 하버마스는 이를 '독단적 행동주의'로 전락하는 것이라고 비난했다.[171]

하버마스와 학생운동의 지도자들 사이에서 벌어진 토론은 하버마스가 그들을 '좌익 파시즘'이라고 비난하면서 유명해졌다. 이 표현은 하버마스 스스로가 잘못되었다고 시인한 것[172]으로, 당시 하버마스는 학생운동이 이론과 실천의 실증주의적 분리에 도전한다고 하면서도 정작 이론의 지위는 인정하지 않음으로써 결국 다른 형태로 분리를 유지하는 것에 두려움을 느꼈고 이를 단적으로 표현했다. 이의 함의는, 최악이 되면 반민주적이고 폭력적으로 되는 것이었다. 하버마스는 도구적 이성 자체를 거부하지 않았고, 기술에 대한 반동도 받아들이지 않았다. 학생운동, 그리고 더 심하게는 자신의 프랑크푸르트학파 선배들[173]도 하버마스의 눈에는 편재된ubiquitous 도구적 이성과 그것의 단순한 조작을 혼동하는 경향이 있었다. 정치 전략이나 기술적 수단 등을 다루는 실용론적 담론에 대한 노골적인 반감은 과학주의가 정치 영역에 들고 들어온 미몽을 깨뜨리기보다는 오히려 해를 끼칠 수도 있다는 것이다. 학생운동에는 목적을 달성하는 수단에 대한 합리적 담론이 결여되어 있었다. 그러나 하버마스는 이것을 넘어선다. 그는 목적 자체가 발전되는 **과정**을 합리화하는 게 가능하고 필요하다고 역설한다. 정치 토론의 열기가 더해가자 그때 하버마스는 그의 학문 기획 전체를 형성하는 핵심 목표를 다음처럼 표현했다. 발전된 '**절차적** 합리성'의 모델에 의해 우리는 논증과 합의 그리고 절충을 하는 과정의 정당성을 판단할 수 있다.

그때 하버마스는 실증주의와, 그가 보기에 학생운동에 만연했던 '주의주의voluntarism' 사이에서 제3의 공간을 개척하기를 원했다. 그는 우리가 "계몽된 의지와 자의식적 잠재성 사이의 변증법"[174]을 체현하는 민주적으로 구조화된 사회의 미래상을 열망한다고 제안했다. 우리는 분석의 자율성**과** 실천의 상호 의존을 모두 인정함으로써 과학적 담론과 평가적 담론의 통합성을 존중해야만 한다. 실용주의적 고려가 결여되었을 때, 가치, 목적, 명분의 언어가 의의를 찾기 어려운 것처럼 과학, 기술, 수단의 언어는 항상 규범적인 고려를 동반해야 한다. 이런 상호 의존과 자율성을 인정하고 제도화하는 것이 하버마스에게는 계몽의 실질적인 징표다. 그러나 이런 '잠재성의 담론'이 전문가와 일반 대중 사이의 노동 분업(어떻게든 매개화된다)에 적합한 사회에서는, 단지 시민들 자신만이 그 변증법에서 또 다른 계기를 구성하는 필요, 욕구, 열망에 대해 특권적으로 접근해 왔다.

그러나 특히 왜 '의지'의 보편적이고 민주적이며 평등주의적인 제도화가 더 사회의 '합리적'(단순히 윤리적으로 선호되는 것을 넘어) 조직에 가까이 가는 것인가를 증명하는 것은 정말 또 다른 문제다. 만약 강제 없는 합의, 동료의 면밀한 검토, 제한 없는 담론의 이상이 '좋은 과학'을 만드는 데 도움을 줄 수 있다면(일부는 이것에조차 의문을 갖겠지만), 왜 이런 표준이 필연적으로 전통이나 종교, 생득적 기본권 같은 역사적인 것을 넘어 '좋은 가치'나 '좋은 도덕'에 기여하는 걸까? 이 에세이들은 이유를 말해 주지 못한다. 그러나 그들은 정치적 과학주의의 모순과 왜곡된 자기 이해에 대한 강력한 비판을 제공한다. 그리고 오늘날의 정치 문화의 모순에 대해서도 말할 것이 여전히 많다. 반글로벌화 운동처럼 아직도 '행동주의'와 사회의 대안적 방향에 대한 토론의 필요성 사이에 긴장이 여전한 최근의 저항운동에 대해서도 몇 가지 통찰력을 제공해 준다.

│ 체계, 생활 세계 그리고 커뮤니케이션 행위 │

《공론장의 구조 변동》의 목적이 야심찬 것이기는 해도 하버마스의 《커뮤니케이션 행위 이론*Theorie des kommunikativen Handelns/The Theory of Communicative Action*》*에 비교되지 않는다. 여기에서 하버마스는 근대성의 체계적 이론과 사회과학의 기초의 재구성에 이르는 엄청난 것을 시도한다. 하버마스는 사회 이론의 위대한 선각자들이 가진 중심적 사고

---

*   국내에는 《의사소통행위이론》(장춘익 옮김, 나남, 2006)이란 제목으로 번역 출간되었다. — 옮긴이

의 일부 틀을 바꾸려 한 반면, 그들에 대한 빚도 인정하는 절충적이면서 솔직한 학자다.《커뮤니케이션 행위 이론》은 방대하기도 하지만, 독자에게는 좌절을 느끼게 할 정도로 딱딱한 책이기도 하다.

그러나《커뮤니케이션 행위 이론》에서 발전된 근대화와 합리화의 이야기는《공론장의 구조 변동》에서 제기한 공론장론과 공명한다. 둘 다 잃어버린 기회와 억압된 해방적 잠재성, 불모지를 만나 산산이 흩어진 낙관주의의 얼마 안 되는 편린을 이야기한다. 게다가 공론장의 개념은 분석의 주 초점은 아니지만,《커뮤니케이션 행위 이론》에서도 결정적으로 중요하다. 두 권으로 나누어 발행된 이 책의 구구절절을 일일이 따라가기보다는 주요 테제의 처음 언명들을 통해서도 우리의 목적은 잘 달성될 수 있다. 처음에 하버마스는 사회 발전과 재생산의 과정을 이해하기 위해 두 차원, 즉 하나는 '생활 세계,' 다른 하나는 '체계'로 되어 있는 '사회'에 참여해야만 한다고 주장한다. '생활 세계'의 차원에서 우리는 사회적 행위자의 의도와 가치 지향의 결과로서 사회 과정을 이해하기를 원한다. 동시에 사회 행위의 결과는 행위자의 의도를 일상적으로 넘으므로 '체계'의 차원에서 우리는 행위와 행위자의 의지나 의식이 서로 어울리는 방식도 알려 한다. 다른 말로 하면, 하버마스적 사회학은 한편으로 결정론적 마르크스주의와 기능주의가 선호하는 '체계 이론적' 접근, 다른 한편으로는 베버적 사회학, 해석학과 현상학의 '행위 이론적' 접근을 결합시키려는 목적이 있다.

근대 사회의 발전은 진보적 합리화의 과정으로 포착될 수 있다. 그러나 이런 생각은 특정한 합리화 개념에 의존한다. '목적적−합리적'(또는 '전략적') 행위는 마르크스주의와 베버적 접근을 비롯해 프랑크푸르트 학파나 미셸 푸코Michel Foucault의 저작들을 아우르는 사회 이론에서의 합리화 자체와 보조를 같이 한다. 그러나 이는 합리화의 일차원적 설명이다. 하버마스의 3차원적 모델은 우리가 이미 1장의 말미에서 논의한 바 있는, 엄격하게 제한된 또는 절차적 의미에서 표현적·미학적 그리고 '드라마투르기적' 행위를 '합리화하는' 가능성을 고려한다.[175] 여기에 더해 그가 '커뮤니케이션 행위'라고 부르는 제3의 모델에서 파생된 것이거나 이에 종속된 전략적·드라마투르기적 행위의 모델 또한 다루어야 한다고 주장한다.

하버마스의 커뮤니케이션 행위의 개념은 사회 이론에서 '언어로의 전환'의 산물이다. 푸코와 '탈구조주의자들'뿐만 아니라 아도르노 역시 계몽주의의 '의식철학'* — "고독한 주체가 대상을 만나 오직 자신이 대상으로 전환되어서만 성찰적이 된다"[176]고 가정한다 — 이 이미 기력이 다했음을 주장했다. 아도르노가 내·외부의 세계를 대상화시키는 소외의 욕망을 슬퍼했던 반면, 구조주의자들은 어떻게 인간의 의지가 필연적으로 그것을 작동하게 하는 수단인 담론과 텍스트의 구속에 의해 좌절될 수밖에 없었는지를 보여 준다. 동시에 하버마스는 다른 방식으로(아도르노의 문화비관주의 대 탈구조주의자들의 아이러니컬한 자기준거주의self-referentialism) 두 진영이 이런 부정성에 굴복했다고 주장한다. 어느 누구도 주체의 철학을 진정으로 극복하지 못했고, 단지 끊임없는 사후 조치만 하고 있다는 것이다.[177] 이는 하버마스에게 철학적으로 막다른 골목

---

*   '나는 생각한다'의 데카르트 이래 서구 철학의 중심이 된 패러다임. 의식철학
은 인간의 의식이 중심이 되므로 주체와 대상을 불가피하게 이분화시킴으로
써 인간의 주관으로 객관적 진리를 얻을 수 있느냐는 유아론solipsism의 문
제를 대두시킨다. ― 옮긴이

에 빠져 버린 탈구조주의자들이 취한 입장과는 다른 '언어로의 전환'을 시도하도록 동기를 주었다. 그는 주체에 대한 강조를 상호 주관적 이해의 문제로 대체하기 위해 언어학과 스피치 행위 이론으로 관심을 돌렸다. 하버마스에 따르면, '스피치 행위 이론'이 우리에게 가능하게 해 준 것은, 모든 일상의 언어 사용('보편화용론universal pragmatics') 뒤에 보편적으로 불가피한 '전제'가 있다는 점을 보여 주는 것이다.[178] 만약 우리가 주체성의 보편적 측면을 천명하는 일[이것이 의식철학이다 — 옮긴이]을 포기할 준비가 되어 있다면, 대신에 우리는 이성적인, 작동 가능한 커뮤니케이션이 발생하는 조건을 이해하려는 다소 보통의modest 일에 집중할 수 있다. 그 일은 우리가 완벽한 커뮤니케이션이라는 오류에 의존하지 않고, 서로에 수용 가능한(말하자면, 정당성이 있는) 이해, 합의 그리고 절충에 도달하기 위해 커뮤니케이션을 한다는 점에 근거한다.

보편화용론의 이론에 따르면, 우리는 서로 (언어나 행동을 통해) 커뮤니케이션할 때마다 불가피하게 수많은 '현실의 영역'과 '관계를 맺는다.' "외부적 자연인 '유일한the' 세계, 사회라는 '우리의' 세계, 내부적 자연이라는 '내 안의' 세계"가 그것이다. 여기에 언어라는 매체 자체와의 관계도 있다.[179] '사회'와 '자연'의 차이는 제도 대 나무와 새의 것은 아니다. '자연'은 우리가 무언가를 '대상화하는objectivating' 태도(제도와 다른 개인들은 관행적으로 '제2의 자연'이 된다)를 취할 때마다 등장하는 사실성의 영역에 관계한다. '사회'는 우리가 무언가에 1인칭 복수('우리'처럼)의 지향을 취할 때마다 구성된다. **우리는 이해될 것이라고 전제하면서** 커뮤니케이션을 하는데, 그럴 때마다 우리는 명시적 또는 암시적으로 앞서 본 영역과 관련 있는 '타당성 주장validity claims'을 제기한다. 예를 들어 '외부의 자연'에 대한 우리의 주장에 들어 있는 정확성, 우리가 사회에 대해 갖는 도덕적 관점 속의 정당성, 우리가 스스로 내부를 표현할 때의 진실성, 그리고 우리의 언어 사용과 관련된 이해 가능성 등이다. 이러한 견해에 따르면 모든 언술은 수면 밑에 가려져 있을 때조차 수행적 차원 또는 '발화력'을 가진다.[180] 순수하게 기술만 하는 언명도 청자에게 현실에 대한 새로운 이해의 가능성을 **제공해 준다.**

한 청자가 만약 다른 화자에 의해 제시되는 상태를 받아들이도록 **설득되었다면**(단순히 강제되는 것이 아니라), 화자에 의해 제기된 타당성 주장은 충족되어졌거나 잠정적으로 충족되어졌다고 할 수 있다. 다양한 유형으로 타당성 주장이 이뤄지므로 충족 역시 다양한 방식으로 된다. "우리는 그것이 받아들여질 만하다고 느낄 때, 스피치 행위를 이해한다."[181] 제시된 진리 주장을 수용하게 만드는 것은 뒷받침하는 증거의 '근거'가 확실할 때다. 물론 매일의 커뮤니케이션에서는 근거나 증거가 충분치 않은 게 대부분이다. 그러나 만약 우리가 이러한 원칙을 뒤집어 본다면, 우리는 근거가 결여되면 제시된 주장을 즉각 받아들이지 않는다는 것이다. 이처럼 우리는 이용 가능한 이성을 통해 규범적 주장의 타당성을 판단하며,[182] 이성의 결여는 곧 주장이 효력을 갖지 못한다는 전제에서 출발한다. 진실성 주장은 이와 다소 다르게 담론 자체를 통해서가 아니라 화자의 표현과 이어지는 그들의 행위 사이의 일치성 정도에 따라 판단된다.[183]

물론 대개의 일상적 커뮤니케이션에서 타당성 주장이 '담론적으로 시험'되지는 않는다. 커뮤니케이션의 정상적 흐름은 요청이 오면 화자가 자신의 타당성 주장을 충족시킨다는 전제에 따른다.

화자의 발화 행위가 가진 구속력은…… 말한 것의 타당성보다는 자신이 제공한 **정당화가 가진 조정 효과**coordinating effect of warranty 덕택이다. 말하자면 필요할 때, 그의 스피치 행위와 함께 제기된 타당성 주장을 충족시키는 것이다.[184]

매일의 상호작용은 대부분 사회적 행위자들 사이의 '좋은 신념'이라는 바탕 위에서 지속된다. 만약 좋은 신념에 표식이 있다면, 독단적으로 유포된다거나 순전히 맹목적 신뢰에 불과하다는 비합리성을 이유로 비난당하지 않겠지만, 현실에서는 화자가 어느 때든지 그의 타당성 주장을 이행하도록 요구받을 가능성이 더 높다. 다른 말로 하면, 좋은 신념이라는 우리의 가정은 타당성 주장의 잠재성이 막혀 있는 곳에서 더욱더 불안정하다.

보편화용론의 개념은 하버마스의 '커뮤니케이션 행위' 모델의 중심에 있다. 커뮤니케이션 행위는 두 유형의 행위를 포함하는데, 실천에서 둘은 다양한 방식으로 결합한다. 한쪽의 정점에서 '담론'은 명시적으로 타당성 주장을 주제화하고 그를 담론적 시험의 대상으로 삼는다. 다른 한쪽의 정점에서 '합의의 행위'는 상호 주관적으로 인정된 타당성 주장*을 배경 조건으로 언제든지 합의가 문제가 될 때마다 담론의 편에 서서 유예할 수 있다는 근거 위에서 활동한다.

물론 커뮤니케이션은 종종 '커뮤니케이션 행위' 외의 다른 것과 비슷할 때도 있다. 그것은 종종 담론적 시험을 **방해함으로써** 전략적으로 동의를 조작하려 한다(고함과 야유는 대중의 만성적인 두 전술이다). 그리고 모호

---

*   "동기 부여의 조건과 관련해서는 무차별적인" '전략적 행위'와는 다르다.
         Habermas, *Communication and the Evolution of Society*, p.118.

성을 조장하려는 목적으로도 자주 쓰인다(예를 들어 많은 미학적 커뮤니케이션
의 형태들).[185] 그렇다면 하버마스는 이러한 스피치와 행위의 합의적 이상
에 왜 특권을 주는가? 하버마스에게 이렇게 다양하게 편재된 상호작용
양식들은 커뮤니케이션 행위 자체로부터 분리되기보다 **파생된다**.

하버마스에 따르면, 설득의 목적을 달성하려면 은연중에 평등한 관
계에 가까워져야 한다. "스피치 행위의 발화력은 화자가 한 약속이 진정
으로 의미를 지닌다는 전제에서 청자를 행동하게 하는 능력에 있다."[186]
'스피치 – 행위 – 내재적 의무'(근거를 제시하고, 요청이 있으면 정당화하거나 진실성
을 증명해야 한다)는 마치 스피치 행위의 발화력이 화자에게 힘을 실어 주
는 것처럼 청자에게도 힘을 준다(물론 화자에 비해서는 제한된다). '이상적 스
피치 상황'은 발화자들 사이의 동등성과 화자와 청자 각각이 모두 타당
성 주장을 의심하고 또 반대로 옹호할 수 있는 제한 받지 않는 범위 내
에 있다.

하버마스의 '이상적 스피치 상황'은 항상 논쟁을 불러일으킨다. 물
론 우리는 그것을 사실에 반하는counterfactual 조건으로 이해해야만, 비
로소 진지하게 고려할 수 있다. 하버마스가 믿는 것은 커뮤니케이션에
서 **기대되는** 것이다. 이는 구체적인 가능성보다는 말없이 열망되는 규
범이다. 동료 발화자끼리의 정확한 동등성은 그것이 취해질 수 있는 다
양한 양태에 따라 예측하기가 어렵다.[187]* 실상에서 참여자들은 시간제

---

*   R. 블라우그R. Blaug는 하버마스의 이상적 스피치 상황에 어울리는 것으로
     종종 거론되는 결정적인 '기준'의 비유가 잘못 되었다고 올바르게 주장했다.
     객관주의에 맞는 정확성으로 실제적인 스피치 상황을 측정하거나 비교할 수
     있기 위해서는 너무 많은 변수가 개입된다. 그러나 나는 이 점 때문에 그 개

한이 불가피하게 닥쳐왔을 때, '최종 결정권자'로서 행동할 수 있는 다양한 수준의 권위를 차지할 것이다. 어떤 참가자들은 지위나 명성 때문에 그들이 주장하는 타당성에서 남들보다 더 많고 더 높은 수준의 암묵적 신뢰를 받을 것이다. 그들에게는 담론적 시험이 덜 적용된다. 그리고 '이상적 스피치 상황' 또는 '상호성'이라는 용어가 뜻하는 커뮤니케이션 하는 만남의 개별적 구속성은, 참여자들이 시간과 공간에 걸쳐 다방면으로 산재되어 있는 매개화된 커뮤니케이션에서는 완전히 깨어진다. 대중 매개화된 커뮤니케이션의 경우에 '이상적 스피치 상황'은 더 큰 다양성이나 더 많은 접근을 허용하는 평등주의적 형태들에는 정말로 약한 은유일 뿐이다. '화자들'과 '청자들' **사이의** 문자 그대로의 상호성은 기본적으로 대중 매개화된 커뮤니케이션에는 어울리지 않는다.[188]

그러나 하버마스에게 모든 경우의 스피치는 이런 사실에 반하는 '이상적 상황'에 가까이 간다. 모든 스피치 행위는 '강제 없는 합의'의 **가능성을 은연중에 내포한다.*** 그는 타당성 주장을 시험하는 데 '장애물'이 있을 가능성에 대응해 담론이 '파생되는' 양식을 상정함으로써 이런 결론에 도달한다. 역사를 보면 이런 장애물은 인간 사회에서 꾸준히 도전받아 왔다. 이런 개념에서 '커뮤니케이션 행위'는 세 가지 모든 '현실성

념이 전적으로 의미가 없다는 그의 제언은 납득할 수 없다. '이상적 스피치 상황'은 사회과학자들이 눈금을 매기는 도구로서가 아니라 오히려 실제 참여자들이 더 나은 커뮤니케이션을 위해 도전하는 과정을 이해할 수 있는 틀로 상정되어야 한다.

*   "우리의 첫 번째 문장은 보편적이고 제한받지 않는 합의의 의도를 분명하게 표현한다." J. Habermas, *Knowledge and Human Interests*, trans. J. Shapiro, Cambridge: Polity Press, 1987[1968], p.314.

의 영역'('유일한,' '우리의,' '내 안'의 세계들)과 상응하는 타당성 주장(정확성, 정당성, 진실성)에 걸쳐 있다. 반면 사회학적 문헌들에서 큰 비중을 차지하는 행위의 세 가지 유형(전략적, 규범 – 주도적, 드라마투르기적 행위)은 특정한 사실성 영역이나 타당성 주장에만 특권을 준다는 점에서 '일면적'이다. 단지 커뮤니케이션 행위만이 모든 세 가지 유형의 담론적 시험과 1인칭, 2인칭 그리고 3인칭 관점의 상호 작용에 특권을 준다.

> 언어의 첫 번째 세 가지 개념의 일면성은, 그들에 의해 지목된 커뮤니케이션의 상응하는 유형이 **커뮤니케이션 행위의 제한된 사례가 되는 것으로 판명**된다는 사실에서 엿볼 수 있다. 첫째, 오로지 자신의 목적을 현실화하는 것만 눈에 보이는 사람들의 간접적 커뮤니케이션. 둘째, 이미 존재하는 규범적 일치를 단순히 실현하는 사람들의 합의적 행위. 셋째, 수용자와 관련해 자기 자신의 현시적 행위. 각각의 사례에서는 단지 언어의 한 가지 기능만 주제화된다. 발화력의 효과의 발휘, 인간관계의 확립, 그리고 주관적 경험의 표현 등. 이와 대조적으로 커뮤니케이션 행위의 모델은…… 언어의 모든 기능을 똑같이 고려하는 것이다.[189]

이때 하버마스에게 커뮤니케이션 행위의 모델은 현존하는 실천, 담론, 그리고 제도의 단점과 장애물을 분석하는 틀로서 기능한다. 커뮤니케이션 행위를 일종의 메타모델로서 취급하는 이런 공시적 주장에 더하여, 하버마스는 체계와 생활 세계 사이의 차이가 부각되는 근대 사회에서, 커뮤니케이션의 잠재성이 '발현되는unfolding' 역사적 서사 안에 커뮤니케이션 행위의 지위가 특권화된 근거를 갖기를 원한다. 하버마스에게 '생활 세계'는 "그 속에서 커뮤니케이션 행위가 '항상 이미' 움직이고 있는 지평이다.”[190] 사회적 행위자들은 특정한 이해의 지평에서 모든 상황에 접근한다. “모든 새로운 상황은 ‘항상 이미’ 친숙한 지식의 문화적 저장소로 구성된 생활 세계에서 발생한다.”[191] 생활 세계의 이런 보수주의는 새로운 만남들(사회적, 객체적 또는 주체적인 세계들과의)이 생활 세계의 ‘**제한된 편린들**’을 문제로 삼거나 명시적으로 만들거나 반성과 비판에 열리게 하는 만큼 약화된다.[192]

이러한 이해의 지평에 연계됨에도 불구하고, 그 개념을 발전시킨 철학적 전통(해석학, 현상학)의 이상주의적 속성에도 불구하고, 하버마스는 우리의 주의를 생활 세계의 **물질적** 기초에 집중시킨다. 생활 세계는 상징적 환경에서뿐만 아니라 “사회화된 개인이 자신의 목적을 실현시키기 위해 세계에 개입하려는 합목적적 행위의 매체를 통해 물질적으로도 발전한다.”[193] 생활 세계는 이념의 하늘 위를 부유할 뿐만 아니라 의미 있는 행위와 실천도 포함한다. 그런 경우에 공론장이 ‘체계’로 이전했으므로 생활 세계의 의미 있는 지평으로 다시 옮겨놓을 필요성이 있다는 하버마스의 주장은 2장에서 이미 논의한 바 있는 담론 준거적 공론장뿐만 아니라 실천 준거적 공론장의 열려진 개념에도 잘 어울리는 것처럼 보인다.

‘체계’라는 용어는 하버마스가 사회적 행위의 ‘의도되지 않은 결과,’ 말하자면 복잡한 사회에서 비담론적 ‘조종 매체steering media*를 통해 이루어지는 행위의 ‘조정 효과’를 설명하기 위해 사용했다. 여기에서,

---

*　　media는 두 가지, 즉 매체와 미디어로 번역했다. 하버마스가 체계를 움직이는 두 가지 요소로 간주한 화폐나 권력 같은 것은 매체로, 신문이나 방송은 매스 미디어의 어휘를 살려 미디어로 했다. 매개의 형태가 다소 다르다는 의미에서다. ― 옮긴이

화폐나 권력 같은 매체는 대체로 우리에게 저항의 비용을 줄여 준다. 왜냐하면 그들은 언어에서 행위의 조정 효과를 합의의 형성으로부터 떼어내고, 의견 일치의 성취와 실패를 서로 대조시키는 방식에 대항해 그것을 중립화시키기 때문이다. …… 매체가 조종하는 상호작용이 갈수록 복잡해지는 망에서 누군가가 이런 커뮤니케이션 네트워크를 조사하거나 책임져야 할 필요 없이 시공간적으로 서로 연결이 가능하다. …… 만약 책임감이란 게 비판 가능한 타당성 주장에 누군가의 행동을 맞추는 것이라면, 커뮤니케이션에 의해 성취된 합의로부터 분리된 행위 조정은 더 이상 책임감 있는 참여자가 필요하지 않다. …… 또 다른 측면은 비판 가능한 타당성 주장에 대해 맞다/아니다의 대답을 해야 되는 입장으로부터 상호작용을 경감시키는 것은 또한 성공을 지향하는 행위의 자유의 정도를 높인다.[194]*

하버마스에게 체계와 생활 세계는 양가적 결과를 가진 근대성 속에서 서로 분리된다.

분화의 수준이 낮은 사회에서 체계의 상호 연결은 사회 통합의 기제와 긴밀하게 엮여 있다. 그러나 근대 사회에서 그들은 규범으로부터 자유로운 구조

---

*   하버마스가 체계 이론의 어휘를 상당히 논쟁적으로 쓴다는 점을 내가 얼버무리고 있다는 점을 인정한다. 체계-생활 세계 모델을 너그럽게 읽는 것은 이를 사회의 분리된 영역이 아니라 사회적 상호작용에서 다양한 '매체들' — 화폐, 전략적 권력 그리고 커뮤니케이션 행위 — 이 상대적인 지배를 한다는 현상의 기표로서 보는 것이다. L. Ray, *Rethinking Critical Theory: Emancipation in the Age of Social Movements*, London: Sage, 1993을 보라.

로 공고화되어 있고, 대상화되어 있다. 구성원들은 공식적으로 조직된 행위 체계에 따라 행동하며, 교환과 힘의 과정을 통해 조종되어 준자연적 현실의 영역으로 향해간다. 이런 매체가 조종하는 하위 체계 내에서, 사회는 두 번째의 자연으로 고착된다. 행위자들은 항상 상호 이해를 지향하는 것으로부터 엇나갈 수 있으며, 전략적 태도를 취할 수 있고, 규범의 맥락을 객체화된 세계에서의 무언가로 대상화할 수도 있다. 근대 사회에서 경제적·관료적 영역은 사회관계가 단지 화폐와 권력을 통해서만 규제될 수 있는 그런 영역에서 등장했다. 규범-적응적 태도와 정체-형성적 사회적 구성원은 결코 이 영역에서는 필수적이지도 가능하지도 않다. 대신에 그런 태도나 구성원은 주변적으로 되고 말 뿐이다.[195]

한편 생활 세계는 '문제가 된' 부분이 전통적인 세계관과 이데올로기에 고정되어 남아 있기보다 비판적 감시에 열려 있는 만큼 점점 더 진보적으로 '합리화된다.' 다른 한편으로 화폐와 행정 권력이라는 '비언어화된' 조종 매체들은 다양한 생활 세계에 살고 있는 시민들에게 매일의 상호작용에서 합의를 달성해야 하는 부담을 줄여 준다. 그래서 그들은 갈등과 저항이라는 끊임없는 위협에 대항해 근본적인 방어선을 구축한다.

그러나 근대의 합리화는 '생활 세계의 식민화'라는 형태로 어두운 면을 드러낸다. 근대성은 사회 통합의 매체로 언어에 더 큰 비중을 두면서 진보적으로 커뮤니케이션 행위를 '구체적이고 전통적인 규범의 행위 양식'으로부터 떼어 냈다. "이 점에서 커뮤니케이션 행위에 내재된 잠재적 합리성을 발현하는 데 가치 일반화는 필수 조건이다."[196] 그러나 갈수록 다원주의·개인주의적으로 되는 사회에서 체계와 생활 세계의 분리는, 단순히 우리에게 서로 같이 사는 방법을 찾아 주는 담론에 의존하기보다는 대체로 커뮤니케이션 행위와 권력·화폐를 통해 매개되는 기회주의적·도구적 행위 지향 사이에 호환되는 범위를 증가시킨다. 근대의 사회구성체에서, 조종 매체로서 권력과 화폐에 주어지는 자율성은 체계의 상호작용의 자유로운 활동을 위해 더 많은 공간을 제공한다.

하버마스에게 문제는 복잡하게 분화된 사회에서 갈등을 줄이고, 사회적 행위자들에게 자신의 목적을 추구할 수 있는 공간을 제공해 주는 화폐와 권력 자체의 상대적인 자율성이 아니다. 오히려 "시공간 속의 상호작용을 아무도 이해할 수 없거나 책임질 수 없는 더욱 더 복잡한 네트워크로 접속시키는"[197] 비담론적 매체의 만연함이다. 화폐와 행정관리의 논리는 사회적 행위자들이 주체적·사회적 그리고 객체적 사회를 이해하고 해석할 때 활용되는 '의미'의 장으로, 가장 가치 있는 사회생활의 측면에 갈수록 깊이 파고든다. 문화의 상품화, 복지주의 문화로 상징되는 일상생활에 대한 전문가 체계의 개입, 그리고 중요하게 재정적·전략적 이익에 의한 공론장 제도의 편입 등의 과정들을 지금 하버마스는 체계에 의한 '생활 세계의 식민화'로 간주한다.

근대 사회에서 법의 역할은 생활 세계의 식민화 테제에서 특별한 중요성을 가진다. 대체로 화폐와 행정 권력의 비담론적 매체는 **결국은** 법으로 제도화된다.

지금 법은 메타 제도의 지위를 가진다. 그것은 실패에 대한 일종의 보험으로 이용된다. …… 전체적인 정치 질서는 법적 질서로 구성되지만 그러나 그것은 사회를 둘러싸고 있는 외피에 지나지 않는다. 그것의 핵심적 영역은 결코 내내 법으로 조직되지 않는다.[198]

    분화된 사회에서 사회적 행위자들에게 목적을 추구할 수 있는 공간을 부여하기 위해 근대성 속의 법은 도덕으로부터 나눠진다. 법이라는 매체는 사회적 행위자를 위한 도덕적 **경계**를 규정하지만, 경계 내에 있는 행위자들의 도덕적 세계관과 동기에는 무관심하다. 법은 필수적으로 사회적 행위자들에게 법에 대한 기회주의적이고 반성찰적인 지향을 수용하게 한다. 하버마스에게 위험은 이런 기회주의가 모두에게 깊이 스며들어 있다는 점이다. 시민들이 사회의 법적 틀이 지닌 규범을 비판적으로 성찰하는 공론장에 참여하지 않는 곳에서, 법은 스스로 신비로운 '제2의 자연'으로 고착되어 사회적 행위자들에 의해 운명론적으로 외화된다. 하버마스는 이 현상을 '법사화juridification'라고 불렀다.

    법적·도덕적·미학적·과학적 담론의 상호적 자율성이 증가하는 것은 사실상 생활 세계의 식민화라기보다는 **합리화**의 기능이다. 그러나 이러한 담론의 영역이 상호적 자율성의 조건에서 진전되기보다는 병적으로 서로 분리되고 전문가 문화로 파편화된다고 하버마스는 지적한다. 도덕, 미학과 과학의 담론은 모두 권력(예컨대, 법)과 화폐(문화의 상품화), 또는 그 둘의 결합(예로 과학과 기술)을 통해서 매개되는 '제2의 자연' 체계의 외양을 띤다. 근대성의 이같이 암울한 그림은 베버로부터 영감을 얻은 것이다. 베버는,

> 종교·형이상학과 더불어 사라져 버린, 집단적으로 공유되는 신념의 비강제적이고 통합적인 힘을 보았다. …… 인지적-도구적 차원에 국한된 이성은 오로지 주관적 자기주장만 일삼았다. 베버가 비인격화된 권력의 다신론, 가치의 궁극적 질서 간의 적대, 협상이 불가능한 신과 악마의 전쟁을 말한 것은 이러한 의미에서였다.[199]

사회는 단지 체계화의 장막 안에서만 이렇게 경쟁하는 악마들과 협상할 수 있다. 하버마스에게 이는 결국 "행위자들로부터 행위의 의미를 빼앗아 버리는 생활 세계의 술수화technicising를 초래하는 것이다."[200]

그러나 아무리 베버의 강철 우리iron cage*라 해도 모든 측면이 다 닫혀 있는 것은 아니다. 대안은 새로운 보편적 이데올로기가 아니라 담론적 표현과 숙의의 공간을 개척함으로써 '체계의 엄명'이 지닌 전능함에 도전하는 실천과 제도 속에 있다. 하버마스에게 환경운동이나 페미니즘 등을 비롯한 최근의 많은 '사회운동'은 부와 권력의 문제를 탈중심화하고 '삶의 형식의 문법'을 둘러싼 갈등을 전면에 등장시킨다.[201] 전통적인 삶의 방식을 고집해 세력을 확장하는 도구적 합리성에 도전하는 것은 보수적 또는 근본주의적 형태를 띨 수 있다. 물론 그들 또한 토론, 의사 결정 과정, 행위 등의 협업적 방법을 통해 담론적·비판적으로 성찰적인 형태를 취할 수도 있을 것이다.[202] 규범적으로 하버마스의 커뮤니케이션 행위 이론이 지향하는 것은 생활 세계에 근거를 두고 있는 공론장의 (재)활성화와 인지적·규범적·표현적 담론의 동적인 상호작용이다.[203] 요점은 과학, 도덕, 법 그리고 미학 등에서 성장하는 전문가 문화를 파괴하는 것도, 그들의 상호적 독립이 가져온 진보를 폄하하자는 것도 아니다. 오히려 이런 전문가 문화를 생활 세계에 뿌리내릴 수 있는 기제를 상상하고, 공중과 다시 연결할 수 있는 방법을 찾는 것이다.

---

* 베버가 쓴 용어로, 인간은 자신을 보호하기 위해 사회 체계(강철 우리)를 만들었으나 결국 그 안에서 헤어나지 못하게 되었다는 주장을 말한다. — 옮긴이

타자의 정치학

하버마스의 최근의 저작에서 우리는 논의의 초점이 달라진 점을 알 수 있다. 이의 첫 번째는 법 문제와 법과 도덕의 관계에 대해 관심이 커졌다는 점이다. 특히 법치주의, 탈국가 세계시민주의 법의 발상 그리고 인권의 문제 등의 이슈에 대해 집중한다. 표면적으로 볼 때, 적어도 이런 변화는 대규모의 제도적 구조를 우선함으로써 '일상의' 생활 세계의 문제로부터 다소는 바람직하지 않게 방향을 전환한 것이다. 하버마스의 비판 이론은 그가 초기 저작에서 호소했던 사회·정치운동의 풀뿌리적 관심으로부터 조금 멀어진 것처럼 보인다. 나는 이런 후기 작업에서 위로부터가 아닌 아래로부터의 개념으로 커뮤니케이션 민주화의 기획을 시도·구현하고자 한다(내가 '아래로부터'라는 용어를 환원주의적인 것으로 비판할 것임에도 불구하고 말이다). 그러나 역설적으로 하버마스의 최근 작업은 이런 '거시적-법적'으로의 변화와는 딴판으로 사실상 그의 초기 저작보다 더 명시적이고 더 깊이 있게 시민권과 민주주의에서 제기되는 문화적 차이, 문화적 권력 그리고 문화적 차원의 이슈에 개입하고 있다. 어떤 의미에서는 지금 진행되는 더 큰 '글로벌주의'뿐만 아니라 더 큰 '지역주의'도 있다. 우리는 이를 '윤리-문화'로의 전환으로 간주할 수 있다. 왜냐하면 이 전환은 최근의 시민권과 민주주의의 이해를 위해 **특정한** 문화적 삶의 형식의 중요성을 강조하면서 단지 도덕만이 아닌 윤리적 차원을 표면 위로 끌어올렸기 때문이다.

하버마스의 후기 저작에서 윤리-문화적 전환은 작금의 정치적 문제의 해석뿐만 아니라 비판 이론 자체의 위상에도 영향을 미쳤다. 하버마스는 비판 이론에서 탈구조주의로의 전환이 가진 허무주의적·상대주의적 함의에 반발하는 설득력 있는 주장을 제시했다.[204] 이러한 주장의 중심 — 여기에서는 이 주장을 충분히 재론할 수 있는 공간이 없음에도 불구하고 — 에 하버마스의 '수행적 모순performative contradiction' 비판이 있다. 이는 탈구조주의적 사고 내에 이성의 발상 자체를 부정하거나 적어도 폄하하려는 합리적인 주장을 전개하는 경향*이 있다는 것이다. 거대 서사에 **대항하는** 투쟁에서 오히려 더 큰 서사의 주장으로 올라가 버린 것이다. 그러나 하버마스는 이른바 '준초월적'인 해방적 인류 이익[205]을 해명하려는 초기의 기획을 포기하고, 일상 커뮤니케이션의 '보편화용론'에 눈을 돌려 형이상학적 사고에 빠지지 않으면서도 자신의 커뮤니케이션 합리성 이론의 보편주의적 기초를 확립하기 위해 노력했다. 커뮤니케이션 행위 이론이 특정한 삶의 양식(서구적)을 위한 **단지** 우연적이면서 자민족중심주의적인 선호에 머무르지 않는다는 발상을 단념하지 않고, 그는 확실히 시민이 더불어 사는 문제에 접근하면서 더 비용이 많이 드는 것(이를테면 폭력적이거나 원자론적, 그리고 기회주의적)보다는 커뮤니케이션에 우위를 두는 문화적으로 정해진 '에토스'의 발전의 맥락에 의미를 두었다.[206] 하버마스는 지금 '담론 윤리,' 곧 같이 사는데 좋은 방법을 찾기를 원하는 다른 이해와 배경을 가진 시민들 사이에 더 열려 있고, 평등주의적이며, 또 솔직하지만, 예의 갖춘 대화를 열망하는 모델을 제시한다.

(담론 윤리의) 네 가지 가장 중요한 특징은 (1) 적절한 기여를 하는 한 아무도

---

*   '이성의 존재'를 부정하는 '합리적 주장'을 하므로 모순적이다. — 옮긴이

배제되지 않는다는 것, (2) 모든 참가자는 기여를 할 수 있는 똑같은 기회를 부여받는다는 것, (3) 참가자는 그들이 말한 것을 그대로 의미해야 한다는 것, (4) 커뮤니케이션은 외부적 그리고 내부적 강제로부터 자유로워야 한다는 것.[207]

담론 윤리는 모든 참가자들이 '도덕적 관점'(단순히 나에게 또는 내 '공동체'에게 좋은 것이 아니라 모든 관계된 사람들에게 옳거나 가장 좋은 것을 찾는 문제의 해결)을 갖기 바라지만, 그것은 그 자체로는 보편적 도덕이 아니다. 우리는 우리가 말하는 것이 단지 추상적 이상일 뿐만 아니라 실제적·역사적으로 특정한 공론장에서 담론이 제도화되어 나타난 것임을 기억할 때, 담론 윤리가 시간과 공간 어딘가에 위치해 있어야만 한다는 점을 깨닫는다. 그것은 특정한 생활 세계에 실제 살고 있는, 육체를 가진 시민에 의한 것이어야 한다. 그것은 결코 문화적으로 중립적이지 않은 약호, 관행 그리고 특성을 축적시킨다. 커뮤니케이션 행위의 영역은 항상 이미 '윤리적으로 양식화되어' 있고, 문화적으로 정해진다. 정치 문화는 시간과 공간을 가로질러 다양한 방식으로 발전할(발전을 따라야만 할) 것이다.[208] 동시에 하버마스는 담론의 근본적인 화용론 또는 '논증'이 문화적으로 특수하다(어떤 경우에든 자민족중심주의의 형식을 다른 것으로 대체하는 주장)는 점을 인정하지 않는다. "우리는 우리가 '논증'이라고 부르는 숙의와 정당화의 실천이 모든 문화와 사회에 있다는 점을 가정할 수 있고(꼭 제도화된 형식이 아니고 적어도 비제도화된 관행이라 하더라도), 이런 문제를 해결하는 방식에 기능적으로 동등한 대안은 없다."[209]

한편으로 하버마스는 세계 시민의 커뮤니케이션 욕망 속에 들어 있는 인본주의적 신념을 지지한다. 그러나 다른 한편으로 이런 지지만으로는 실제 세상에서 커뮤니케이션 합리성이 확산되는 것을 보장하기 어렵다는 점을 안다. 하버마스는 "다원주의적 세계관에 의해 제기되는 어려움이 있는 상태에서는" 논증이 가진 기본적 전제가 "기회를 제공**할 수 있다**"[210]는 정도의 기본적으로 다소 온건한 주장을 받아들이지 않을 수 없다. 그리고 우리는 단지 "사회화 과정과 삶의 정치적 형식이 서로 타협하는 것을 **희망**할 수 있을 뿐이다."[211] 왜 우리는 도덕적 관점을 지향하는 것을 원해야만 하는 걸까? "전체적으로 도덕의 평가는 그 자체로 도적적인 판단이라기보다는 윤리적인 것이다. …… 도덕의 공백 상태에서 삶은 살 가치가 없다."[212] 우리의 도덕을 향한 지향은 정체성의 문제, 곧 "**하나의 종으로서** '우리'는 누구인가"와 분리될 수 없다. 그때 하버마스의 '종 윤리'는 인본주의의 최소주의적 그리고 잠정적인 형식이다. 그럼에도 불구하고 그것은 잔여적 인본주의 — 오늘날의 지성계에서 소멸 직전이라고 광범하게 선언된 것 — 에 완고하게 집착하는 것이다.

　　담론 윤리의 문화적 특정성은 법의 영역에도 마찬가지로 적용될 수 있다. 《커뮤니케이션 행위 이론》에서 하버마스는 도덕과 법의 분리의 문제를 법이 '법사화'라는 체계의 특징을 취하고 있다고 하면서 결론을 맺는다. 이후의 두 에세이 모음집 《사실성과 타당성*Faktizität und Geltung/ Between Facts and Norms*》[213]과 《타자의 포용》에서 이 문제는 출발점이 되었다. 복잡한 근대 사회에서 법은 도덕과 보조를 같이할 수 없다. 왜냐하면 법적 담론은 "또한 절충이 가능한 이익 관계의 공정한 균형과 관련된 이슈뿐만 아니라 경험적·실용적·윤리적 측면을 포함하기 때문이다."[214] 법은 "단지 도덕적 원칙들과 양립 가능함을 통해서만 정당화되기에는 너무 구체적이다."[215]

그러나 하버마스는 도덕과 법 사이를 분리하거나 융합해서 사고하기보다는 변증법적 방식으로 문제에 접근해야 한다고 제안한다. 법은 **사적 자율성**과 **공적 자율성** 사이의 변증법과 관련해 구상되어야만 한다는 것이다. 사적 자율성은 "개인이 자신의 실존적 삶의 기획을 추구하고자 하는 윤리적 자유를 위한 보장"[216]의 범위를 정한다. 다른 한편으로 공적 자율성은 시민들에게 사적 자율성의 범위를 제한하는 법적 규범을 만드는 데 담론적으로 기여하는 권리와 수단*을 부여한다. 이것은 대규모 공동체라면 입법자와 법의 수용자 사이의 차이가 없어질 수 없다는 것을 의미하며, 공론장의 정치는 두 영역의 매개 과정이 개선되기를 희망하는 것이다.[217]

공적 자율성(공화주의적 사고에서는 특권화된)이든 사적 자율성(자유주의적 사고에서 특권화된)이든 어느 것에 우선권이 주어져서는 안 된다. 오히려 둘은 "서로를 상호 전제해야 하며,"[218] "형식적인 측면에서 시민 모두에 동등한 자유를 보장하기 위하여 사적인 것과 공적인 것 사이의 불안정한 경계를 끊임없이 정의하고 재정의하는 것이 민주적 과정에 맡겨져야 한다."[219] 이 점은 하버마스가 인권과 시민적 자유를 둘러싼 토론에 특별

---

* 이것은 시민들이 공적 자율성을 반드시 전략적인 것보다 커뮤니케이션적으로만 행사해야 한다고 하는 것은 아니다. 오히려 하버마스가 말하고자 하는 바는 만약 시민들이 경쟁하는 사적 이익들 사이의 간극을 메우기 위해 더 큰 추상화 수준에서 작동하는 법적 규범을 기꺼이 서로 수용할 수 있다면, (단순한 법적 주체의 역할을 넘어) 도덕과 법 사이에 다리 놓기를 바랄 수 있다는 것이다. "이 정도로 헌정주의적 민주주의는 행정관리적 수단에 의해서는 만들어질 수 없는 동기, 자유에 익숙한 사람들의 동기에 의존한다." "Postscript to Between Facts and Norms," p.147.

하게 개입하게 만들었다.

> 인권은 도덕적 권리로서 정당화될 수 있을 것이다. 그러나 우리가 인권을 **실정법**의 요소로 상정하는 순간, 인권이 온정주의적으로 주권적 입법자에 의해 부과될 수 없다는 점이 명백해진다. 법의 수용자들은 만약 입법자가 인권을 그저 실정법으로 행사될 필요가 있는 이미 주어진 도덕적 현실로 발견한다면 그들 자신을 저자로 간주할 수는 없다. 동시에 이 입법자는 (자신의 자율성과는 관계없이)* 인권을 해치는 무언가를 받아들일 수도 없다. 이런 딜레마를 해결하기 위해서 우리가 법을 형식적인 속성에 의해 도덕과 구분되는 독특한 종류의 매체로 특징짓는 것은 이제 유익한 것으로 판명날 것이다.[220]

어떤 점에서 우리는 단순히 이것에 찬사를 받을 만한 목적을 둘 수 있을 것이다. 이 목적은 온정주의적이고 서양적 편견에 의해 왜곡되었고, 그래서 도그마적이었던 방식으로부터 인권의 개념(**개념 자체로는** 일부가 주장하듯이 서구만의 고유한 관심은 **아니다**)을 구해내는 것이다. 그런 편견과 도그마는 이미 많은 '글로벌한' 제도들에 의해 일종의 '인권 근본주의'로 환기되었다. 성찰적이고 세계 시민적인 인권의 제도화는 (a) 인권은 문화적 진공 속에서 작동하지는 않는다는 사실을 적절히 고려하고, (b) 인권의 의미와 적용에 대해 다양한 맥락에서 진행 중인 숙의적 담론에서 국가들의 범위뿐만 아니라 국가 내에 살고 있는 시민들(종종 특정 국가 영토 내의 주류 세계관과 공유하지 않는)도 충분히 대표할 수 있을 것이다. 유

---

*   원문에 있는 내용으로 이 책의 저자는 생략했지만, 있으면 이해하기가 더 쉽다. ― 옮긴이

사하게 국가 내에서 헌법의 온정주의적이면서 정상화하는 기능 — 예를 들어 특정한 공동체나 공중의 깊은 이해·숙의로부터 단절된 전문가 체계로서의 기능을 지향해 사실상 문화적으로 왜곡될 수도 있는 교육을 찬양하는 '권리' 등 — 은 오직 활성화되고 다원주의적이면서 성찰적인 토론의 공론장에 의해서만이 개선될 수 있다. 그러나 각각의 경우에 그러한 숙의는 기여할 것으로 기대되는 많은 (구체적인) 규범성을 **전제한다**. 이의 예로는 결사의 자유에 대한 권리나 국가에 대한 법적 도전까지 할 수 있는 실행권을 제도화한 초국적 기구, 우리를 시민으로서 참여하게 준비시키는 교육에 대한 권리 등을 들 수 있다.

이것은 우리가 1장에서 살펴본 적이 있는 칸트적 필요성과 약간 유사하게 자신의 혼자 힘으로 성공하도록 맡겨진 윤리처럼 우려스럽게 들리기 시작한다. 한편으로 민주적 의지는 우리에게 가상의 **누군가**를 포용하도록 바라는 추상적인 법 규범을 상정하게 한다. 다른 한편으로 우리는 너무 추상적인 규범을 상정할 수는 없다. 그렇게 하는 것은 실천에서 불가피하게 현실로 되는(그래서 권력의 문제를 은폐한다) 윤리적 양식화patterning를 놓칠 수 있기 때문이다. **그리고** 그것은 우리가 어느 누구에도 속하지 않으면서 아무도 동기화하지 못하는 그런 포용적인 규범을 바란다는 것을 의미한다. 헌법적 규범(인권을 포함해)을 순수하게 도덕적 구성체로 상정한다는 것은 잘못된 방향일 뿐만 아니라 위험하기까지 하다. 어디에선가 잃어버린 말term이 있다. 적어도 최근에 보여 주는 하버마스의 저작에서 이 잃어버린 말은 '정치 문화,' 민주적 도덕Sittlichkeit 같은 것이고, 추상화라는 칸트가 준 고통을 달래 주는 헤겔적 약제다. 나는 이런 변화의 기본 개요를 제시하고, 그것이 가진 미덕을 일부라도 요약할 수 있기를 원한다. 그러나 나는 또한 더 시급한 잃어버린 말 — 가장 쉽게 **인민** 같은 — 이 있음을 주장하고자 하며, 하버마스의 비판 이론이 조금 더 땅으로 내려 올 수 있기를 바란다.

먼저 우리는 하버마스적 비판 이론의 근본적인 전제를 다시 확인할 필요가 있다. 커뮤니케이션 행위는 단순히 합의나 절충의 가능성 또는 심지어 이익의 궁극적인 공공선을 드러내 보이기 위해 기능하지 않는다. 그것은 단순히 실천에 옮긴 사적 이익을 설명하는 것이 아니다. 오히려 그것의 기능은 생산적이고 과정적인 것으로 상정된다. 그것은 **숙의적**이다. 담론은 자기 이해, 성찰 그리고 조정을 위한 새로운 가능성을 가져온다. 이 궤적은 물론 합의와는 정반대로 더 큰 반대를 낳기도 한다(우리의 세계관은 우리가 만나는 '타자'에 긍정적인 관계뿐만 아니라 부정적으로도 발전한다). 그러나 담론은 당구대도, 용광로도 아니며, 우리가 숨 쉬는 문화적 공기에 가까운 것이다. 하버마스는 언어적 전환의 영향 속에서 주체의 죽음을 선언하는 것이 필수적(바람직하기는 고사하고)이라고 생각하지는 않는 반면, 우리가 실제적으로도 또 상상에서도 단지 담론의 관점을 통해서만 우리 자신과 타자를 알게 될 뿐이라는 관점을 받아들인다. 하버마스 같은 민주주의의 숙의적 모델은 공공 커뮤니케이션이 '마음의 만남'을 시도할 수 있다는 따위의 희망을 내세우지 않는다. 존 더럼 피터스가 "커뮤니케이션은 서구적 꿈"이라고 비판한 의미에서와 같이 말이다.[221] 대신에 그들은 모든 차이와 불일치 속에서도 우리가 서로 이성적 토론을 지속할 수 있는 공공 담론을 **통해** 영토를 확보할 수 있다는 기대를 제시한다. 확실히 숙의민주주의에는 민주적 과정에서 오는 다양한 수준의 부담을 어떻게 위치시키느냐에 따라 여러 버전이 있다. 그러나 최근의 하버마스가 자리 잡은, 민주주의 스펙트럼에서의 최소주의나 절차주의적 정점을 향해 갈 때, 그것은 단순한 교감의 꿈은 아니다. 우리가 서로 잘 살아가기를 원하는 방식에 대해 지속적으로 숙의, 토론 **그리고 절충하게 하는** 공유된 삶의 방식 또는 공통된 목적의 충분한 편린들을 끊임없이 재가동하거나 개척하고자 하는 희망이다.

널리 알려진 바대로, 사실상 하버마스의 틀은 경쟁하는 문화적·정치적·윤리적 담론들 사이에서 항상 벌어지는 투쟁을 강조한 에르네스토 라클라우Ernesto Laclau와 샹탈 무페Chantal Mouffe의 유력한 '경합적 다원주의agonistic pluralism'[222] 모델로부터 그렇게 멀리 떨어져 있지 않다. 라클라우가 하버마스를 저항 현상을 병적인 것으로 여기는 순진한 보편주의자로 비판했음에도 불구하고 말이다.[223] 하버마스의 관점을 두드러지게 하는 것은 특수주의에 대한 전적인 반감이나 논증 때문이 결코 아니다. 만약 우리가 공적 영역에서 **논증**이 **폭력**에 대해 우세하기를 바란다면(그 차이조차 토론의 주제로 남아있는 곳에서도), 설사 문화적 진공 상태에 있지 않다 하더라도 다양한 시민들에게 이성적으로 '비용이 더 비싼' 대안보다 논증을 더 **선호하게끔** 동기를 주는 민주적 규범을 상상하는 게 필수적이라고 열심히 주장하기 때문이다.

이것이 하버마스의 사고 속에 있는 절차주의적 편견이다. 그는 헌정적 구조를 발전시키는 일을 강조한다. 이 구조는 다원주의 사회에서 성찰적으로 포용성이 확대되고, 기성 정치 문화의 다수주의적 또는 엘리트주의적 전통으로부터 자율성이 생성되며, 민주적 시민권의 충분히 구체적이고 동기 부여적인 **에토스**가 부양되기를 바란다. 하버마스는 이러한 에토스를 위한 용어를 개발했는데, 이는 진보적 정치를 열망하는 사람들, 공화주의적 색깔을 가진 이들조차 충분히 긴장하게 만들 정도로 보수적인 느낌을 준다. 그 용어는 '헌정적 애국주의constitutional patriotism'다. 이 개념이 지닌 함축적 의미의 실질적 장점과 단점을 고려하기 전에 무엇보다도 우리는 이것의 일부 운 없는, 그러나 결국은 잘못 인식된 정체를 밝힐 필요가 있다. '애국주의'라는 용어의 젠더화된 어원(라틴어 patriota에서 왔고, **동료** 농부를 의미하며, 그리스어로는 patris인데 조국이라는 뜻이다)으로 보면, 이는 맹목적 애국주의의 최근 결사들과 탈냉전 세계의 민족-국가주의 정치를 결합한 것이다. 그러나 애국주의에는 정확하게 하버마스가 우리에게 이를 뛰어넘어 사고하도록 요구하는 내포적 의미가 있다. **헌정적** 애국주의는 기존의 이분법을 뛰어넘게 하는 흥미로운 형용모순oxymoron — '탈전통적 전통'이라는 말에서처럼 — 중 하나다. 민주주의적 정체에서 정신적 자산psychological investment이나 '집처럼 편안하게 느낀다는 것'의 의미가, 좋은 삶을 산다는 것이 의미하는 지역화된 서사로부터 어떻게 분리(마술적으로 절연된다고 말하는 것은 아니지만)될 수 있겠는가? 우리가 그러한 애국주의를 위한 자연적 온상으로 국민 국가의 기능을 넘어선다면 얻을 수 있는 것은 무엇인가?

그러나 정확하게 이런 비유가 2001년의 대참사 이래(물론 그때 시작한 것은 확실히 아니다), 세상을 지배하게 된 유해한 글로벌주의의 통화currecny가 되어 버린 점은 더 불안한 것이다. 두 근본주의의 충돌은 '정치의 종교'에 대해 '종교의 정치'를 대립시킨 것이다. 미국의 대통령과 그의 영국 조력자는, 추정컨대 자신의 이데올로기적 적에 대항해서는 피부색도 보지 않고, 포용적이며, 국제적이고, 민족에서도 차별 없이 '일 처리 방식'(헌정적 민주주 그리고 자본주의적 글로벌화의 규범)의 애국주의를 정확하게 확립시켰다. '이데올로기 종언'의 뻔뻔하고 공격적인 글로벌주의를 옹호하는 위험한 발상으로 하버마스의 정식화를 그릇 이해하기보다는, 그것이 어떻게 하버마스가 그런 발상을 정식화할 때보다 지금 더 긴급해진, **신화화된** 헌정적 애국주의의 전면적 비판에 사용될 수 있는가를 보는 것이 더 생산적인 대응일 것이다.

하버마스는 그 용어가 오직 부정적인 의미의 이데올로기 비판으로 쓰이는 것을 의도하지는 않았다. 그는 다양한 문화적 정체성을 유지하려 하는 사람들 사이에서 새로이 등장하는 연대를 뒷받침하는 적극적인 기반을 찾길 원했다. 헌정적 애국주의라는 용어는 언어적으로는 문제가 있다 하더라도, 문화 정치와 정치 문화에 대한 최근의 도전에 대응하는 데 생산적일 수 있다. 첫 번째 장점은 정확하게 그것이 개별 국민 국가를 넘어 사고할 수 있게 해 준다는 것이다. 《타자의 포용》에서 하버마스는 중세와 로마제국에 걸쳐 정치 공동체의 시민적 그리고 민족적 서사들 사이에서 국민 국가의 초기적·근대적 출현 과정을 추적한다.[224] 근대적 국민 국가가 성취한 것은 세계관이 균열될 때, 사회가 더 복잡해질 때, 그리고 사람들이 더 유동적이 될 때, 낯선 사람들 사이에서 사회적 통합과 연대를 원활히 해 주는 것이다. 그러나 국민 국가는 동질성과 공통 혈연이라는 인위적 감각을 투영시키는 민족 국가Volksnation 서사를 다양하게 구성함으로써 온정주의적으로 시민들에게 권리를 부여하는 심각하게 양가적인 존재로 등장한다.

공통의 조상, 언어와 역사, '같은' 사람들에 소속되어 있다는 '의식' 등의 개념을 통해 확고해지는 국가적 의식이 주체들을 하나의 정치적 공동체의 시민, **서로에게** 책임을 느낄 수 있는 구성원들로 만든다. …… 이와 상반되는 미국의 사례는 국민 국가가 그러한 문화적으로 동질적인 사람들의 뒷받침 없이도 공화적 형태를 유지할 수 있다는 점을 증명한다. 그러나 이 경우에는 주류 문화에 뿌리를 내린 시민 종교가 민족주의의 자리를 차지했다.[225]

잘 알려져 있다시피, 오늘날 국민 국가는 자본, 미디어, 사람, 그리고 위험과 기술 등의 갈수록 글로벌화해지는 흐름에 의해 이전에는 없었던 긴장 속에 있다. 그러한 조건에서 민족국가주의는 정치의 주도권은 유지하지만 상당히 수세적인 위치에 있다. 그럼에도 불구하고 하버마스는 국민 국가를 완전히 불필요한 것이거나 퇴행적인 것으로 선고해 버리기보다는 그것의 양가성을 일깨워 준다.

국민 국가가 오늘날 한계에 봉착하고 있다고 하더라도 우리는 여전히 국민 국가로부터 배울 수 있다. 그것의 전성기 때 국민 국가는 정치 커뮤니케이션의 영역에 자리를 잡았다. 이 커뮤니케이션은 사회적 근대화라는 추상적 관념 속의 진보를 수용하게 했고, 확장되고 합리화된 생활 세계에서 국가적 의식을 배양시킴으로써 전통적인 삶의 형식에서 박탈당한 사람들을 다시 뿌리내리게 했다.[226]

이것은 역사를 전략적으로 허울 좋게 읽은 결과일 수도 있다. 그러나 요점은 하버마스가 적어도 관념적으로는 국민 국가의 등장을 중시한 공화주의적 사고의 핵심, 말하자면 매우 다양한 대규모의 복합적 시민을 포용하고 활용하는 정치 문화를 구현해 내려고 한다는 것이다. 요점은 국민 국가 외의 다른 제도들을 통해서도 이 점을 생각해 보는 것이다. 다른 것이란 시민들에게 '소속감'을 느끼게 했던 세계 시민적 장치들arrangements, 즉 종교를 비롯해 EU 같은 초국적 기관들, 그리고 UN부터 엠네스티 인터내셔널에 이르는 제도들이 자주 칭하려고 했던 (지금까지 주마등처럼 지나가는) 글로벌한 정치 공동체들이다. 그것은 대중 미디어의 문화적 애국주의에 도전하는 것을 의미한다. 또 유럽의 입법부(행정부보다는)가 동시에 더 강력해지고 더 책임성이 높아지는 방법을 생각해 보는 것이다. 그것은 초국적 제도들의 구성원과 대표성, 책임성이, 지금보다 훨씬 책임성이 강해진 비정부 기구를 비롯해 기왕의 국민 국가 외의 다른 필터를 통해 매개될 수 있는 세계 시민적 질서를 상상해 보는 것이기도 하다. 이외에도 많은 것이 있다. 이런 모든 것이 터무니없이 이상적이거나 단순화된 것으로 들린다면, 우리는 하버마스가 정말로 자신에게 올바른 방향이라고 생각했던 것으로 우리를 이끌기 위해 노력했던 결과임을 기억해야만 한다. 그의 의도는 일의 규모와 복잡성을 없애기 위해서가 아니라 21세기의 민주적 기획을 감당해내기 위해서였던 것이다.

두 번째 그리고 헌정주의적 애국주의 개념과 관계된 덕목은 다문화주의라는 골치 아픈 담론을 넘어 사고해야 하는 것이다. 헌정적 애국주의는 확실히 문화적 다원주의, 이민* 또는 토착적 소수자들 자체의 도전에 대해서는 답하지 않는다. 그러나 그것은 문화적 다양성을 단순히 수용하거나 저지하는 식으로 사고하기보다는 민주적 에토스의 생명선으로 여기는 그런 정치 문화를 만들겠다는 이상에 다가 가는데 유용하다. 하버마스가 다문화주의 담론에 가지는 반감(그가 염두에 두는 다문화주의는 현실적으로 다소 경직되고 협소한, 그러면서도 제도적으로는 강력한 버전이다)은 무엇보

---

* 여기에 하버마스의 이민에 관한 저술들을 논의할 공간은 없다. 이를 위해서는 특히 *The Inclusion of the Other*의 pp.228~235를 보라. 그는 제1세계, 특히 유럽 정부를 준열하게 비판한다(자신의 고국에 대해 준비한 특별한 경멸과 더불어). 그가 비판하는 것은 난민의 처리, 식민주의의 역사적 맥락에서 제기되는 책임 문제를 은폐하는 관대한 분위기, 경제적 난민의 타당성에 대한 교조적이고 위선적인 거부, 기능적 필요 때문에 정당한 요구의 수준을 넘어 문화적 동화에 집착하는 외국인 혐오증 등이다.

다도 시민의 정체성을 고정된 단지 몇 개의 표식(종교, 모국어, 조상 등)으로 환원시키고, 몇몇 '자신의' 유산에 비판적인 태도를 취하는 시민들의 문제 제기에는 이상하게 침묵하는 본질주의 비판이 동기가 되었다. 시아란 크로닌Ciaran Cronin과 파블로 드 그레이프Pablo de Greiff가《타자의 포용》의 영문판에 대한 서문에서 그 점을 설명한 대로,

> 개인의 진실성에 대한 존중은······ 그들이 자신의 정체성을 형성하고 유지하는 맥락에 대한 존중도 필요로 하기 때문에 하버마스는 다문화주의의 옹호자들이 다문화주의 교육처럼 소수자들이나 기타 문화적 활동에 대한 정부의 후원 또한 지지하는 정책을 지지해 왔다.[227]

하버마스는 집단적 권리의 개념을 받아들이지만 찰스 테일러Charles Taylor 같은 공동체주의자들과 달리 집단적 권리가 개인적 권리에 우선해야 한다거나(그들은 '같은 기원co-original'을 가진다) 문화적 '생존'을 위한 집단적 권리의 개념이 따로 있다고는 생각하지 않는다.

> 개인은 윌 키믈커Will Kymilica의 말대로 '문화적 구성원의 권리'의 보유자로 남아 있다. 그러나 법적·사실적 평등성의 변증법이 힘을 발휘하면서 그것은 지위, 자기 관리의 권리, 인프라적 혜택, 보조금 등을 광범위하게 보장하게 했다. 위험에 처한 토착 문화는 그러한 보장을 주장하면서 주류 문화에 의해 전유되어 왔던 나라의 역사에서 유발되는 특별한 도덕적 이유를 개진할 수 있다. ······ [그러나] 궁극적으로는 정체성이 형성되는 삶과 전통의 형식을 보호하는 것이 그들 구성원의 인정에 기여해야 한다. 그것은 행정관리적 수단에 의해 종을 유지시킨다는 의미를 가져서는 안 된다. ······ 문화적 유

산과 그들 내부에 접합되어 있는 삶의 양식은 그들이 형성하는 인격 구조를 포착함으로써 말하자면 생산적으로 전통을 전유하고 지속시키는 것에 동기를 부여함으로써 정상적으로 그들 자신을 재생산한다. …… 생존을 보장해 주는 것은 구성원으로부터 긍정 또는 부정을 말할 수 있는 자유를 박탈하는 것이기 때문이다.[228]

하버마스는 영향 받는 사람들이 같이 '속한' 정치 문화에 깊이 뿌리 내린 더 포용적이고 성찰적인 '법적·사실적 평등성의 변증법'을 강조함으로써 공론장에서 자유주의적 개인주의와 선의의 다문화주의적 평등성 정치의 단점을 모두 극복하는 '인정의 정치'를 주장한다.

도덕적 보편주의는…… 개인성의 측면을 **희생하면서까지**…… 평등성에 집착해서는 안 된다. …… 차이에 민감한 도덕적 보편주의가 필요로 하는 모든 사람들에 대한 평등한 존중은, 그래서 **그의 타자성**에서 타자를 **개인적 차이를 무시하거나 전유하지 않고** 포용하는 형식을 취한다.[229]

'인정의 정치'는 모든 시민을 포용하며, 그들이 원한다면 제도와 법을 만드는 저자로 참여할 수 있게 해 주는 제도적 구조와 법적 보장이 사회의 주요 얼개를 이루는, 시민권의 공공 문화를 다시 확립하고자 하는 윤리다. 그것의 의심할 바 없는 장점은 오늘날의 자유주의적 민주주의의 지배적 공공 문화 담론을 넘어 사고하게 해 주는 것이다. 이 지배적 담론은 이를테면 다음의 것이다. 예의 바른 관용의 정치는 '차이'에 필요한 공간 — 예컨대 의회에서 특별하게 허용된 자리, 문화 재원의 일부 또는 이를 조금이나마 다루어 주는 미디어 등 — 을 제공해 주지만, '주류'

의 헌법이 적극적인 역할*을 하지는 않는다. '다른 문화들'('다른'은 종종 본
질주의적이거나 환원주의적인 개념이다)에게 '우리'의 기성 시민공동체로 들어
오도록 허용하는 자비롭지만 온정주의적인 초대도 있다. 그리고 이와 연
관되지만 사실은 비성찰적인 주장, 곧 '우리'의 정치 문화는 어떤 문화적
배경도 차별하지 않고, '누구든지' 그것에서 마치 집처럼 편안함을 느끼
며, 그것을 새로운 문화적 영향 ― **새로운 행위 양식** ― 에 개방하는 것
이 오히려 이런 중립성을 부정하는 것이라는 주장도 그렇다. 하버마스
는 '평등한 존중'의 정치 문화라면 지배 문화가 타 문화에 두는 가치에서
조건적이어서는 안 된다는 점을 강조한다. "평등하게 존중받아야 할 권
리는 그 또는 그녀의 문화적 기원이 가진 우수성과는 아무런 관련이 없
다."[230]** 그때, 발전된 '헌정적 애국주의'라면 우리의 운명과 불가피하게
연관된 '타자'를 **무조건적**으로 존중하는 지향을 가진 정치 문화를 건설
할 필요가 있다. 아울러 그러한 정치 문화는 새롭고 다양한 문화적 영향
에 개방적이어야 한다. 다시 라투르를 원용하면, 시민이 공론장에 들어
가기 전에 그들의 문화적 코트를 휴대품 보관소에 잠시 맡겨두는 것처럼
그저 잠시의 진정하지 않은 필요를 만들어 내는 데 그쳐서는 **안 되는 것**

---

*   미국의 차별 철폐 조치Affirmative Action 같은 적극적으로 동등성을 보장
       하는 조치를 말한다. ― 옮긴이
**   이 조건적 존중의 의미는 뉴질랜드의 마오리족이나 '그 땅의 원주민'처럼 토
       착민의 경우에는 골칫거리가 될 수 있다. 이 부족의 문화적 실천은 전통주의,
       전원성, 정신주의 등의 지배적 프레임에 맞는 한 ― 생태 관광과도 어울린다
       ― 주류 문화에 의해 진정으로 존중되는 경향이 있다. 그러나 그것의 다양
       성, 유동성, 그리고 글로벌 문화·하위문화와의 복잡한 연계 등은 이 존중의
       틀에 들어가기 어렵다.

이다. 이러한 공공 윤리의 내재적 긴장(타자가 자신의 문화적 정체성을 무시하게 요구하거나 그 점을 **무시하지** 않고서도 그들의 문화적 정체성에 관계없이 타자를 존중하는)* 때문에 우리는 그것을 '너무 딱딱한' 바구니** 안으로 던져 버리게 된다. 그러나 그것이야말로 복잡한 문제에 적절한 대응이 필요함을 보증'해 주는 것이다. 우리는 단순한 처방을 버리는 게 현명하다.

그러나 공론장에 관한 최근의 하버마스의 이론화에도 적절성이나 가치에 한계가 있는 골치 아픈 편향이 있다. 하버마스는 공식적인 공화주의적 정체의 정치 문화와 시민을 연결시키는 것을 강조한다. 나는 이것이 의심할 바 없이 중요하고 시급한 분석의 영역이라고 생각하는 반면, 혼란을 만든 것은 굳이 **역사적**이라기보다는 **개념상의** 이유라는 점을 주장하고자 한다. 최근 사회에 많은 '미시 공중들'의 집합 내에서 하루빨리 고찰되어야 하는 것은 커뮤니케이션 행위의 역할과 범위다. 이

---

* 원문에서는 같은 문장에서 무시한다regardless, disregard는 말이 세 번이나 반복되어 헷갈리기 쉽다. 저자는 다음과 같이 내용을 자세하게 확인해 주었다. 첫째, 누구나 자신의 문화나 배경에 관계없이 존중받아야 한다. 둘째, 이러한 존중은 특정한 문화적 정체성을 무시하거나 문화적 차이에 오히려 둔감하거나 우리 모두가 똑같다고 감히 주장하는 등에서 오는 것이 아니다. 필요한 것은 상대의 문화적 정체성에 대한 경의어린 관심과 참여다. 상대가 누구인지, 어디서 왔는지, 어떤 흥미로운 관점으로 공론장에 기여할 수 있을지 등에 대한 관심이다. 셋째, 다양한 문화적 배경을 가진 사람들이 '우리'의 행동 방식을 따라야 하거나 자신의 문화적 정체성이 중요하지 않다고 생각해야만 공론장에 참여할 수 있다고 요구하는 것은 경우에 어긋난다. 프랑스에서 뜨거운 논쟁이 되었던 이슬람 여인들의 히잡 복장이 적절한 예가 될 수 있다. ─ 옮긴이

** 직역한 것인데, 어떤 생각이나 일이 너무 어렵거나 금기시되는 것을 비유적으로 표현한 말이다. ─ 옮긴이

집합의 커뮤니케이션은 대체로 다소 제한된 또는 지엽적 희망에 머무르면서도 대중 정치 정당이나 대규모 NGO 조직들처럼 공식적 정체나 그 주변 포럼의 거창한 의제보다 공적 영역으로 시민을 끌어들이는 데 종종 더 효과적이라고 판명된 것이다. 내가 생각하기에 하버마스는 서구의 자유주의적 민주주의 내의 시민들과 그것의 공식적 정치 그리고 입법 과정 사이에 존재하는 괴리를 과소평가한다. '사회운동'에 대한 전반적인 언급에도 불구하고 하버마스의 최근 저작은 무질서한 대안의 집합들, 풀뿌리 네트워크들, 연맹들, 이슈 캠페인, 온라인 포럼, 공동체와 자구 집단들, 그리고 기타 등등에서 비판적 시선을 필요로 하는 현상을 대충 얼버무리는 것처럼 보인다. 강조점으로 볼 때, 그의 최근 저작에는 비판 이론을 평범한 많은 시민들의 구체적인 관심과 열망에 부응하게 하는데 필요한 정치적·사회적 현실주의가 결여되어 있다. 이들은 오래전에 주류의 정치 문화를 변화시키려는 희망을 포기했거나 더 가시적인 기획을 추구하기 위해 산재되어 버렸다. 그린피스나 엠네스티 인터내셔널은 시민 사회의 특징을 보여 주는 데 반드시 적절한 조직이 아니다. 행정관리적 합리성과 PR을 잘 활용한다는 점에서 그들은 정부나 기업적 상대들에 필적한다. 필요한 것은 커뮤니케이션과 전략적 합리성 사이의 긴장과 연계가 아니라 오히려 행동이 구체적으로 자리 잡은 영역에서 커뮤니케이션과 전술적 합리성 사이에 대한 더 많은 분석이다.

지금의 정치 문화에서 전략에서 전술로 이동하는 것이 생산적일지 아니면 반대로 퇴행적일지 여부는 여기에서는 중요하지 않다. 하버마스가 만약 시민의 결정적인 다수critical mass가 현상에서는 전적으로 외부적이고, 멀면서, 잘 알지도 못하는 일련의 구조를 개혁하려 하는 투쟁에 **흥미가 없을** 가능성을 진지하게 생각해 보지 않는다면, 어떻게 평범한 시민이 기회주의적으로가 아니라 커뮤니케이션적으로 공식적인 정체에 (재)참여할 수 있을지 — 그것이 풀뿌리 지역에서든, 그보다 큰 지역에서든, 국가적으로든 아니면 초국적 수준에서든 — 를 알 수는 없다. 어떻게 우리는 이런 체념적 운명론을 넘어 사고할 수 있을까? 만약 더 활기찬 공적 문화가 마술적으로는 형성될 수 없다고 한다면, 우리는 그것이 작은 시작에서부터 서서히 성장해 나가는 것을 과연 상상해 볼 수 있을까? 시민들이 스스로 '변화하기making a difference'를 경험하거나 미시 공론장과 소규모 발의에 참여하는 자신의 모습을 본다면, 과연 정치 문화가 신뢰 속에서 성장할 수 있을까? 아니면 정치 문화가 이러한 흐름 속에서 돌이킬 수 없을 정도로 균열되고 말까? 이런 질문들은 최근의 하버마스 이론에서는 맹점으로 있는 것이다. 나는 하버마스가 노력하는 과정에서 나름으로 개념적이지만 **반드시** 역사적이지는 **않은** 것의 순서를 뒤바꿔놓았다고 생각한다. 하나의 이유는 우리가 이러한 담론과 행위의 미시 공론장들이 정치 문화가 더 개방적으로 발전하는 데 기여하거나 아니면 반대로 가치를 훼손시키는 정도를 추상성 차원에서는 미리 판단할 수 없기 때문이다. 다른 이유는 헌법이나 법의 보장이 없는 시민 사회가 질적으로 낮은[적자생존만이 존재하는 — 옮긴이] 다윈적Darwinian 인 것에 불과하게 된다 해서 대규모의 헌법적 이슈마저 부적절한 것으로 몰아 무시되지는 않을 것이라는 게 타당한 판단이기 때문이다(이것은 최근 하버마스적 편견의 한 가지 장점이다). 그럼에도 불구하고 결국 최근의 하버마스적 이론에서는 글로벌주의가 너무 많고 지역주의가 충분치 않다는 점이 밝혀졌다.

그때 우리는 정치 문화에서 전술로의 전환을 평가하는 문제에 도달하게 된다. 예상되는 이득과 손실을 분석하는 것은 확실히 이 책의 지면을 넘어서는 일이다. 그러나 우리는 적어도 권력의 분산 또는 탈중심화로서 글로벌화 담론이 만연되었음을 인정해야 한다. 이런 담론의 잠정적으로 신비화된 측면은 — 그것은 글로벌화로 권력의 불평등과 공고화가 **증가되는** 것을 잘못 인식되게 한다 — 심각하게 문제가 된다. 물론 글로벌화가 자본, 정보, 문화, 기술 그리고 사람의 더 유동적이고 복잡한 **흐름**을 만든다는 것, 그리고 동시에 중심화되고 국가적이고 지역적인 규제의 효율성을 의심하게 만든다는 것은 반박하기가 쉽지 않다.

문화적 정체성이 탈중심화되고 파편화되는 것에 초점이 모아지는 것은 필연적 결과다. 글로벌화되는 미디어 영역, 디아스포라 그리고 이민, 젠더와 성적·민족적 정체성들, 이 모든 것은 자기 정체성을 지닌 안정된 주체라는 사회학적 규범을 문제 삼게 하고, 지금 사회에서 관심을 정체성 구성의 불안정성, 모순, 복잡성, 그리고 성찰적 측면들로 돌리게 한다. 글로벌화는 압도적으로 엔트로피적 동학 속에 자신을 드러내고, 사회과학은 새로운 복잡성의 일단을 계측하는 새로운 어휘와 비유를 개발하는 기획에 몰두해 왔다. 마누엘 카스텔스Manuel Castells의 '네트워크 사회'에서의 '흐름의 공간,'[231] 아르준 아파두라이Arjun Appadurai의 '금융 영역,' '이데올로기 영역,' '민족 영역,' '미디어 영역,' '테크노 영역' 같은 글로벌화의 용어,[232]* 맥켄지 워크Mackenzie Wark의 '벡터'의 '가상 지리'[233] 등이 그것이다. 이것들은 사회학적 시도의 단지 일부일 뿐이며,

---

*   아파두라이의 다섯 가지 '영역'의 원어는 scapes로 직역하면 '풍경'이다. 아파두라이는 풍경을 '바라보는' 것은 시각 예술에서처럼 관점과 재현의 문제, 관찰자의 조건이 결부되며, 글로벌화는 역사·언어·정치적인 상황에 의해 좌우되는 원근법적 구성의 산물이라고 한다. — 옮긴이

각각의 문제틀은 자신의 방식으로 글로벌화의 복잡성에 관여한다.

그러나 대문자 C의 헌정주의Constitutionalism와 시민권의 문제에 정통한 비판적 시각을 가진 하버마스는 최근의 사회 이론의 탈중심화된 네트워크 비유에서 무신경하게 간과된 지점을 찾아낸다. 은연중에 하버마스의 세계는 자기 정체성을 가진 중심화된 시민들이 동심원적 원처럼 정연한 일련의 총체성 속에 살면서 연못 속에 던진 돌이 일으키는 파문처럼 그들의 정체성을 투영시키는 것처럼 보인다. 사적 **영역**은 공론장과 동등한 기원을 가질 뿐만 아니라 공론장에 의해 **포용**된다. '거시 속의 미시'나 '글로벌 내의 초국적, 초국적 내의 국가적, 국가적 내의 지역적' 또한 그렇다. 그러나 사실 이러한 환원적 '러시아 인형주의doll-ism'* 는, 자유주의의 전前 정치적pre-political 자아 모델을 비판하고 정체성 구성에서 네트워크 모델[234]을 명시적으로 인정했으며, 《커뮤니케이션 행위 이론》에서 삶의 영역을 잠식한 행정관리적 또는 기업적 논리에 저항하는 페미니즘이나 생태운동의 중요성을 강조하는 하버마스 자신의 상호주관주의와는 어울리지 않는다. 삶의 영역에서 행정관리·기업적 논리는 환영받지 못하며, 이는 탈중심화된 전술에서, 또 '새로운 사회운동'이라는 용어가 고매한 '성충권'에나 있는 야망을 표현한 것 같은 오해를 부를 수 있는 가능성에서 이미 암시된 것이다. 그것은 확실히 오늘날의 많은 시민들에게 성원 의식, 책임감, 연대 그리고 존재론적 '위치'를 두고 곡예를 하게 하는 지리적·문화적·직업적 그리고 정보적 유동성(강요된 것이나 자발적인 것 모두)의 현실과는 맞지 않는다.

---

* 러시아 인형은 속이 비어 있어 그 안에 같은 모양의 인형이 크기 순으로 여러 개 차곡차곡 들어 있다. — 옮긴이

그렇다면 왜 중심화되고 영토에 고정된 국가–지향적 시민권 모델로 다시 되돌아가는가? 하나의 중요한 요인은 확실히 헌정적 개혁에 관해 시급한 논쟁을 필요로 하는 탈통일 독일에서 하버마스의 위치다. 진보적 정치 내에 법과 헌정의 역할을 둘러싼 시급한 문제가 경제적·정치적·문화적 엔트로피**로서**의 글로벌화에 사회과학적 초점이 몰리면서 상당히 모호해졌다는 점을 또한 주장할 수 있다. 점점 더 복잡해지는 세계에서 정의와 문화적 인정의 문제를 해결하기 위해 법과 헌정주의의 역할을 좀 더 섬세한 방식으로 재고해 볼 필요성을 상기시키는 것은 이런 맥락에서 건강한 해독제가 될 수 있을 것이다.

그러나 아무리 지나온 역정을 돌이켜봐도, 하버마스의 최근 작업은 심각한 맹점을 온존시키는 것이다. 만약 미시 공론장들이 자신의 집단 이기주의를 반드시 중심 지향적이지 않은 방법으로 극복할 수 있느냐에 비판 이론이 집중한다면, 이 문제는 해결될 수 있다. 말 그대로 중심이 **없고** 단지 서로 다른 힘을 가진 무리가 있는 곳에서는 설사 다른 것을 희생하고서라도 (여럿이 어울리는) 교차점nodal point을 얻겠다는 담론과 행동을 병폐로 간주하거나 경시해 버리는 건 이해가 되지 않는다. 반복하자면, 최근의 일부 저항운동이나 무정부주의적 하위문화에서 보이는 다소 단견적인 반反국가주의로 가서는 안 된다. 거기에서 국가는 종종 선이라도 잠재된 힘에 불과할 뿐만 아니라 세계의 문제에서 주변적 참가자 — 기업 권력의 단순한 전달자에 불과하다 — 로 무시되기 일쑤다. 물론 모든 길이 국가로 가거나 가야만 한다는 것은 아니다. 반대로 국가가 정의와 연대의 변증법의 사라져가는 지점도 아니다. 그것이야말로 우리가 하버마스의 후기 작업을 초기 작업과 분리시켜 읽었을 때 빠질 수 있는 위험인 것이다. 헌정주의적 국가라면 연관되는 정의와 연대의 문제가 있지만, 사회에는 발전이 추구될 수 있고 추구되어야 하는 다른 많은 영역이 있다. 헌정주의 국가에 집중하면서 또 특권화하면서 하버마스의 특별한 헤겔적 유산은 결정적으로 '사용 기한'을 다한 것처럼 보인다.

하버마스가 최근 자신의 비판 이론에서 노정한 또 다른 한계는 '낯선 사람들' 사이의 연대와 정의의 문제에 대한 배타적 관심이다. 이 낯선 사람은 말하자면 낯선 사람으로 남아 있기를 바라지만, 운명의 네트워크로 묶여 있는 '타자들'과 공통의 기반을 추구하는 사람들이다. 어떤 의미에서 글로벌화는 우리의 선택과는 관계없이 확장되는 차이의 네트워크들 속에 우리를 연루시키는 복잡한 상호 연결의 조건 때문에 이 기획을 점점 더 당면의 과제로 만들었다. 그러나 이것은 동시에 일차원적 정식화에 머무른다. 연대와 낯섬strangerdom*은 거대하고 복잡한 영역이다. 시민으로서 우리는 관용하고, 때로는 우리의 '이웃'에게 여러 차원에서 친근감을 바랄 수도 있다. 다원주의 사회에서 '좋은' 시민이 되기 위해 우리는 확실히 이웃에 대한 조건 없는 존중을 바라는 하버마스의 주문을 따라야 한다. 우리는 대화를 위한 공통의 기반을 확립하려고 할 때, 서로의 차이를 존중해야만 한다.

그러나 우리가 공론장에서 추구하는 연대의 결속은 때로 하버마스의 헌정주의 모델이 암시한 것보다 **동시에** 더 두껍기도 더 얇기도 하다. 우리는 자주 우정과 친숙함, 깊은 신뢰, 같이 웃고 화내며, 같이 열정적인 토론에 참여할 수 있는 사람이 필요하기 때문에 더 두껍다. 그들임에

---

*   strangerdom은 스타덤stardom이나 팬덤fandom을 패러디한 저자의 신조어로, 낯선 사람들 사이의 대화와 유대가 중시되어야 하는 현대 사회의 문제의식을 집약했다. — 옮긴이

도 **불구하고**가 아닌 바로 그들이기 **때문에** 우리는 타자와 더불어 관계를 발전시킬 수 있다(이미 우리는 1장에서 논의했다). 그러나 정확하게, 탈중심화된 시민이라면 하나의 바구니에 한꺼번에 모든 실존적인 달걀을 집어넣지는 않기 때문에, 주어진 공간에서 모두 투명하게 자기 정체적이지는 않으므로 — 아마도 그렇게 할 수 없으므로 — 또한 더 얇다. 이런 총체적이면서 비관적인 예측은 파편화된 다원주의 사회의 시민들이 단지 상대적으로 폐쇄된 가족, 친구 또는 동질적 문화 집단 내에서만 두껍게 결속하는 연대를 발견한다는 것이다. 그러나 저항운동, 온라인 토론 그룹, 웹로그 공동체 또는 지역적 자구 집단의 현실은 종종 이런 연대가 부분적인 진실이라는 점을 보여 준다. 미시 공론장들은 눈에 보이는 특징인 배제성 또는 협소성으로부터 자유롭지 않다. 그러나 그들은 종종 새로운 고속도로의 건설에 반대하는 저항운동의 일원으로 무정부주의자가 되었건 나이 든 여성이 되었건, 또 세계관은 근본적으로 다르더라도 공감과 공통 이익의 지점을 발견하는 미국과 이라크의 블로거가 되었건, 서로 낯설지만 동료로서 함께할 수 있다. 탈중심화된 주체는 하버마스의 다소 냉정한 헌정주의적 애국주의 모델이 허용하는 것보다 '타자들' 사이에서 두꺼운 — 더 많이 즉각적이고 일시적이기는 하겠지만 — 연대의 결속 가능성을 열 수 있다.

여기에 아이러니가 있다. 하버마스는 자주 일방향과 대중 매개적 커뮤니케이션을 희생시키고 **대화**를 물신화했으며, 또한 '이상적 스피치 상황'을 구실로 분산된 '상상의 공동체'를 희생시키면서까지 시민들 사이에 **공현존**의 이상을 특권화했다는 비판을 자주 받는다(다음 장에서 이를 다룬다). 여기에 하나의 시민권 모델 — 정말로는 하나의 윤리 — 만을 정식화한 **친근성**의 옹호자가 있다. 이 모델의 주문은 타자의 '진실성'이

훼손되지 않도록 '거리를 두어라!'이다. 큰 글자는 '타자를 포용해라'이지만, 속내인 작은 글씨 부분을 읽어 보면, '그러나 그에게 너무 많은 것을 기대하지 마라,' '너 자신의 너무 많은 것을 주지 마라'이다. 《커뮤니케이션 행위 이론》에서 하버마스는 '구체적인 타자' 사이보다는 '일반화된 타자' 사이의 상호작용을 특권화 하는, '돌봄'의 관계보다 '정의'의 관계를 선호해 캐롤 길리건Carol Gilligan이 강력하게 도덕의 남성 중심적 모델이라고 주장했던 로렌스 콜버그Lawrence Kohlberg의 '탈인습적' 도덕의 사고에 상당히 의존한다.[235] 하버마스는 지금 시민들에게 일반화된 타자와 구체적인 타자에 **동시적** 지향을 요구하는, 연대와 정의의 변증법을 상정한다. 그러나 기껏 그는 우리에게 단지 헌정주의적 콘크리트라는 얇은 껍질만 적용하기를 원하고, 공론장에 정말로 어울리는 풍성한 인간적 유대는 취하지 않는 것처럼 보인다.

실제 하버마스의 모델은 충분히 구체적이면서 동기화된 공공 문화를 필요로 하는 자신을 충족시킬 수 있는, 차이와의 풍부한 만남은 허용하지 않는다. 말하자면 그것은 우리의 상호적 타자성이라는 진실성을 깨뜨리지 않으면서 발전시킬 수 있는 — 그 과정이 힘도 들고 순탄하지도 않겠지만 — 타자들 사이의 연계를 인정하지 않는다. 하버마스 자신이 공球의 비유를 아주 좋아했던 점으로 미루어 본다면 그는 정체성을 마치 미묘하고 특이하게 생긴 유리 공처럼 다루는 경향이 있다. 그것은 하버마스와 정체성 정치에 대한 불신을 공유(다른 것은 별로 공유하지 않는다)했던 도나 해러웨이Donna Haraway가, 연결의 지점 또는 공통의 기반을 발견하고 서로 교환하는 시민들 사이의 '친밀성의 정치'[236]라고 불렀던 것을 허용하지 않는다. 하버마스는 생활 세계의 합리화와 성찰성을 강조함에도 불구하고 해러웨이의 연대의 윤리와 대조적으로 **경계 유지**

의 정치를 전면에 내세운다. 여기에서 요점은 '탈중심적 시민'을 총체화하거나 그저 찬양만 하는 것이 아니다. 일부 시민들은 (부와 특권이 유일한 결정인자는 아님에도 불구하고) 다른 사람보다 더 '탈중심화'될 것이다. 그리고 탈중심화된 정체성은 다중적 사회 연계성의 이익과는 별개로 취약성과 염려도 낳을 것이다. 해러웨이가 즐겨 주장했던 대로 경계의 전체적 붕괴를 포착하는 지점은 없다. 해러웨이는 하버마스가 제공하는 것보다 더 개방적인 시민권과 연대 개념을 주장한다. 그리고 전술이 전략을 지배하고, 아콘이나 오크나무보다는 리좀[237]*이 작업의 비유가 되는 탈중심화된 행동가의 네트워크를 진지하게 고려하는 비판 이론을 또한 주장한다. 이런 네트워크는 이를테면 다음과 같은 것을 망라한다. '아무것도 사지 않는 날'** 캠페인과 문화 방해꾼들culture jammers,*** 온라인 네트워크들, 자치 경비대, 지역 네트워크의 단일 이슈 캠페인, 자구 집단, 신종교 집단, 망명자들이 지역 공동체에 주거하지 못하도록 방해하는 외국인 혐오 캠페인, 난민 지원 집단들, 테러주의자의 무선 통신 네트워크, 해커 집단, 갈수록 시민 사회의 정치 생활을 구성할 다양하면서 모순되지만 탈중심화된 미시 공중과 네트워크 전반 등등. 하버마스는 균열된 그러나 단지 탈중심화되지 않은 공공 문화의 징후로서 이런 혼돈의 집합체를 아마도 슬퍼할 것이다. 그러나 비판 이론이 만약 지금 사회에도

---

*   리좀은 줄기가 뿌리처럼 자라는 것으로 지상의 수목으로 표상되는 서열적이고 초월적인 구조와 대비되는 내재적이면서도 배타적이지 않은 관계들의 비유로 사용되었다. — 옮긴이
**   유행과 쇼핑에 중독된 현대인의 생활 습관과 소비 행태를 반성하는 캠페인. — 옮긴이
*** 대중적이고 상업적인 주류 자본주의 문화를 비판하는 운동. — 옮긴이

유효한 것으로 남아 있으려면, 공적 생활의 지역화와 다양화, 불명확한 경계 그리고 탈중심화에 대해 고민해야 한다.

4

매개화
커피하우스부터
인터넷 카페까지

　　　　　　　　　미디어 제도와 기술은 20세기 전체
에 걸쳐 극단적인 희망과 기대, 그리고 공포의 부담을 떠맡았다. 그리고
이는 디지털화된 21세기에 이르러서도 약화되는 조짐이 없다. 민주주의
와 시민권의 시각에서 볼 때, 미디어는 앞의 세 쿼터 시간에서는 탈정치
화와 대중소비주의의 동인動因으로 그리고 나머지 쿼터에서는 더 나은
민주주의의 기미로 그려졌다. 미디어는 권력을 폭로하거나 책임지게 하
거나 또는 약화시키도록 기대되었다. 반대일 경우에는 왜곡과 굴절로
비난받았다. 그러나 현대의 사회적·정치적·문화적 생활에서 매개된 커
뮤니케이션의 만연한pervasive 역할 자체는 거의 토론되고 있지 않다.

　공론장에 대한 진지한 분석이 매개화의 이슈를 전면에 드러나게 하
는 것은 필요한 일이다. 이는 하버마스가 그렇게 하지 못했던 것을 정당
하게 비판하는 것이기도 하다. 내가 1장에서 논의한 바대로 하버마스
의 이론적 틀에는 로고스중심주의, 음성 언어와 문자 언어에 특권을 주
는 지금까지는 문제되지 않았던 커뮤니케이션의 위계가 잠재되어 있다.
《공론장의 구조 변동》에서 전자적·시청각 미디어는 경멸적 대접을 받

았다. 하버마스의 이어지는 저작에서도 미디어는 대화로 구상된 커뮤니케이션 행위와 '체계'의 비담론적 조종 매체 사이의 일종의 '협상'을 재현하는 막연한 주장 속에 뭉뚱그려져 기껏 후기에서나 다루어지는 정도에 불과했다.[238] 커뮤니케이션 미디어의 역할에 대한 어떤 진지한 분석도 없는 가운데《커뮤니케이션 행위 이론》은 한편으로는 비담론적 조종 매체에 의해 '매개된' 행위, 다른 한편으로는 '매개되지 않은' 담론으로 되어 있는 문제적 이분법을 제안했다. 지금 이것은 명백하게 하버마스의 의도가 아닌 것으로 밝혀졌다. 그는 언어로의 전환에서 볼 수 있듯이 음성 언어조차 매개된 것이라는 점을 알았다. 물론 그는 자신과 논적이었던 탈구조주의자들과 같은 길을 걷지 않았다. 하버마스는 투명한 커뮤니케이션의 오류라는 비판에 동의하지 않았다. 이런 긴장을 설명하기 위하여 우리는 첫째, 하버마스의 이론이 현대 세계의 만연한 매개화의 현실에 맞닥뜨렸을 때, 정말 제 능력을 발휘하지 못하는지를 평가하려 한다. 둘째, 만약 발휘한다면, 매개화된 커뮤니케이션의 현재적 양식을 다룰 때, 하버마스의 이론이 어떤 종류의 비판적 면모를 드러낼 수 있을지를 또한 평가하고자 한다. 나는 이 장에서 이러한 질문에 대해 소개하고, 결론으로 하버마스의 공론장론의 틀이 매개화의 현실을 **수용**할 수 있고 수용해야 할 뿐만 아니라 만약 매개화를 **비판적으로 포용**하려 한다면 매우 풍부한 이론틀이 될 수 있다는 점을 제시할 것이다.

산재된, 일대다의 커뮤니케이션 모델보다 **대화**와 **상호성**을 이상으로 삼은 소크라테스를 확실히 선호하면서 커뮤니케이션 이론(하버마스가 포함된)의 경향을 고상하게 비판했던 존 더럼 피터스[239]와 달리 내 주장은 매개된 커뮤니케이션('악')과 매개되지 않은 것('선')의 이분법을 해체하는 데 지향점이 있다. 피터스처럼 나도 **대중**−매개로 매개화를 간주하고 논의를 시작하겠다. 그러나 나는 매개화의 광의의 정의, 곧 대화로 인정되는 미디어 형식(이른바 특히 '뉴' 미디어의)을 포괄하지만, 단순히 상호 주관적 담론과 화폐와 권력이라는 비담론적 권력 사이의 교환 외의 다른 것으로 매개화를 사고하는 것을 권장할 것이다.

| 아고라의 추락 |

아마도 하버마스의 공론장론을 미디어 맹점적 시대착오주의로 가장 강도 높게 비판한 이는 존 B. 톰슨John B. Thompson일 것이다.[240] 공론장론의 로고스중심주의를 목표로 삼은 여러 논자들[241] 가운데서 톰슨의 비판을 두드러지게 하는 것은 그 또한 하버마스가 현대 사회 분석에서 초점을 둔 민주주의적 상상과 정당성·권력의 문제에 주목했기 때문이다. 그가 그런 이슈들을 부각시켰으므로 나도 그에게 분량을 할애해야겠다. 톰슨은 대화적인 공적 숙의와 참여의 장이라는 소중한 꿈에 작별을 고하게 된 현대의 민주주의와 관련된 문제들을 상기시킨다. 이런 꿈은 고대 그리스 아고라의 시민 집회로 향수삼아 거슬러 올라가거나 어휘와 실천, 말과 행동의 이상주의적 일치에 이른다. 그리스인들은 결정에 영향을 미치는 사회적 공간과 유사한 (남성 노예를 소유한 시민 사이의) 상호적 스피치 관계를 만들기 위해 노력했지만, 근대 세계에서 민주주의자의 문제는 뿌리부터 다른 차원의 질서다. 톰슨은 우리에게 "오늘날의 세계에서 의사 결정 과정의 순수한 규모와 복잡성에 비추어 볼 때, 우리가 참여적 방식으로 조직할 수 있는 것은 일부에 불과하다"[242]고 상기시킨다. 근대의 '운명 공동체'는 현대 사회에 들어 너무 크고 복잡해졌으며, 정치

·경제적 결정은 분산되어 있어서 민주주의의 고전 모델이 심지어는 사실에 반하는 이상에서조차 의미를 갖기 어렵다는 것이다.

> 물론 개인이 의사 결정 과정에서 큰 역할을 할 수 있을 것으로 보이는 사회 생활의 많은 영역이 있고, 이 과정에서 참여가 증가하면 하버마스가 '여론' 이라고 부르는 것의 형성이 원활하게 되는 그런 경우도 있다. 그러나 국내· 국제적 정치나 대규모 시민·상업적 조직같이 권력이 행사되는 좀 더 높은 차원에서 **어떻게 참여적으로 의견이 형성되는지의 발상이 어떤 방법으로 유효하게 펼쳐질 수 있을지를 알아보기는 어렵다.** 우리가 기껏 희망하는 것은 힘 있는 개인이나 조직의 활동과 연관된 정보를 더 넓게 확산시키고 확산의 채널을 더 다양화시키는 것이며, 이러한 활동이 책임을 지고 통제도 받을 수 있도록 필요한 기제가 확립되어야 함을 강조하는 것이다.[243]

민주주의의 참여적 모델을 단순하게 거부하는 이런 주장에는 거의 논쟁적인 부분이 없다. 완고한 기술 관료적 엘리트주의에서부터 고민하는 현실주의자에 이르기까지 민주주의 이론은 오랫동안 근대의 복잡한 사회에서 민주주의적 참여가 지닌 한계를 고민해 왔다. 이에 대한 논의들은 시간의 한계, 효율성과 전문성의 필요성, 전문적 지식의 특수화, 그리고 과도하게 정치화된 사회의 독재로부터 사적 생활을 보호받아야 하는 시민의 권리를 강조했다. 그러나 톰슨의 주장에서 재미있는 것은 ― 여기에서 우리를 끌어들이는 것인데 ― 그가 하버마스를 비판하기 위해 그리고 민주주의의 참여적 모델에 대항하는 사례를 강화하기 위해 커뮤니케이션 미디어의 지배성을 이용하는 방식이다. 톰슨이 개진하는 주장은 공론장에 대한 하버마스의 설명이 현대 세계의 현실성에 대응해 자신을 추상화시키는 적어도 다섯 가지의 서로 연관된 방법에 관한 것이다. 톰슨은 하버마스의 대화 모델이 (1) 대중-매개 커뮤니케이션의 정확한 속성, (2) 현대 사회생활에서 이 커뮤니케이션이 하는 역할을 설명하지 못했다는 것을 보여 주고자 한다. 여기에서 한 걸음 더 나아가 대중 미디어가 (3) 시민과 의사결정자 사이, (4) 여론 형성 과정에서 공동 참여자로서 시민과 시민 사이의 상호작용을 구성하는 방식이 또한 그렇다고 한다. 또 톰슨은 (5) 하버마스의 공공 공간 모델이 사회 조직의 더 민주적인 형식을 위한 미래의 전망을 왜곡했으며, 그러한 전망을 현실화하기 위해 재구성된 미디어 공간의 역할에 대해서는 기껏해야 부분적 이해만을 주는데 그쳤다고 주장한다. 나는 이러한 이슈의 각각을 돌아가면서 살펴볼 것이다.

(1) 톰슨에 따르면 커뮤니케이션 미디어의 등장으로 '매개된 준상호작용-mediated quasi-interaction'[244]이 우세한 것이 특징인 시대가 열리게 되었다. 공통적인 물리적 장소에서 면대면 상호작용이 중심이고 원칙상 상호적 스피치 관계를 지향하는 곳에서 커뮤니케이션 미디어는 상호작용을 장소·시간이 공유되는 맥락으로부터 분리시켜 사회관계의 '이탈 현상disembedding'을 근대의 특징으로 만들었다. 톰슨은 매개된 상호작용을 두 유형으로 구분한다. 전화, 이메일, 손 편지 등을 예로 들 수 있는 한 유형은 시간과 공간을 가로지르는 대화적 친교를 가능하게 해 준다(그것이 또한 새로운 관습이나 제한, 그리고 기회를 만들어 냄으로써 면대면 상호작용을 다시 재설정한다 하더라도).[245] 이와 대조적으로 '매개된 준상호작용'은 대화적 친교와는 다른 형태의 제도화된 커뮤니케이션을 말한다.

매개된 준상호작용은 면대면 상호작용이나 매개된 상호작용과 두 가지 다른 측면이 있다. 첫째, 면대면 상호작용이나 매개된 상호작용에 참여하는 사람들은 특정한 타자를 지향한다. 그들을 위해 언술을 하고 표현이나 기타 등등을 한다. 그러나 매개된 준상호작용의 경우에 상징적 형식들은 한정할 수 없는 다수의 잠재적 수용자를 위해 생산된다. 둘째, 면대면 상호작용이나 매개된 상호작용이 대화적 성격을 갖는 데 비해 매개된 준상호작용은 커뮤니케이션의 흐름이 압도적으로 한 방향으로 이루어진다는 점에서 독백적 특성을 가진다. …… 그러나 그럼에도 불구하고 매개된 준상호작용도 형식은 상호작용이다. …… 이 상호작용에서 개인들은 물리적으로 존재하지 않는 타자들을 위해 상징적 형식을 생산하는 반면, 타자들은 기본적으로 이에 대응 respond을 할 수는 없다 해도 우애나 감정, 충성 등의 유대는 형성할 수 있다.[246]

(2) 대화를 특권화하면서 하버마스는 점증하는 미디어의 지배성과 현대의 사회·정치생활에서 미디어가 할 수 있는 역할을 설명하지 못한다. 톰슨의 테제는 매개된 준상호작용이 면대면 커뮤니케이션을 대체한다는 것이 아니다. 그는 매개된 준상호작용이 장소를 기반으로 하는 대화를 자극하기도 하고 정보도 준다는 점을 인정한다. 말하자면 미디어의 생산물이 '담론을 정교화시키는'[247] 주체가 된다는 것이다. 이는 하버마스의 부르주아 공론장 서사에 결정적인 중요성을 지닌 과정이다. 그런 때에도 그것이 구래적 형태의 사회적 상호작용을 보완만 하는 것은 아니다.[248] 매스 커뮤니케이션의 등장은 사회관계의 급진적인 **변화**를 함축한다. 복잡한 근대 사회의 발전에 따라 사회적 상호 연관(개인과 제도 사이, 시민과 시민의 사이에서 모두)이 부각된다. 갈수록 현존보다는 부재가 중시되고, 상호작용이 화폐의 흐름이나 관료제적 관리, **그리고** 커뮤니케이션

의 기술과 미디어의 형식을 통해 중재된다. 이제 생활 세계는 물리적으로(종종은 인지적 차원에서도) 부재한 저자들authors의 행위로 가득 차 있다. 시민의 경제생활은 '인지적 지도,'[249] 말하자면 원격에서 작동하는 방대한 네트워크의 맥락에 따라 합리적으로 처리된다. 이 원격 네트워크는 경제적 총체성을 구성한다. 소비는 개인을 과잉된 원격 생산의 맥락에 연결시킨다. 자유는 원격의 사회적 행위자의 강제적인 입법 조치들에 의해 구속된다. 이와 유사하게, 시민들 역시 한 번이라도 직접적·대화적인 상호작용을 해 본 적이 없는 타자들에게 영향을 미치는 행위를 **선택**(소비자 또는 노동자로, 투표자 또는 행동가로서 등등)해야 한다.

커뮤니케이션 기술은 시민들에게 물리적으로 부재한 행위자와 연계되고, 그들의 경험과 행위의 선택이 구조화되는 사회 과정의 각종 요소들을 제공한다. 전 근대인들에게 권력의 출처 — 예를 들어 왕국과 교회의 팽창 법칙 같은 — 의 부재는 알려지지 않아야 할 뿐만 아니라 보이지도 않았어야 했다. 그러나 커뮤니케이션 기술의 확산과 더불어 상황은 완전히 변했다. 이 기술은 상징의 전파를 통해 새로이 원격적인 관계를 **창출**해 내면서 특정 장소에 자리하는 생활 세계와 '멀리 바깥'의 세계의 틈입이 서로 연계를 '통해 작동하는work through' 잠재성을 크게 높였다. '실제의 경험'과 '매개된 경험'은 이제 점차 뒤섞이게 되었다.[250]

그러나 하버마스의 공공 공간 모델은 통탄할 만큼 '매개된 준상호작용'의 역할을 폄하한다. 이제 민주적 '연계'의 가능성은 대부분 **대중**미디어에 의해 형성된다. 매개된 상호작용이 대화로부터 벗어나면서 **물리적 거리**의 영향을 극복하는 데 도움을 주지만(내가 나중에 이것이 단지 부분적 설명에 그칠 뿐이라는 점을 주장할 것임에도 불구하고),* 매개된 준상호작용은 부재를 부정하거나 거리를 없애는 기능은 거의 하지 않는다. 미디어 채널은 **가시성**에 기반을 둔 새로운 양식의 상호작용을 구성하면서 사회적 복잡성의 문제에 관여한다. 미디어 전문인들은 상징과 중요 정보의 방대한 네트워크를 선택·가공·제작하는 데 **특별한** 역할을 점한다(그들은 게이트키퍼이면서 동시에 의제설정자들이다). 의사결정자들을 담론적으로 심문해 정보를 얻기도 하며(이때는 주창자로서 일한다) 그리고 산재된 수용자들을 도와 '멀리 바깥'의 세계에 접근 가능하도록 해 준다(정확히 말해, 정보들을 선택하고 그것의 해석판을 구성한다).

　(3) 미디어 제도와 기술은 가시성과 **'준상호작용적'** 만남의 선별된 네트워크로서 근대의 복잡한 사회에서 민주적 공공 문화의 필수 조건을 형성한다. 그러나 하버마스의 공론장 이론은 시민과 의사결정자(또는 공적 인물) 사이에서 미디어가 제도화하는 상호작용의 유형을 이해하려 할 때 상당히 미흡한 것으로 밝혀졌다. 근대의 민주적 사회에서 대의제 민주주의의 체계는, 정확하게 사회적 복잡성이 한편으로는 의사결정자들의 전문화된 역할, 다른 한편으로는 정당성의 원천으로서 분산된 시민들의 양자 사이에 노동 분업을 강제하기 때문에 발생한다. 미디어는 특정한 방식으로 이 분업을 **배치한다**. 그들은 정보와 담론을 제작하고,

---

*　　물리적 거리가 항상, 전화 같은 커뮤니케이션 기술이 치유책을 제공해야 하는 문제로 여기는 존재론적 가정을 하지 않는 것이 중요하다. 전화는 두 사람 사이의 물리적 거리를 극복하는 데 도움을 준다. 그러나 전화는 또한 사용자와 즉각적·물리적 인접에 있는 사람들 사이의 차이를 만들어 낼 수도 있다. 그리고 불과 몇 야드만 떨어져 있는 두 사람 사이에 문자 메시지를 이용한 추근거림flirting의 경우에서처럼 거리를 착취하는 데도 쓰일 수 있다. 거리는 항상 병리적인 것이 아니며, 커뮤니케이션 기술 역시 항상 그것을 극복하는 데만 쓰이지 않는다.

수집하고, 가공하고, 분배한다. 그들은 단순히 공적 인물과 사회적 과정을 보여 주기보다는 스케치하고 채색함으로써 '가시성'을 창출한다. 그러나 사회적 복잡성 때문에 전문가 지식의 위계에 도전하는 것은 범위가 제한되고, 미디어는 일반 시민이 정보와 책무성의 방대하고 복잡한 네트워크에 접근 가능하도록 여과·배치·압축해 줌으로써 그들의 본질적 기능을 충족시킨다. 정의로만 볼 때, 선별된 가시성은 커뮤니케이션의 투명성이 발생하는 것을 방해한다. 대중 미디어는 각각의 그리고 모든 의사 결정 과정의 내적 작동을 보여 주는 창으로 기능하지는 못한다. 정보와 전문가 지식의 매개된 전달, 공적 인물의 주장을 '담론적으로 검증하는' 범위 등은 공급(기술적 제한이나 미디어 공간의 가용 용량 등과 같은 요인)과 수요의 제한(시민의 자유 시간이나 동기 등)에 의해 축소된다. 고도로 매개된 지금의 공공 문화가 다루는 상징적 징표가 기본적으로 공적 인물의 처신이나 이미지 그리고 평판에 불과하다는 점은 민주적인 상상에서라면 인정하기 어렵다.

복잡하고 전문화된 의사 결정 과정의 세계에서 민주주의는 커뮤니케이션의 투명성이 아니라 '신뢰'와 '불신'의 감이 순환되는 통로 channels, 곧 가시성의 통로들이 얼마나 잘 확립되어 있느냐에 근거한다. 이러한 의미에서 '신뢰'는 지식을 얻는 것과 의사 결정 과정을 이해하는 것, 그리고 의사결정자의 감각·전문성, 진실성을 믿는 **신념**에의 투자 사이에서 균형을 잡는 행위에 가깝다. '신뢰'는 앤소니 기든스Anthony Giddens가 지적한 대로 "시간과 공간에서 부재와 관련이 있다. 계속해서 행위가 보이는 사람을 믿을 필요는 없다. …… 모든 신뢰는 어떤 의미에서 맹목적 신뢰다."[251] 미디어는 우리에게 중요한 영역들 — 경제적, 정치적, 과학적, 그리고 기타 — 에 대한 **가공된**processed 통찰력을 줌으로써 우리를 시민들로 구성한다. 그런 통찰력을 통해 의사결정자와 그들의 결정을 받는 우리들 사이에 경계가 파괴되지 않으면서도 민주적 선택과 의견이 생성될 수 있다. 이런 견해에 따르면 하버마스의 이론은 이미지와 평판의 문제를 단순한 커뮤니케이션의 왜곡이나 공론장의 '재봉건화 refeudalisation'로 간주해 무시해 버림으로써 우리를 잘못 인도했다. 그렇게 하여 하버마스의 모델은 결코 민주적 과정의 내재적·활력적 차원에 비판적으로 개입할 수단을 갖지 못한다.

이런 독해로 미루어 볼 때, 현대 민주주의의 가장 큰 문제는 어떻게 사회가 자신을 제시하느냐 또는 커뮤니케이션 미디어를 통해 자신을 **재현**하느냐가 아니라 오히려 **어떻게 부재자와 커뮤니케이션할 것인가**이다.* 결국 하버마스는 잘못 짚은 것처럼 보인다. 만약 톰슨의 '신뢰'에 대한 강조가 민주주의와 정당화의 문제에 대한 관심을 반영하는 것이라면, 그는 또한 공적 인물에 투영될 수 있는 사랑, 미움, 성적 매력 또는 친밀성을 포함해 '매개된 준상호작용'에 의해 만들어지는 다양한 범위의 '연계성' 또한 인정하는 것이다. 흥미로운 것은 톰슨은 종종 하버마스에 적용된, 이성에 대한 탈구조주의의 비판과는 사뭇 다른 사회학적 담론을 구성하고 있다는 점이다. 톰슨의 비판은 반근본주의자와 대부분의 탈구조주의 담론의 정치적으로 추상화된 핵심과는 거리가 먼 다소 실용주의적인(그리고 내가 제안하지만, 심지어는 공리주의적일지도 모르는) 담론이다. 그러나 하버마스가 보여 주는 경향처럼 매개화된 커뮤니케이션의 응축, 미학화, 생략, 스펙터클, 그리고 강도 등에서 현대 공공 생활의

---

*　　　　나는 마지막 장에서 다시 이 문제로 돌아갈 것이다.

특징이 가진 질감과 구조를 발견하기보다는 그저 발전적으로 개선되어야 하는 병폐쯤으로 보는 시각이 가진 위험성을 강조한다는 점에서 톰슨의 비판은 의미가 있다.

(4) 미디어는 시민과 의사 결정 권력의 다양한 원천 사이를 중재하는 데서 뿐만 아니라 시민 자신들 사이에 상호작용을 구성하는 데서도 중대한 역할을 한다. 하버마스의 공론장 모델은 이 지점에서도 또한 미흡한 부분이 있다는 의심을 받는다. 미디어를 통해 조성·확산되는 상징 및 문화적 형식에 따라 국민성, 민족성, 계급, 젠더, 스타일 또는 취향의 하위문화, 의견과 정치적 성향, 이익 집단, 지위 집단, 공적 인물과의 동일시 등의 다양한 담론에 의존하는 정체성이 원활하게 발전된다. 물론 공론장은 갈등과 모순의 장이기도 하다. 이 장에는 특정한 세계관, 취향, 열망 그리고 서로의 의견 충돌이 있다. 그것은 동일시뿐 아니라 극심한 악감정도 있는 공간을 구성한다. 그럼에도 불구하고 민주적 시민권은 갈등하는 의견이나 정체성이 서로 상호작용할 수 있는 공유된 사회 공간의 구성원 자격membership ― 다소 추상적임에도 불구하고 ― 에 여전히 의존한다. 다원주의 사회에서 정치적 공동체의 구성원 자격이나 소속감의 정도는 우리가 이전 장에서 논의한 대로 하나의 단일하거나 동질적인 정체성을 받아들이는 데 달려있다기보다는 얼마나 다양한 시민들이 공론장을 포용적이고 대표적인 것으로 인식하느냐에 따른다.

그러나 공론장 내에서 미디어가 시민을 위치시키는 방식은 하버마스의 공공 담론 모델인 대화적 이상과는 그렇게 친화적이지 않은 것처럼 보인다. 대규모 근대 공중은 직접적으로는 단지 일부의 동료와만 상호작용하기 때문에 정확하게 '상상적 공동체'가 된다. 미디어는 **시민을 대신해** 상징을 배치하고 확산시키며, 공적 토론과 문화적 친교의 무대를 선별적이지만 만들어 줌으로써 그러한 연계를 원활하게 한다. 미디어의 상징에 의해 환기된 반감과 동일시의 감정은 대부분 그러한 상징의 생산자로까지 거슬러 올라가지는 않는다. 대신에 그들은 각각 지역의 맥락 속으로 굴절된다. 시민이 얼마나 자신을 정치적 공동체의 **자격 있는 구성원**으로 간주하느냐의 정도는 대체로 **상상된** 유대의 깊이에 따른다. 이는 다양한 시민들이 '국가적으로 중요한' 텔레비전 이벤트를 시청하면서 느끼는 '공동체성,' 수많은 부재한 타자들과 더불어 아침 신문을 읽는 의례에 자신이 포함되느냐 아니면 배제되느냐의 정도와 같다. 우리는 또한 이민자, 디아스포라, 여행객들이 인터넷으로 그들의 조국으로부터 온 아침 신문을 읽거나 텔레비전의 스포츠 이벤트에서 조국을 응원하는 **전치된**displaced '상상적 공동체'에 참여하는 범위가 증가하고 있는 현상도 지적해야만 한다. 갈수록 글로벌화되는 미디어 영역도, 편차가 있기는 하지만 시민들이 선별적으로 특정한 상상의 공동체에 참여하거나 안하거나 하는 것을 가능하게 한다.

다른 말로 하면, 톰슨은 하버마스가 공론장에 대해 시도한 역사적 설명에서 심각한 빈틈을 발견한 것이다. 17, 18세기 동안에 신문의 발전을 유럽의 살롱이나 커피하우스에서 발생하는 비판적 토론의 **확장**으로 프레임하면서(방송 미디어와 더 상업화된 대규모의 인쇄 미디어의 발전은 '영광으로부터의 역사적 추락'으로 특징지으면서) 하버마스는 대중 인쇄술의 발전이 현실적으로는 공적 **대화**의 중요성이 감소하는 것을 예고한다는 사실을 모호하게 한다. 복잡하고 분화되어 있으면서도 정치적으로는 집중된 사회에서 능동적인 공중의 등장은 **대중** 인쇄술의 성공이 동반되면서 가능했다. 정의로 볼 때, 대중 인쇄술은 정보와 상징을 널리 분산·유통시키고, 상대적으로 익명이면서 포괄적인 수용자를 목표로 하며, 제작자와 수용자 사이의 근본적 분리와 양적 불균형, 말하자면 **전문화**의 동학을 특징으로 하는 것이다. 하버마스가 조심스럽게 찬양했던 18세기 공중은 **특정하게 장소적인 맥락 내에서**(커피하우스 같은) 비판적 대화에 참여했지만, 그러나 전체로 보아 ― 그리스의 폴리스와는 대조적으로 ― 그들은 **상상된** 공동체를 만드는 기획에 참여했다.[252]

(5) 톰슨은 하버마스의 비판 이론에서 담론 윤리가 사실에 반하는 지위를 갖고 현실의 커뮤니케이션의 단점을 비판적으로 지적하는 수단으로 쓰인 점을 잘 알고 있다. 그러나 그에게 이것은 이론적·정치적인 관심을 다른 데로 돌리는 데 불과했다. 왜냐하면 권력의 약화와 상호성의 이상에 대한 유토피아적 집착으로 인해 하버마스는 우리에게 권력의 **분배** 및 **정당화, 대의제** 민주주의를 더 효과적으로 구성할 수 있는 양식의 가능성, 복잡하고 분화된 사회에서 커뮤니케이션 미디어가 권력 관계와 의사 결정 과정을 더 가시적이고 책임 있게 행사되도록 하는 방식 등에 관한 실질적인 이슈는 아무것도 말해 주지 않았기 때문이다.

톰슨은 '급진적 민주주의' 미디어 이론가들[253]과 별 어려움 없이 공통적 기반을 찾는다. 이들 이론가들은 대체로 하버마스의 《공론장의 구조 변동》에 고무되어 국가가 재원은 공급하지만 지배는 하지 않는, 그러면서도 미디어 영역의 만연한 상품화에는 독립적인 방어벽이 될 수 있는 다원주의적이고 탈중심화된 공공 서비스 미디어 제도(국제적으로도, 동시에 두 가지에서 모두 성공한 그런 제도는 없다. 심지어는 고귀한 BBC조차도 말이다)를 열심히 주장해 왔다. 그러나 톰슨은 또한 우리에게 미디어의 잠재적 민주화에 대한 더 현실적이고 집중된 견해를 갖도록 환기했다. 미디어가 전문가의 의사 결정 영역과 시민 사이의 괴리를 **해결해 나가면서**(무시해 버리지 않고) 미디어 종사원들에게도 필수적인 **전문가** 기능이 생겨난다.

수용자들도 시민으로서 미디어 제도가 시민을 대신해 정보와 상징을 선택·집적·구성·배열하는 방식에 상당한 **신뢰**를 갖게 된다. 시민들은, 복잡한 세계에 일부라도 접근 가능하게 만들어 주고, 능숙하고 책임감 있게 정보와 상징을 전파하는 미디어 전문인에게 의존한다.

톰슨의 비판과 대안적 강조점이 그가 주장을 펼치고 있을 때 막 등장하기 시작한 디지털 미디어의 영역을 놓치고 있다는 지적은 그렇게 설득력이 있지는 않다. 지금은 일반적이 된 수많은 상호작용적·틈새·DIY* 미디어들을 무시하고 **대중** 미디어에 특권을 준 것으로 미루어 톰슨의 주장은 아날로그 시대에나 맞는 담론처럼 보였다. 그러나 내가 다음 장에서 디지털 영역으로 갈 것임에도 불구하고 나는 이런 비판이 요점을 놓치고 있다고 생각한다. 지난 연대의 디지털화나 인터넷의 특성에 대해 새 천년 즈음에 나타난 여러 이해의 노력 가운데서 발견되는 중대한 단점 하나는, 표현 수단에 대한 접근권의 문제나 '담론 기회'의 분배권에 명확하게 특권을 주었다는 점이다. 하버마스를 톰슨이 실용주의적으로 수정하려 한 시도는 미디어 영역의 민주주의적 차원을 가늠하기 위하여 공적 접근권과 상호작용성이 지닌 경이적 잠재성을 부각시키거나 아니면 반대로 지금의 단점만을 강조하는 배제적 시선을 피해야만 한다는 점을 적시에 상기시켜준 것이다. 그것이 인터넷을 휩쓸고 다니는 다양한 DIY 미디어나 방송에서 토크 라디오나 리얼리티 TV의 등장, '상호작용'의 대용품인 '협송narrowcasting,' 미디어 온 디맨드, 디지털 '맞춤식 채널me-channel'**에서 분명해지는지 아닌지는 알기 어렵다 하더

---

*   Do it yourself란 스스로 찾아서 하기의 뜻이다. — 옮긴이

**   《디지털되기*Being Disital*》의 네그로폰테가 원래 쓴 말은 '맞춤 신문'이란

라도 말이다.[254] 디지털 시대에 머독과 베를루스코니의 제국, CNN과 BBC월드뷰즈의 협소성,[255] 글로벌 영역에서의 대중적 엔터테인먼트와 뉴스 및 광고의 시너지 효과 등은 모두 비판적 시각을 가진 커뮤니케이션 학자들에게는 (비판을 위한) 유목을 경쟁적으로 나열한 것뿐이다. 그러나 가장 확실하게 말할 수 있는 것은 그들이 말기의 퇴조를 보이는 아날로그 '대중 커뮤니케이션' 시대의 유적은 **아니라는** 점이다.

우리는 계속해서 현기증 날 정도로 거대하고 불투명한 미디어 대기업과 함께 살면서 이들에 **의존해야 한다**. 우리가 미디어에 감시를 해 주기 바라는 다른 '전문가 체계'와 마찬가지로 미디어 자신이 참여적 형태로 조직될 수 있기는 상당히 어렵다. 민주주의자들은 고전적 이상을 넘어 미디어를 완전히 탈영토화된 **아고라**로 보기보다는 적어도 집합적 차원에서 엄청난 권력을 미디어가 가졌다는 사실을 수긍해야 한다. 이 권력은 결코 단순히 사라지지 않는다는 점, 민주주의의 기획이 미디어의 책무성과 다양성을 높일 수 있는, 창의적이면서도 현실적인 제안을 필요로 한다는 점은 제한되지 않는 상호성의 이상에 의해 주도된 유토피아적인 공론장론의 전망에서는 거의 잃어버린 것이다. 톰슨의 교정은 확실히 유용하다. 그러나 그 안에도 몇 가지 맹점이 있다.

근대성이 '매개된 공공성publicness'을 위해 수행한 역할은 양날의 칼을 가졌다. 하버마스가 대중 매개적 공론장의 부상에 관한 초기 저작에서 압도적으로 부정적인 결론을 낸 것에 대해 톰슨은 이게 단견이었고 정치적으로도 무력했다고 비판한다. 하버마스는 '공론장의 재봉건화'로

뜻의 'daily me'로, 'me-channel'은 이를 응용한 말이다. — 옮긴이

대중 미디어(특히 방송 미디어)의 점증하는 편재성ubiquity의 특징을 규정한다. '공공성의 원칙'이 이성에 입각한 비판적 토론으로부터 기업의 PR 활동이나 마케팅 기술과 결합한 최근의 양태로 변모되었다는 것이다.

> PR 활동에 의해 이루어지는 만큼 시민 사회의 공론장은 다시 봉건적 성격을 띠게 된다. '공급자'는 고객들이 따라올 준비가 되기 전에 거창한 쇼를 보여 준다. 공시성은 한때 [봉건주의적] 과시성에 의해 부여된 개인적 명예와 초자연적 권위에 적합한 일종의 아우라를 행사한다.[256]

톰슨은 하버마스의 '재봉건화 테제'를 몇 가지 근거를 들어 비판한다. 매개된 준상호작용이 지배하게 됨으로써 정치 지도자들과 지배 집단이 계산된 정치 마케팅이나 겉치레식 발표, 훈련된 '토론' 등을 활용할 수 있는 새로운 가능성을 갖는 반면, 정치 커뮤니케이션이 전략적으로 성공하기에는 새로운 위협도 발생한다.[257] 인쇄 미디어와 비교해 전자 미디어는 확실히 다양한 — 종종 더 열광적이면서 별로 냉철하지 않고 사색적이지도 않은 — 주기를 가진다(만약 우리가 예를 들어 많은 디지털 미디어들이 자동화된 아카이브와 비선형적 검색 기능을 갖춘 점에 비추어 전통적인 일간 신문의 다소 경직된 주기와 매일의 제작 순환을 감안한다면 이런 테제는 다소 과장해서 서술된 것이다). 이를테면 방송사는 대체로 방송을 인쇄 미디어와 다른 방식으로 메시지 전달의 시간과 간격 그리고 리듬을 조절할 수 있다(VCR이나 TiVo* 같은 시간 이동의 소비자 장치가 이런 시간 편성 기능을 왜곡했지만 없애지는 못했

***

*   TiVo는 기기 내에 장착된 하드디스크에 정보를 저장한 후 시청자가 원하는 시간에 편하게 시청할 수 있게 만든 장치의 브랜드다. Personal video

다). 그러나 화자와 청자 사이의 틈은 또한 봉건 시대의 '과시적 공공성'
과는 다르게 미디어 전문인이나 공적 인물이 수용의 맥락이나 수용자
구성 같은 요인들을 통제할 수 있는 능력을 제한했다.[258]* 게다가 뉴 미
디어 기술은 정치인이나 지도자들이 바라는 가시성과 해를 끼치는 가시
성 사이의 분리선을 통제할 수 있는 능력을 약화시켰다. 공시성이 가차
없이 추구되면서 중대한 위험이 생겨났다. "[감정의 격화에 따른 — 옮긴이] 실
수와 폭발, 역효과를 내는 행위들, 그리고 스캔들이 통제의 한계가 가장
명백하게 그리고 현저하게 드러난 방식의 일부다."[259] 인터넷의 등장은
이의 가장 잘 어울리는 예다. 인터넷은 정보 관리자의 일을 더욱 어렵게
(그리고 그들의 월급을 더 높게!) 만들었다.

이것은 확실히 하버마스의 초기 작업의 특징인 일부 획일적으로 과
잉된 측면에 중요한 대안을 제공한다. 그러나 톰슨의 설명은, 한편으로
매개된 준상호작용이 가진 양가적 **잠재성**과 다른 한편으로 권력자가
성공에 동반되는 위험을 줄이기 위해 힘을 실질적으로 행사하는 방식
사이의 차이를 분명하게 구분하지 못한다. 검열과 오보를 낳는 직간접
적 기제는 톰슨의 분석에서 별로 부각되지 않는다. 이를테면 많은 민주
주의자들은 1991년 걸프전 때의 톰슨의 제언에 대해 격렬하게 반대했

recorder(PVR), Digital video recorder(DVR) 등은 이의 일종이다. — 옮
긴이

* 교묘한 반대 사례는 기업이나 정치 정당이 '직접 메일'의 테크닉을 구사할 수
있게 해 주는 세련되게 발전한 지금의 데이터베이스일 것이다. 가구 수들을
마케팅의 범주로 분류하는 것은 정당에게 맞춤식 인쇄물을 제작할 수 있게
해 주고, 미디어 상징을 무차별로 확산시킬 때 나타날 수 있는 위험을 줄여
준다.

다. 당시 톰슨은 걸프전이 "정치권력이 행사되는 곳이 갈수록 개방되고 글로벌한 감시가 이루어진다는 점"[260]을 예증한다고 했다. 많은 사람들의 눈에 걸프전은 지금까지 본 가운데서 서구 미디어가 가장 냉소적이면서 대규모 조작을 할 수 있는 기회(이어지는 '다음 회의 뉴스'만이 오직 경쟁자다)였다. 이는 "(같은 가시성이라도) 어떤 **종류**의 가시성이냐"[261]라는 질문을 제기했다. 에드워드 사이드Edward Said는 일부 증거를 제시하면서 걸프전을 "역사상 가장 잘 **보도되고** 가장 덜 **알려진** 전쟁"[262]이라고 기술했다. 걸프전 이후 전쟁 동안에 있었던 오보에 대한 폭로가 조금씩 유출되면서 그리고 쌍둥이 빌딩 사태로부터 2년이 지난 후 개봉된 마이클 무어Michael Moore의 〈화씨 9/11 *Fahrenheit 9/11*〉을 보고 나서야 비로소 사람들은 지배적인 해석의 틀이 뒤집히기는 어렵더라도 **고착되지는 못하게** 했던 광범위한 대안 헤게모니 **투쟁**을 상기했다.

　　미디어가 **어떻게** 공적 담론을 구성하는가 — 그들이 제대로 보도하는지 못 하는지, 그들이 사건을 잘 맥락화하는 건지, 그들이 실질적인 이슈에 주목하는지 아니면 PR이나 퍼스낼리티 정치에 매몰되는지 — 는 정치 체계 전반에 관한 상당히 넓은 문제와 연관되며, 내가 생각하기에 톰슨의 테제에 두 번째 문제를 제기한다. 이는 '위험'에 대해 그가 가진 다소 모호한 개념으로부터 나온다. 매개된 준상호작용이 가시화된 공적 인물에 어떤 위험을 끼칠 수 있다는 점은 부정할 수 없는 것이다. 확실하지 않은 것은 이 점이 과연 공중에게 권력 관계와 의사 결정 과정의 책임을 물을 수 있는 더 큰 통제 방법을 부여하느냐 여부다. 하버마스의 재봉건화 테제가 그의 비판자보다 더 가치 있을 수 있는 이유는 《공론장의 구조 변동》에서 하버마스가 톰슨이 주장하는 대로 단지 "상대적으로 정치의 피상적 측면, 말하자면, 이미지의 문화화cultivation와

쇼 같은 보여 주기에 대한 집착"[263]뿐만 아니라 후기 근대에서 통제받지 않는 행정적·기업적 논리를 통해 그리고 민주적 숙의를 해야 하는 공식적 영역의 무력화를 통해 시민 사회 내 숙의의 독립적 공간의 발전을 방해하는 동학에도 관심을 기울였기 때문이다. 톰슨이 언급하는 '위험'은 하버마스가 강조한 사회적 권력 구조의 취약성보다는 종종 개별적인 공적 인물의 불안정한 경력과 더 깊은 연관이 있다.

그러나 이런 모호성의 그 어느 것도 톰슨의 중심 테제가 지닌 가치를 손상시키지는 않는다. 말하자면 대규모 의사 결정 과정이 문제가 되는 곳에서 민주적 시민권은 매개된 가시성(반드시 중심화된 것은 **아니다**)의 거대 네트워크를 전제한다. 글로벌화의 최근의 양식은 그런 주장을 강화한다. 사회 경제적·문화적 연계성이 국민 국가의 한도를 넘어 뻗어가고 있지만, 민주주의자들은 점점 더 글로벌화되는 권력 관계를 책임질 수 있게 하는 새로운 제도(미디어 제도를 포함해)를 구상해야 하는 벅찬 일에 직면해있다. 만약 민주적 미디어 체제(BBC가 실례가 되는 공영 방송의 모델)가 갈수록 주권이 위협받고 있는 **일국가적** 정치 영역에 계속 뿌리를 둘 수밖에 없다면, 과연 시민에게 진정한 권리를 부여할 수 있겠는가? 국가적 정치 영역의 중요성이 지속되고, 민족주의와 보호주의의 르네상스가 도래하며, 언어적 경계와 국가의 영토적 경계가 대부분(보편적인 것은 아니라 하더라도) 일치되는 여전한 조건 — 미디어 정책 논쟁에서 명백하면서도 결정적인 — 에서는 국민 국가에 대한 압력이 좀 커진 점을 국민 국가의 **종말**과 혼동해서는 안 된다.[264] 그러나 시민들이 오늘날 만나는 문제와 이슈 — 예를 들면, 복잡한 글로벌 불평등, 환경 이슈들, 무기 산업, 테러리스트나 인권운동가의 네트워크 등 — 는 일국가적 영역(그래도 여기에서는 공적 숙의나 정책 형성은 된다)에 국한될 수 없다. 급진적 민주주의자들에게 이 점이 미디어 정책 논쟁에 가져오는 복잡성은 매우 심각하다. 어떤 차원으로 민주주의적 미디어 체제는 구성되어야만 할 것인가? 그들은 어떻게 재원을 조달받고 법적으로 보호될 것인가? 어떻게 재원 기관과 미디어 체제는 스스로 책무를 다할 것인가? 어떻게 언어적·문화적 장벽은 해결할 것인가? 어떻게 미디어 체제는 글로벌한 경제적, 문화적 그리고 정치적 양식 사이의 불일치를 다룰 것인가?

그러나 니콜라스 간햄에게 민주주의적 상상의 열망은 이런 어려운 복잡성 가운데서조차 다음처럼 명료하게 표현되어야만 한다. 설사 유토피아적인 것이라 하더라도 말이다.

> 간단히 말해 문제는 경제적 또는 정치적 결정의 영향이 미치는 사회적 공간에 어울리는 규모의 미디어 체제와 이에 맞는 민주적 책무성의 체계를 구성하는 것이다. 결정의 영향이 보편적이라면 정치·미디어 체제도 보편적이어야만 한다. 이런 의미에서 자율의 공론장들이 여러 개 있는 것만으로는 충분치 않다. 반드시 하나의 공론장이 필요하다. 설사 우리가 이 공론장을 일련의 부수적 공론장들로 이루어지는 것으로 구상하고 싶어 한다 할지라도, 그리고 각각의 공론장이 자신의 특유한 권력 구조와 미디어 체제, 그리고 규범과 이익을 갖는다 해도 그렇다. 그래서 공론장 내의 토론이 논쟁으로 갈라지고, 많은 경우 합의보다는 불일치하는(데 일치하는) 방향으로 설사 가게 될 것으로 보인다 해도 토론을 행동으로 바꾸어야 하는 문제는 여전히 피할 수 없을 것이다.[265]

그러나 글로벌화의 맥락에서 간햄의 글로벌 공론장의 전망은 나쁜 보편주의의 위험, 말하자면 공적 담론의 다양화를 지향하기보다는 본질로서 보편적인 것을 받아들이는 위험을 안게 된다. 그것은 물론 더 큰 정치적·문화적 자율성을 원하는 갈수록 증가하는 목소리들을 포함해 글로벌화가 낳는 불균등하면서 엔트로피적인 결과를 등한히 하는 것이다.[266] 미디어 영역을 시민에 권력을 부여하는 문제와 연관시키려 하는 급진적 민주주의의 틀이라면, 여러 경험이나 정체성, 불평등과 차이가 다양하고, 비정규적이며, 상대적으로 열려 있는 방식으로 접합되어 있는 특정한 미시적 공론장들과 다양한 담론, 문화적 규범들이 공통적인 커뮤니케이션 공간 속에서 서로 만날 수 있는 보편적인 채널들의 역할을 같이 구상할 필요가 있을 것이다.

톰슨의 관점의 핵심적 전제는 다음과 같이 요약될 수 있다.

사회생활은 특정한 방식으로 구조화되어 있는 사회적 맥락 안에서 목적과 대상을 추구하는 여러 개인들로 구성되어 있다. 개인들은 자신의 목적을 위해 가용한 자원들을 끌어 모은다. 이 자원들은 그들이 목적과 이익을 효과적으로 그리고 어느 정도의 힘을 가지고 추구할 수 있게 해 주는 수단이다.[267]

그러나 그러한 목적과 대상이 현실적으로 발전하는 **맥락**은 어찌되는가? 만약 우리가 개인이 진공 상태가 아니라 정체성이나 열망이 생성되는 상징적 네트워크 속에 존재한다는 점을 받아들인다면, 어떻게 우리는 여러 상징적 맥락들을 비판적으로 식별할 수 있겠는가? 시민들은 이제 단순히 목적과 이익이 상대적으로 폐쇄적인 사적 영역 안에서 해소되어 버리거나 공적 영역에 참여하기도 전에 이미 고정된 입장을 가진 전략적으로 동기화된 개인, 곧 기회주의자로 치부되어 버리고 말 것인가? 의견이 형성되는 과정은 대중 미디어가 준상호작용을 원활하게 하고, 부재한 타자와 **상상된** 유대를 맺는 단지 그 정도에서만 **공적**인가? 또는 반대로 '담론의 시험'이 시행되는 더 많은 공적 대화의 공간을 통해 공적 인물이 아닌 일반 시민의 가치가 상승될 수 있을 것인가? 다른 말로 한다면, 이 시험 속에서 공적 담론은 편안한(그래서 위험한!) 합의로 결코 쉽게 고착되지 않는다 하더라도 사적으로(또는 '준-공적으로'!) 생성되는 의견, 감정 또는 욕망의 단순한 집적물이 아닌 다른 것을 구성할 수 있다. 이것들은 하버마스의 비판 이론이 톰슨에 의해 그려진 다소 환원주의적이고 궁극적으로 공리주의적 틀과는 상반되게 추구하는 문제다.

점증하는 **공적 갈등의 탈도덕화**de-moralization를 둘러싼 투쟁은 지금 큰 변화 속에 있다. 이것은 더 이상 사회와 정치의 기술 관료적 개념의 징후 아래에서는 발생하지 않는다. 거기에서 사회는 이제 너무 복잡해져 덮어 버린 책처럼 이해하기 어렵게 되어 버렸다. 단지 체계를 향한 기회주의적 행동만이 사람의 태도를 알아보는 방법이 되었다. 그러나 발전된 사회가 직면한 대규모의 문제는 규범의 필요에 입각해 민감하게 이슈를 인식하거나 공적 토론을 통해 이슈에 도덕적 고려를 재도입하지 않고서는 거의 해결되기 어렵다. …… 이 문제들은 오직 도덕적으로 주제를 다시 생각해 보고, 아직 힘이 남아 있는 자유주의 정치 문화의 형식으로 그리고 어느 정도는 담론적인 방식으로 이익을 보편화함으로써 해결에 도달할 수 있다. …… 그것은 내 이익이 다른 사람의 것과 반드시 엮여 있다는 원칙을 지각하는 것이다. 도덕적 또는 윤리적 관점은 한 개인의 운명이 다른 모든 이와 결부되어 있다는, 우리에게 더 넓지만 **그렇게 강하지는 않아 동시에 더 깨지기 쉬운** 유대를 빠르게 감지하게 해 준다. 가장 이질적인 인간조차 한 공동체의 구성원으로 만드는 정도

에 이르기까지.[268]

이런 주장에 따르면, 큰 규모의 문제조차 다양화된 **담론** 양식에 기반을 둔 아래로부터의 방식으로 '재도덕화'될 수 있어야 한다. 장소에 근거한 지역주의가 필연적으로 지역 이기주의parochialism와 분리주의를 낳는다고 하면서 반대하는 주장은 내가 이전 장에서 지적한 바대로 여기에서는 그리 큰 타당성을 지니지 않는다. 생활 세계는 물론 항상 시간, 그리고 물리적, 사회적, (우리가 반드시 더해야 하는) **매개된** 공간에 뿌리를 둔다. 그러나 갈수록 불안정해지는 지평의 맥락(미디어 기술이나 여행 등을 통해 형성되는 맥락)에서 볼 때 장소주의와 지역 이기주의 사이의 **본질적**인 연계는 사라지고 있다.

지역 이기주의는 생활 세계와 체계, 둘 모두의 동학에 의해 조장될 수 있다. 맥락의 다양성과 지리적 장소들 사이의 문화적 이질성 그리고 미디어 상징의 수용에서 생활이나 노동, 여행 등으로부터 나오는, 근대 생활 세계의 점증하는 다공성porosity에 참여자들은 적극적으로 저항한다. 상징과 문화적 형식의 증가하는 글로벌한 이동성은 단지 탈영토화된 국제도시의 다양성과 유동성을 높이는 **기회**로서가 아니라 자주 정체성과 문화적 유산의 서사적 응집성에 **위협**으로 나타난다. 체계의 요인들은 문화적 보호주의 정책의 이유로 그런 현상을 공통적으로 열거한다(물론 토착 문화를 위한 모든 국가적 지원과 보호가 현실적으로 지역 이기주의를 권장하거나 권장을 목표한다는 것은 아니다). 교육이나 문화 산업에서 정부 또는 상업적 재원을 지원받는 '민족의 건설nation building'(문화유산, 애국주의, 외국인 혐오증 등을 강조한다), 사회적으로 분리를 조장하는 도시 계획('외부인 출입 제한 주택지'는 이 경우에 자주 쓰이는 비유다), 더 많은 소비자 선택이나 '맞춤 생산의' 미디어 문화 상품을 권장하는 경제적·기술적 발전의 의도하지 않은 결과 또한 마찬가지다. 확실한 것은 근본주의나 민족-국가주의, 분리 지역주의로의 퇴행은 지금의 글로벌화의 결과로서 단순히 이전 시대의 부패한 유산만이 아니라는 점이다. 그러나 글로벌화가 문화적·담론적 경계의 개방보다 그러한 보호적 대응을 유발시키는 정도는 이론적 문제라기보다는 경험적 문제다. 우리는 쉽게 글로벌화의 양쪽, 원심적·구심적 결과의 수많은 사례들을 모두 제시할 수 있다. 그리고 그렇게 많은 집단과 공동체가 갈수록 열심히(그리고 폭력적으로) 그들의 상징적 그리고 물리적 경계를 지키기 위해 노력하는 것은 공간 재조직의 필연적 결과다. 이는 동질적이기보다는 이질적인 것이 교차하는 생활 세계에서 살아가는 참여자들 사이에 지역화된 비판적 담론의 **잠재성**이 계속해서 성장한 결과이기도 하다.

커뮤니케이션 미디어는 문화와 문화 사이의 경계를 불안정하게 하고, 지역화된 담론과 지역 이기주의 사이의 **본질적** 연계를 약화시키는데 결정적이다. 그러나 그렇게 함으로써 대규모 미디어는 그들 자신의 한계 또한 잘 보여 준다. 민족적 차원에서 상정된 국가성처럼 상상된 유대에서 나오는 배제주의이든, '인본성'이나 '국제도시' 또는 '글로벌 책임' 윤리처럼 아예 **이념** 자체를 보편화시키는 — '그것은 모두에게 똑같이 적용된다' — 자민족중심주의이든(그리고 이념의 공허한 추상화이든), 이들이 어떻게 심각하게 도전받거나 불안정해질 수 있는가를 알아보기는 어렵기 때문에 시민들은 '타자'와의 '상상된' 만남을 위해서는 오직 대규모 미디어에 의존할 수밖에 없고, 동질적이고 사사화된 생활 세계의 한계 내에서만 그런 미디어 상징들을 '담론적으로 정교화'할 수 있는 것이다.

《공론장의 구조 변동》 이래로 하버마스는 커뮤니케이션 미디어의 본질이나 민주적 역할에 대해서는 악명 높을 정도로 모호하고 말이 없었던데 비해 크레이그 캘훈은 하버마스의 체계-생활 세계의 틀 안에서 그 점에 알맞은 자리를 찾아 주고자 하는 수정안을 제시했다. 그의 테제는 대규모 커뮤니케이션 미디어가 시민들의 공유된 해석틀(고정관념을 포함해)을 확립시키는 데 중대한 역할을 한다는 점이다. 미디어는 정보를 응축하거나 선별하면서 시민들에게 공동체에 대한 일정 수준의 접근권을 부여하고, 대의제 민주주의의 체계 내에서이지만 정보에 입각한 선택을 할 수 있게 해 준다. 이런 미디어가 없었다면, 시민들은 단지 추상적 체계를 통해서만 공동체와 연결될 수밖에 없었을 것이다. 캘훈은 사회의 복잡성의 문제를 무시하고, 생활 세계의 반경terms 내에서 체계를 취급함으로써 참여적 민주주의의 구조적 한계를 소홀히 했던 공동체적 사고의 한계를 공들여 지적했다. "이것이야말로 오늘날 대부분의 지역주의·대중주의 정치가 지닌 근본적 오해다."[269]

그러나 캘훈이 불가능을 극복하기 위해 했던 노력은 충분히 의미가 있다. 말하자면, 캘훈은 대중 미디어를 체계-생활 세계 모델 내에 넣어서 그것을 두 개의 분리된 영역 사이를 연결하는 일종의 중립적 다리로 활용하자는 것이다. 그러나 내가 생각하기에 이런 접근이 지니는 문제는 많다. 그는 단지 체계적 또는 '대규모' 사회 통합과 관련해서만 커뮤니케이션 미디어를 다루었기 때문에 매일매일의 살아 있는 경험에서 미디어가 하는 역할이나 글로벌이 지역의 일부가 **되는** 방식에 대해서는 잘 알지 못했다. 대규모 미디어는 근대의 생활 세계의 '뿌리 상실uprooting'이나 분화에서 유효한 역할을 했다. 물론 이 자리에서 미디어의 수용과 효과에 대한 방대한 문헌에 관여할 수는 없다.[270] 연구들이 수용의 양식과 맥락, 필요의 정형화된 형태, 수용의 맥락으로 들어온 배경의 경험이나 기대, 그리고 **매일의 생활**에서 미디어 산물이 문화적·담론적 해석의 틀로 '이용'되는 매우 다양하고 복잡한 방식을 보여 준다는 점 정도로도 충분하다. 이러한 지역-글로벌의 상호작용을 등한히 하는 것은 부지불식간에 공동체주의적 사고에 특징적인 '공동체'의 정적이면서 문화적으로 세분된 개념을 강화하는 것이다. 그런 설명은 보수적과 진보적 지역주의 사이를 구분하는 데 어떤 도구도 제공하지 못하며, 심각하게는 대규모의 커뮤니케이션 미디어가 지역화된 생활 세계를 동요시키거나 재편성하고, 문화적 경계를 불안정하게 만들며, 지리적으로 묶여 있는 공동체의 내적 응집성을 약화시키는 데 수행하는 역할을 무시하는 것이다. 미디어 상징들이 지역적인 담론과 숙의의 장에서 활용되는 방식이 대체로 모호하고, 우리에게는 문제가 되는 개념적 이분법(문화적 공동체에 '내적인 것'과 '외적인 것' 사이에서)과 환원적 정치 이분법(순수하게 지역적 이슈에 관계된 지역주의와 대규모 문제를 다루기 위해 만들어진 순수하게 대의적이고 대중 매개적인 정치 체제)도 그대로 남겨진다. 지역화된 담론이 대의적 정치 구조에 반영되는, 경직되지 않게 구상된 '밑으로부터의' 정치 문화는 실종되었다. 우리가 대규모 커뮤니케이션 미디어, 그리고 동시에 '체계'**와** '생활 세계'로부터(단지 체계와 생활 세계 **사이에서**가 아닌) 얻어 내야 할 필요가 있는 비판적 가치가 그런 것처럼 말이다.

그럼에도 불구하고 분명한 것은 우리가 아무리 민주적 상상을 하더라도 대규모의 전문화된 미디어를 소크라테스식 이상에 어울리지 않는다는 이유로 악마시할 필요는 없다는 점이다. 이 이상은 하버마스의 사고에서도 핵심적인 덕목이 되는 것처럼 보이지만, 정작 하버마스 자신은 그렇게 명확하게 주장한 것도 아니고, 그렇다고 크게 반대하지도 않았다. 필요한 것은 미디어 영역의 문화적 프레임 분석이나 정치경제학 등의 비판적 접근이고, 미디어 네트워크들의 다양성과 포용성이다. 그리고 한편으로는 점점 복잡해지는 세계를 알게 해 주고, 공공적 개입에 대해 수용적이며, 새롭고 낯선 시선에 대해 열려 있는 미디어를 바라는 우리의 현실적 열망과 다른 한편으로는 '현실적으로 존재하는' 매개화 사이를 지배하는 괴리에 대한 해명이다.

비트로 된 공론장?

사람들은 하버마스가 이메일을 하지 않을 것이며, 철학적 주제를 가진 채팅방에 로그온하거나 좋아하는 블로그들을 두루 검색하기 위해 그가 자주 가는 그리스 레스토랑에서 친구나 학생들과 모여 정기적으로 갖는 심야의 토론을 쉽게 중단하지는 않을 것으로 생각한다. 그의 온라인 세계에 대한 혐오감은 최근 언급에서 인터넷을 '글로벌 빌리지'[271]의 속편쯤으로 무시하는 데서도 충분히 엿볼 수 있다. 이 글로벌 빌리지는 글로벌 공론장과는 거리가 멀고, 오히려 공적 생활이 파편화되는 것을 부추기며, 문화적 소수자들의 확산을 조장하는 것에 불과하다. 우리가 비합리적 러드주의Luddism*로 보아 큰 비중을 두지 않는다 하더라도 그의 회의주의를 **전적으로** 전도된 것으로 볼 수는 없다. 1990년대 '디지털 혁명'의 과장된 담론(고맙게도 그때 이래로 기각은 되었지만, 다른 냉철한 평가로 대체되지는 않았다)은 적어도 두 가지 지배적 수사에 의해 뒷받침되었다. 하나

---

*   기계가 일자리를 빼앗아 우리를 실직시켰으므로 공장을 파괴해야 한다는 과격한 노동운동주의. ― 옮긴이

가 다른 하나를 지배하지만, 종종 그들은 마치 하나였던 것처럼 자주 결합한다. 이 가운데 하나는 신자유주의의 수사다. 주체적 소비자가 결국 미디어 영역에서 승리할 것이라는 주장이다. 왜냐하면 미디어 영역이 소비자의 갖은 변덕을 충족시키면서 아날로그 대중 미디어의 억압적이고 '멍청한 터미널'을 벗어나, 희소성보다는 풍요와 '지능적 네트워크'가 특징인 형태로 변모되었기 때문이다. 다른 지배적 수사 장치는 하버마스의 심금을 확실하게 울릴 수 있는 가치에의 호소, 급진화된 시민권(또는 '네티즌권')의 약속과 더 참여적인 민주주의다. 두 가지 수사는 가장 유명하게 파격적funky이지만 박식한 잡지인 〈와이어드Wired〉의 기사들,* 그리고 딱딱하고 오래된 권력의 통로**에서 서로 융합한다.

---

* 예를 들어 다음과 같은 〈와이어드〉의 편집자가 술회한 내부적 회의주의와 '성찰적 공시성'(1장을 보라)의 전적으로 하버마스적인 미덕을 생각해 보라. "우리는 위대한 혁명의 가운데에 살고 있는가, 아니면 그저 자문자답이나 하고 마는 또 다른 거만한 엘리트 가운데 하나일 뿐인가? 우리는 강력한 새로운 종류의 공동체인가? 아니면 단지 기계에 혹한 대중의 일부에 지나지 않는가? 우리는 목표와 이상을 공유하는가? 아니면 미국의 포식적인 기업들이 착취하는 또 다른 뜨거운 시장일 뿐인가? …… 우리는 새로운 종류의 정치를 할 수 있는가? 우리는 강력한 기술을 가진 더 시민적인 사회를 구성할 수 있는 우리는 인간들 사이에서 자유의 진화를 확대할 수 있는가? 아니면 우리는 그저 크고 컴퓨터 통신망으로 연결된, 디지털 바람 속으로 배설되어 버리는 왁자지껄한 소음에 불과한가?" J. Katz, "Birth of a digital nation," Wired, vol. 5. 04, 1996.

** "새로운 서비스와 기술이 소비자와 시민에게 힘을 실어 주고 있다"고 주장하면서도 정작 소비자와 시민의 차이가 무엇인지를 설명하지 않았던 유럽의회의 정책 문서는 그러한 편리한 수사법적 생략의 전형적인 사례가 될 것이다. European Commission, Convergence Green Paper: Working document, 〈http://www.ispo.cec.be/convergencegp/gpworkdoc.html〉 (1998).

아마도 이 수사의 영역에서 가장 널리 퍼진 핵심적 개념은 '상호작용성'일 것이다. 디지털 기술의 요점은 상호성을 가진다는 점이다. 말하자면 그들은 우리에게 다시 메시지를 돌려달라고 한다. 하버마스적 공론장론의 옹호자들에게 대중·일방향 커뮤니케이션 흐름의 시대가 종국적으로 퇴조하고 있다고 듣는 것보다 더 좋은 뉴스란 무엇일까? 하워드 라인골드Howard Rheingold는 '전자적 **아고라**'의 등장을 선언했다.[272] 전화가 원격에서 일대일 대화를 가능하게 했고, 대중 미디어가 독점적인 소수 대 다수의 '방송' 모델을 가동시켰다면, 새로운 디지털 네트워크는 아날로그 기술의 한계와 반민주주의적 함의를 극복하려 한다. 디지털 마니아들이 천명했던 것은 송신자와 수신자의 역할이 구분되지 않는, 제한이 없는 광대역의 도입이다. 광대역에서 우리는 수평적(시민-시민), 그리고 수직적(시민-제도)인 축 모두를 따라 이전에는 없었던 자유를 가지고 커뮤니케이션을 할 수 있다. 이는 아마도 대화의 르네상스요, 시민들이 권력자나 서로에 대해 말하고 토론하고 담론적으로 검증하는 방법을 (재)발견하는 '전자적 커피하우스'[273]의 발명이다. 엘리트주의적이거나 자기도취의 미디어 산업은 그들의 권위와 전문성의 아우라를 유지하기 위해 싸워야만 할 것이며, 결국은 지식과 문화, 공적 의제의 게이트키퍼로서는 권력을 잃어버릴 것이다. 한때 봉건 권력에 대항해 혁명적 에너지를 분출시켰던 제도는, 지금은 역할이 바뀌어 디지털 '제5부'에 의해 지위를 박탈당한 20세기의 봉토로 전락하고 있다. 평범한 시민이 수동적 수용자가 아닌 참여자가 되고, 단지 개인용 컴퓨터 비용이나 네트워크 접속을 위한 약간의 요금 정도만 지불할 수 있다면, 매개된 커뮤니케이션이 상업적인 엄명으로부터 벗어날 수 있다면, 인터넷에 기반을 둔 수많은 리스트서버나 블로그 네트워크, 토론 포럼 등은 상업적 이득이나 정치적 영향력을 벗어나 순수하게 토론 자체에 전념할 수 있다.

이것은 1990년대 디지털주의자들이 농담조로 가볍게 말한 캐리커처의 단지 일부일 뿐이다. 나는 확실히 뉘앙스나 주의 사항 같은 것은 일부 누락시켰다. 그러나 제목은 똑같다. 새로운 디지털 미디어가 가진 급진적 잠재성에 대한 낙관론은 또한 기득권의 네트워크나 기술의 열광적인 지지자들을 넘어 비판적 커뮤니케이션 이론의 담론에까지 확산되었다. 예를 들어, 프랑크푸르트학파의 영원한 비관주의자들에 의해 강력하게 영향 받은 더글러스 켈너Douglas Kellner는 활기찬 공론장에 어울리는 컴퓨터의 '민주적 기술'과 전통적인 방송 미디어의 '수동성' 사이를 구분해야만 한다고 생각한다.[274] 마크 포스터Mark Poster는 탈구조주의적 틀로 디지털 영역의 독특한 공간, 관계, 실천, 관습 등이 제공한 새로운 양식의 '주체 구성'을 분석하는 데 관심을 가져 '더 나은' 커뮤니케이션에 대한 인본주의적 집착을 버렸다.[275] 그 역시 디지털 미디어를 통한 하이퍼텍스트와 공간적 내비게이션이 전통적인 출처sources로부터 정전적 힘의 권위를 박탈하고, 시민이 스스로 개척하는 길에 이들 출처가 개입·지시하는 권력 또한 디지털화가 약화시킨다는 점 때문에 바뀌었다.[276]

물론 '상호작용성'이란 말은 사실 많은 죄를 숨긴다.[277] 지배 모델은 하버마스식 카페가 아니라 — 물론 웹로그 문화의 현상적 성장으로 적어도 계속 존재는 하는 데도 불구하고 — 오히려 디지털 하이퍼시장이다. 풍성해지는 메뉴, 맞춤식 정보와 엔터테인먼트 서비스, 그리고 '맞춤식 채널'의 부상으로 볼 때, 이미 아날로그 방송에 의해 만들어진 채널 서핑의 '자유들'은 적어도 외형에서는 퇴보하기보다 확장되는 것으로 보인다. 디지털 커뮤니케이션 네트워크는 업로드보다는 다운로드에 더 많은 능력을 부여하면서 점점 더 비대칭적인 것이 되어간다. 이 기술-문화적 환유는 디지털화의 이른바 평등하게 하는 효과와는 상당히 상반된다. 우리는 디지털 문화가 가진 무정부적 동학이 복원되는 진행형적인 힘도 본다. 디지털 미디어가 융성하면서, 기업적이고 방법론적 측면에서 불투명한opaque* 정보 가이드들(검색 엔진, 포털, 개인적 이력에 맞추어진 '스마트' 광고, 상업적으로 재원을 모으고 세심하게 통제되는 온라인 공동체, 그리고 이용자 친화적인 인터페이스들)이 따라온다. 이 가이드들은 엄청나게 많은 문화적·사회적 쓰레기들로 혼란스러워진 소비자-시민을 이른바 '콘텐츠'[상품적 성격의 — 옮긴이]나 같은 생각을 가진 타자들과 '공동체'가 되는 약속된 땅으로 안내하는 역할을 한다.

물론, 디지털 미디어 영역에서 정보 과잉의 문제는 총체적으로 파악하기는 정말 불가능한 지금의 모호하고 복잡한 사회의 필연적 결과이다. 이전 장의 요점을 반복하면, 민주적 상상이 실현되기 위한 핵심적 작업은 어떻게 하면 우리가 의존하는 매개화의 전문가 체계가 — 상호작용적이고 대화적인 미디어의 맥락에서조차 — 더 책임 있고, 다양하며, 단지 초월적이지 않게 될 수 있느냐이다. 협업적·대안적·풀뿌리 뉴스 생산의 인디미디어(Indymedia.org) 네트워크는 기업적 논리에 의해 적어도 겉으로는 구속되지 않은 좋은 사례가 된다. 이것은 정확하게 하나의 산업적 실험이기도 하다. 한편으로는 기존 이데올로기의 틀과 CNN이나 BBC의 온라인 같은 지배적 공급자들의 방법과 조직 구조 모두에 도전하면서, 다른 한편으로는 아직은 많은 시민이 계몽과 통찰력을 발휘해

---

*   속 내용이나 논리를 잘 알 수 없다는 뜻이다. — 옮긴이

주길 기대하는 주류적 대안들 — 곧, **체계** — 의 특징을 가진 편집과 조직적 실천, 약호나 관습을 내외적으로 면밀하게 감시하는 것이다.

디지털 시대에 대한 두 번째 핵심 개념은 '융합'이다. 텔레커뮤니케이션과 컴퓨터, 문화 산업이 이진법 디지털 약호의 보편적 언어로 서로 연계해 정보, 엔터테인먼트 그리고 커뮤니케이션의 완벽한 웹으로 합병된다는 약속의 전망이다. 그러나 많은 기술적·경제적 장벽들 때문에 매끄러운 융합의 꿈(그리고 일부에게는 악몽)은 아직은 '베이퍼웨어vapourware'*의 영역 속에 있다. 그러나 우리는 디지털 기술의 등장과 더불어 문화 산업에 의해 추구되는 하이퍼링크의 시너지 효과에서부터 뉴스 사이트와 토론 포럼 등의 주제가 있는 다른 유형들threads에 이르기까지 미디어 영역의 미증유의 네트워크화를 목도하고 있다. 이에 대해 댄 실러Dan Schiller는 어떻게 디지털 미디어 영역을 소비문화의 최근 성취로 간주할 수 있는지를 잘 보여 주었다. 소비문화는 항상 시민들을 더 많이, 더 좋은 것이 있다는 지식(근심도 유발한다)으로 동기화시켜 끊임없이 상품화 네트워크를 따르도록 유도하는 '하이퍼링크로 연결'되어 있다.[278] 디지털 융합에 대한 이런 반유토피아적인 이해는 보드리야르적 악몽을 완전히 재현하는 것이다. 소비자-시민들은 자신에게 맞춰진 네트워크에 로그온하며, 귀에는 헤드폰이 끼워져 있거나 휴대폰이 붙어 있고, 눈은 '맞춤형 스크린'(기능은 정확하게 **스크린**에 있다)에서 훈련받는, 균열되었지만 자기 충족적인 시뮬라크라의 융성 속에서 우리는 이제 더 이상 중력이라는 우리의 존재론적 중심이 있는 '실제 세계'에 개입할 필요성이 없어져

---

*　　　제품 발표는 되었지만 출하는 되지 않은 제품. — 옮긴이

버린다.[279]

이러한 암울한 전망에 분명한 대안은 인터넷을 활용해 이른바 '실제 세계'에 개입하고, 그럼으로써 획기적으로 평등주의적인 — 거의 공평무사하거나 갈등이 없는 — 상호작용을 펼치는 인상 깊은 시민들과 활동가들의 리스트를 줄줄 제시하는 것이다. 디지털 문화에 대한 담론에서 '상상'과 '현실' 사이의 차이는 낙관론보다는 비관론에서 특히 지나치게 과장되었다. 디지털 비관주의자들은 일부 '실제 세계'의 사례를 알기 위해서라도 온라인에 약간의 시간을 더 투자해 보는 것이 현명할 것이다! 그러나 일방향적 진단의 시선을 더 균형 잡힌 것으로 만드는 모범적 선택을 하기보다는, 나는 여기에서 약간 방향을 전환해서 디지털 미디어 영역의 갈수록 증가하는 편재성, 연계성, 그리고 자기 준거적 특성이 현실적으로 하버마스적 공론장에 대한 우리의 이해에 생산적인 것이 될 수 있을지 아닐지의 문제를 제기하고 싶다. 정말로, 나는 이런 함의를 지닌 디지털화의 위험성에 대해 비판적 시선을 유지하는 한편, 디지털화가 공론장의 변모 과정에서 잠재적으로 긍정적인 계기로 작용한다고 볼 수 있을까에 대해 두 가지의 핵심적 대안이 있다는 점을 제시하고자 한다.

긍정성의 첫 번째 계기는 우리가 1장에서 논의한 것을 반추해 '성찰적 공시성'의 비판적 규범을 바로 제도에 적용시키는 것이다. 이 제도는 여러 다른 제도들과 권력자들, 그리고 적어도 미디어 제도의 관점에서 해야 하는 역할을 충족시켜 주는 것이다. 두 번째 계기는 첫 번째에서 발전된 것으로, 커뮤니케이션 기술이 하버마스적 정치 개념이 강조하는 바로 그 '단층선' — 예를 들어, 공적-사적 그리고 체계-생활 세계 — 을 둘러싼 투쟁에서 할 수 있는 점증하는 역할을 우리에게 깨닫도록 요구한다.

디지털 문화는 명확하게 원자화된 문화적 소수자들의 덩어리mass 가 **아니다**. 문화 산업은 소비자들의 특성을 파악하고 틈새를 파고드는 데 많은 자원을 투자한다. 우리는 또한 이익 집단이나 하위문화적 공동 체 그리고 팬덤 등이 종종 자기 폐쇄성이나 배제성을 보여 준다는 점도 잘 알고 있다. 물론 이것이 결코 이야기 전체는 아니다(그리고 나는 믿는다, 앞으로도 결코 아니다라고). 우선 디지털 시대에 특징적인, 정보의 수집과 틈 새를 파고드는 과정이 알고리즘을 통해 점점 더 자동화되어 간다는 점 이다. 이 알고리즘은 문화적 원자주의의 문제에 무관심하며, 문화 산업 에서 주류 시장 조사들이 소비자들에게 이전에 했던 방식대로 범주적 인 칸막이를 할당하는 식으로 구획 짓기보다는 갈수록 여러 차별적 행 렬에서의 교차점으로 소비자들을 부른다. 인터넷 쿠키나 아마존닷컴(또 는 TiVo)의 맞춤식 추천은 소비자들에게 다양한 형식의 반직관적counter-intuitive*인 문턱들을 넘나들게 허용해 준다. 그들은 정확하게 〈스타트 렉Star Trek〉과 축구, 도그미Dogme** 영화의 게이·극우적 팬들에게 서비 스한다. 이 점을 무비판적으로 찬양하는 것이 요점이 아니다. 왜냐하 면 메뉴가 그만큼 유연하기는 하지만, 맥 빠질 정도로 안일하고 공식적 이며 피상적이기도 하기 때문이다. 알고리즘적 감시 문화가 부상하면서 물화reification의 새로운 경지가 성취된 것이다. 그것은 이전에 나타났던 어떤 것보다 더 베버적이고, 체계화되어 있고, 비인격적이며 또 익명적

| * | 직관이나 감정, 상식만으로 결정한 것이 아니라는 뜻이다. ― 옮긴이 |
| ** | 덴마크의 아방가르드 영화 제작 집단. 모든 영화를 로케이션으로 핸드헬드 카메라를 사용해 촬영했다. ― 옮긴이 |

이다. 그러나 중요한 것은 그 스펙트럼 안의 기업화된 목적에서라도 디지털 문화가 예기치 않은 방향으로 나타날 수 있고, 결코 밀봉한 '영역 spherIcules'을 반드시 파열시키지는 않는다는 점을 확인하는 것이다. 문제는 더 복잡하고 모순적이다.

디지털 문화의 등장과 더불어 우리는 '실을 팽팽하게 잡아당기는'*(더 나은 표현을 원하지만 그냥 쓴다) 많은 문화적 형식들과 장르들의 등장을 목도한다. 피터 루넨펠드Peter Lunenfeld는 이를 디지털 미디어 영역에 깊게 스며든 "미완의 문화culture of unfinish"라고 말한다.[280] 이것은 어떻게 디지털 미디어의 텍스트가 거의 항상 '진행형의 작업'이 되는지를 파악하는 유용한 방법이다. 이것은 다양한 방식으로 나타난다. 단순하게 보아도 웹사이트, 블로그, 토론 포럼, 그리고 기타 디지털 텍스트들은, 아날로그 시대에는 거의 상상조차 불가능한 방식으로 끊임없이 재작업과 수정(단지 원 '저자'에만 의하지 않는다)이 이루어진다. 하이퍼텍스트 열광자들[281]은 디지털 미디어를 롤랑 바르트Roland Barthes[282]가 이미 부고를 쓴 '저자'라는 관에 박은 또 다른 못으로 본다. 그러나 이것은 불필요하게 환원적reductive이고, 민속지학적으로 볼 때는 동떨어진 정식화remote formulation**다. 디지털 미디어 영역은 시민들이 자기 의식적으로 '저자'

---

*　　　따로 의미가 정해져 있지 않다는 뜻이다. — 옮긴이

**　　 민속지학에서는 연구자와 연구 대상이 분리되지 않아야 하므로 그 사이가 '동떨어진' 것은 잘못된 연구 자세를 말한다. 이에 대해 저자는 다음과 같은 보충적 설명을 보내왔다. "'저자의 죽음'이라는 추상적 테제는 우리가 사람들이 온라인에서 무얼 하고 있는가를 실제 관찰할 때, 우리가 볼 수 있는 것과는 동떨어진remote 발상이다. 요는 우리가 실제 온라인의 사람을 볼 때, '저자'의 개념이 가진 중요성은 감소하기보다는 증가하고 있다." — 옮긴이

에 참여하는 기회를 증가시킨다. 그리고 디지털에는 타인은커녕 원래의 제작자에 의해서도 재작업이 되지 않거나 일정 시간 이후에야 그런 재작업이 의도된 텍스트들(DVDs나 시간 의존적인 시청각 미디어 등) 또한 많다. 디지털 문화는 저작권, 통제, 지적 재산권 그리고 텍스트의 경계에 대한 문화적 이해의 종말을 의미하는 것이 **아니다**. 그것들이 문제가 될 때에도 실제로 디지털 문화는 그들에 대한 관심을 높인다. 그러나 저자와 영원성의 개념을 체현하는 디지털 텍스트조차 자주 '미완의 문화'에 대해 말한다. 다른 텍스트들을 따라오게 하는 연계성이 있고, 그 텍스트로 실험할 수 있는 여러 길이 있으며, 실험을 통해 텍스트에 접근하는 다양한 환경과 플랫폼이 있고, 붙여지는posted 비평 등등이 있다. 우리 주장의 관점에서 볼 때, 가장 두드러진 사례는 온라인 뉴스 기사인데, 이 기사에는 인용된 정부의 보고서와 이후의 관련 기사들 그리고 그 주제에 대한 토론 포럼 — 이 포럼에는 다른 목적도 있고 더 많은 링크가 달려 있다 — 까지 링크되어 있다.

그러나 이 사례는 요점을 모호하게 할 수 있다. 왜냐하면 그것은 실제로 가장 흥미로운 만남('일차적'인 출처의 저널리즘 해석을 따라 그들에 접근하는 특권)에 의해 만들어지는 명백한 '커뮤니케이션의 투명성'은 정말 아니기 때문이다. 사실 우리는 디지털 문화가 우리에게 보장한다고 기만하는 투명성의 신화에 대해 깊게 회의할 필요가 있다. 오히려 가장 흥미로운 것은 '미완의 문화'가 보다 넓게 우리가 세계를 바라보는 방식의 잠정적, 부분적 그리고 탈중심적인 본성을 더 쉽게 받아들일 수 있도록 해주는 미래적 전망이다. 이와 유사하게, 인터넷의 링크 구조에서 증거는 거시적인 규모로는 상당히 높게 그저 순환될 뿐이라는 점, 더 일반적으로는 디지털 미디어 영역에도 담이 있는 정원과 유사한 곳이 많다는 점

등을 들어 이에 대응하는 것은 실제로 요점을 놓치는 것이다. 확장된 그리고 네트워크화된 미디어 영역이 우리의 통찰력의 한계를 드러내게 할 때, 우리는 우리를 사로잡았던 엄청나게 많은 정보에 체념적 운명론으로 대응하면서 근심과 불안을 느껴야 했고, …… **또는** 차이와 반대를 만날 때, 더 좋은 청자가 되려 하면서 우리 생각의 잠정적인 성격을 더 잘 존중하는 법을 배우게 되었다. 여기에서 적절하게 제기할 수 있는 또 다른 잠정적인 제안 하나는 디지털 문화가 '미완의 윤리'를 전면에 부각시킴으로써 담론의 윤리를 풍부하게 하는 데 기여할 수 있었다는 점이다. 현실의realistic 평가는 많은 디지털 예술가들과 행동가들을 고무시켰던, 디지털 '리좀'[283]이 무한하게 연속될 수 있다는 들뢰즈적Deleuzian 버전에 강하게 반대하고 있다. 그러나 문화적 비관주의자들이 디지털 미디어 영역이 단지 문화적 엔클로저enclosure*로 구성되어 있다고 주장하는 자리에서 디지털 문화의 모순에 대한 내적 비판자들은 **적어도** 그것이 촉진하는 만큼 엔클로저에 **대항해서도** 싸울 수 있는 **가능성**을 보여준다고 한다.

이 점은 《공론장의 구조 변동》의 하버마스적 '성찰적 공시성' 개념에서 가장 강하게 공명한다. 디지털 시대는 우리가 매개된 커뮤니케이션의 '왜곡'을 잘 알아보고, 현실의 객관적인(말하자면, 매개되지 않은) 버전을 찾아보는데 그렇게 적합하지 않다. 사실 디지털화는 매개화를 **다층화**한다. 정말로 제이 데이비드 볼터Jay Daivd Bolter와 리처드 그루신Richard Grushin[284]이 주장한 대로 우리는 항상 '재매개'와 관련해서만 새로운 커

---

* 　　영국의 엔클로저 운동에 빗대어 디지털 문화 영역을 사유지화하고 있는 최근의 경향을 지적한 말이다. — 옮긴이

뮤니케이션 기술과 미디어 형식을 이해할 수 있다. 더 '진정한' 커뮤니케이션의 양식을 주도하면서 새로운 미디어 형식은 이전 형식으로부터 현실을 조직하는 다양한 약호와 관습을 언제나 그렇듯이 빌려오고 다시 합친다. 그러나 우리는 '현실'을 비극적으로 상실하면서 단순히 매개화의 층을 여러 개로 늘리기보다 어떻게 하면 생산적으로 매개화 자체를 더 통찰력 있는 지향으로 바꿀 수 있을까를 고민한다. 이는 매개화의 불가피성은 인정하지만 하나의 형식의 매개화를 최종적인 결정으로 하는 것은 거부한다. 그것은 설사 '제2의 자연'을 방불케 한다 하더라도 공론장의 매개화는 항상 달라질 수 있다는 것을 인정하는 일종의 회의의 정신이다. 다층적 매개화는 우리가 매개화 담론의 편향성, 구성성과 미완의 성질을 한층 민감하게 인식하는 데 도움을 준다. 현실을 읽는 다양한 버전을 급진적으로 재구성해 주는, 출처를 다양한 준거로 읽는 것 cross-referencing은 물론 생산적일 수 있다. 지배적 틀을 공유하기는 하지만 색깔이나 강조점에서는 다른 여러 출처를 두루 왔다 갔다 하는 것은, 흑백 논리로 사물을 보는 그간의 우리의 당연시된 경향을 벗어나게 해 준다. 같은 양의 텍스트, 이미지 또는 사운드가 다른 출처들에 붙여지는 것을 볼 때에조차 — 디지털 문화는 레프 마노비치Lev Manovich[285]가 지적한 대로 증가 일로의 모듈식이다 — 우리는 매개화 담론이 주장하는 체계식 구성에 동조하게 된다. 이런 의미에서 가능하다면 우리는 성찰적 공시성을 미디어 같은 공론장의 **제도들**이 갖춰야 할 뿐만 아니라 시민인 우리 자신에 의해 좌우되어야 하는 무언가로 봄으로써 이 개념을 급진화시켜야 한다. 이는 온건하면서 잠정적인 주장이다. 디지털 문화는 확실히 성찰적 회의주의자뿐만 아니라 냉소주의자까지 만들었다. 그리고 심지어는 세계시민주의도 탈중심화된 것보다는 지배적인 것을 만들었다. 이는 다층성을 초월적 판옵티시즘panopticism*과 커뮤니케이션 투명성을 위한 것으로 잘못 생각한다. 그러나 이 주장은 우리가 단순히 정보 또는 역정보를 주거나, 파편화시키거나 통합하거나, 또는 주의를 집중·분산시키는 능력과 관련해서만이 아니라 시민권의 구성이나 시민 자신이 갖는 다양한 지향과 관련해 깊은 수준에서 공론장에 대한 우리의 이해를 분석·심화시키려 노력한다는 측면에서 진지하고 비판적으로 디지털 문화를 조사하고자 하는 것이다.

이 책 전체를 통한 우리와 하버마스적 공론장 정치의 만남은 일련의 사회학적·현상학적 단층선을 부각시킨다. 단층선은 예컨대 다음과 같은 것이다. 공적인 것과 사적인 것, 체계와 생활 세계, 전문가와 시민, 익명과 체현, 보편적인 것과 특수한 것, 도덕적인 것과 윤리적인 것, 글로벌과 지역적인 것, 친근함과 소원함, 현존과 부재, '일반화된 타자'와 '구체적인 타자' 등. 나는 본질주의적 이분법이 되는 것으로부터 이 단층선을 구해 내기 위해 노력했다. 그리고 나는 이것이 하버마스 자신이 가진 의도, 특히 그의 후기 작업의 정당한 반영이라고 생각한다. 어떤 다른 경우에도 나는 하버마스의 이론이 이런 단층선을 드러내 최근의 정치적·문화적·이론적 긴장과 투쟁의 중요한 장으로 부각시켜 주기를 희망한다.

새로운 미디어 영역과 공론장에 대한 대부분의 논의는 얼마나 잘 또는 반대로 얼마나 부족하게 인터넷이 구현하는 실천이 하버마스의 담론 윤리의 가치에 충실했는가에 초점을 맞추면서, 말하자면 인터넷을 하나의 공론장으로서 강조한다. 그러나 문제는 그런 질문이 등식의

---

*　　벤담의 판옵티콘(일망 감시 시설)에서 나온 말로 사회 전체를 감시하는 규범 사회의 특성을 말한다. — 옮긴이

단지 일부만 주목한다는 점이다. 그들은 공론장과 연관된 전반적인 사회-정치적 그리고 문화적 맥락을 너무 추상화시켜 다루는 경향이 있다. 좀 더 깊게, 그리고 단순히 텍스트로서가 아니라 맥락으로서, 건물이 아니라 기초로서, 파롤이 아니라 랑그로서 미디어 영역을 조사하고 심문하는 보완적 분석 방안을 제안하고 싶다. 나는 《공론장의 구조 변동》에서 하버마스 자신이 보여 준, '사사주의privatism'의 등장을 뒷받침하고 공론장의 의미·장소까지 급진적으로 재맥락화하는 도시(교외) 공간의 재구성, 변화하는 주거 공간 건축술, 문화 산업 및 다른 관련 유행 등에 관한 분석(문제가 있다 하더라도)으로부터 이런 시사점을 얻었다. 나는 텔레비전, 자동차, 도시 교외의 생활방식 등을 외부의 공적 세계에 대해 근본적으로 변화된 지향성과 밀접하게 연관시킨 레이먼드 윌리엄스 Raymond Williams의 '유동성의mobile 사사화'[286]로부터도 같은 시사점을 얻었다. 디지털 미디어 영역의 부상에 주목하면서도(이는 신도시주의*의 부상과는 반대 입장이다) 내 비평은 미디어 중심적 세계관을 위배할 수 있는 위험을 지닌다. 이것이 의도는 아니다. 나는 풍부한 분석이라면 공론장이 가진 일상적이고 맥락적인 측면에 비판적으로 관여함으로써 하버마스적 공론장의 이미지에서 그려진 다소 일차원적이고 공리주의적인 충동으로부터 미디어 영역을 구해 내야만 한다고 제안하는 것이다. 요컨대 여기에서 나의 의도는 과거적이기보다는 미래 지향적이다. 나는 단지 더 앞서가는 질문을 제기하기 위해 먼저 약간의 단편적인 설명만을 제

---

*   　미국에서 시작된 새로운 도시 계획 운동으로 무질서한 시가지 확산 등으로 빚어진 도시 문제를 공공 공간의 부활이나 보행자 위주의 도로 개편, 도심의 활성화 등을 통해 극복하자고 한다. ― 옮긴이

공할 뿐이다.

휴대폰은 공론장을 이용한 분석이 시도되지 않은 매우 일상적인 기술이자 문화적 형식임에 정확하게 맞는 것처럼 보인다. 휴대폰 네트워크는 활기찬 공적 토론의 목소리는 거의 반영치 않는다. 기술 자체에서는 휴대폰을 이용한 새로운 형태의 공적 담론의 발전을 상상하지 못하게 만드는 본질적인 것이 아무것도 없다고 하더라도 말이다. 최근 사회에서는 일상적 존재의 결에 짜 넣어진 무언가로서 휴대폰이 아마도 환유적으로 우리가 이 세계에서 살아가고 커뮤니케이션하는 방식에 대해 중요한 문제를 제기한다. 적어도 부분적으로는 '공적인 것'과 '사적인 것'이 문제화된 것과 밀접하게 연관된다. 휴대폰에 대한 직관적 읽기는 이전에는 없었던 사사주의의 부상과 공적 공간으로부터의 후퇴라는 논리적 틀과 관련해 주로 논의된다. 레이먼드 윌리엄스가 텔레비전의 등장에서 물리적 여행을 가지 않고도 '여러 곳을 다닐 수 있는' 것에 가치를 두는 문화가 생성되는 것을 보았다면, 휴대폰은 우리가 공적 공간에서 물리적으로 활동할 때조차도 사적 영역에 묶여 있는 것처럼 부분적으로는 '유동성의 사사화'의 정반대의 보강자다. 만약 대안의 공식alternative formulation으로 만든다면, 휴대폰 문화는 공적인 것과 사적인 것 사이의 차이가 얼마나 의미 없어졌나를 보여 주는 신호가 될 것이다. 이제 지금까지 사적으로 여겨졌던 사회관계는 갑자기 공적 공간이 되어 버린다. 반면 사적 영역의 '진실성'은 우리에게 전자 표식 장치 같은 휴대폰 '입기wear'를 강요하는 사회적 소통의 규범에 의해 깨어진다. 이제 우리는 휴대폰을 통해 언제나 바깥 세계에 접근한다. 그러나 휴대폰 문화의 모순이나 긴장에 대한 분석은 기껏 공적 공간에서 휴대폰을 사용하는 '에티켓'을 둘러싼 논쟁에서 의미를 찾아내려 하거나, 휴대폰을 관행적으로 이용할 때 문화 간, 젠더 간, 세대 간에 나타나는 변이가 어떻게 전반적인 사회적·문화적 맥락에 영향을 미치는가 정도에 머무른다. 그러나 이론적 지향을 가진 연구라면 어떤 명제를 만들려고 하기보다는 다음과 같은 열린 질문을 해야 한다. 휴대폰은 어느 정도로 사생활과 공시성의 차이를 문화적으로 의미 없게 또는 현상학적으로 희망 없게 만드는가? 휴대폰은 어느 정도로 사적 또는 공적 공간의 '신성함'을 주장하는 방어적 반작용을 끌어낼 수 있는가? 휴대폰은 공적 그리고 사적인 것이 교차하는 지점과 관련해 어느 정도로 큰 이익을 낳거나 성찰성을 보여 줄 수 있겠는가?(휴대폰은 공론장의 변모에서 하나의 생산적 계기로서 구상될 수 있다). 이러한 질문들을 해결할 수 있는 이론적 자원과 연구 프로그램은 아직 맹아기에 있다. 정말로 문화적 결과들 자체는, 특유의 복잡성에 비추어볼 때, 이제 막 등장하려 한다.

《하이데거와 하버마스 그리고 휴대폰*Heidegger, Habermas and the Mobile Phone*》[287]이라는 아주 흥미로운 제목을 달고 있는 조지 마이어슨 George Myerson의 책은 그의 전략이 어떤 의미에서는 불발되었다 하더라도 일부 생산적 연구들을 자극하는 재미있는 틀을 제시했다. 마이어슨은 휴대폰 문화가 상호적·개방적 커뮤니케이션보다 체계에 의해 조정되는 커뮤니케이션에 특권을 준다고 보는 관점에서 생활 세계의 식민화 테제에 휴대폰을 적용했다. 나는 문화에 대한 많은 지배적 비유들이 도구적이라는 마이어슨의 주장에 동의한다(우리는 어떻게 우리가 그것 없이 살았는지를 의심하게 만드는 이 새로운 **도구**에 경탄한다). SMS 텍스트의 메시지 통신과 부대 기술 등의 비용 구조, 미니화, 그리고 생략 코드 등은 모두 커뮤니케이션 **경제**의 가치와 연관된다. 휴대폰은 우리가 가능한 가장 효과적으로 커뮤니케이션의 목적을 달성하기 위해 사용하는 것이다. 게다가 마이어슨은 우리가 휴대폰의 핵심 기능으로서 일대일 커뮤니케이션을 상정한다 하더라도 기업들은 끊임없이 개인과 추상화된 체계 또는 제도 사이의 상호작용을 위한 도구로서 휴대폰을 구성할 새로운 방법을 강구하게 될 것이라고 지적한다. 휴대폰은 '협송'의 기술, 곧 '맞춤형 채널'의 이미지로 정보와 엔터테인먼트 서비스의 맞춤식 밀고 당기기의 **공급자**가 될 우려가 크다.

그러나 19세기에 도입된 이래 전화 스스로가 경쟁하는 커뮤니케이션의 모델 사이에서 경합의 장이 되었던 것처럼(예를 들어, 도구적·기업적 목적을 권장했던 공식적 담론 대versus 수다 및 '사교' 등의 페미니즘 담론, 또는 뉴스나 음악을 위한 방송 체제로서 사용된 적이 있는 역사적 실례들), 휴대폰 역시 모순과 경쟁, 그리고 우연성의 다소 복잡한 집합으로 나타나게 될 것이다.[288] 휴대폰의 탄생지인 핀란드에서의 커뮤니케이션 경제의 문화적 가치 대 다른 문화에서의 접속성이나 사교적 커뮤니케이션과 관련된 비유들을 보라[289](뉴질랜드에서 이것을 쓰면서 나는 최근 단순히 '블라blah 블라 블라 블라'*라는 문안이 붙어 있는 '모터마우스'라는 새로운 휴대폰 서비스의 광고에 의해 둘러싸여 있다. '체계'는 쉼 없이 비효율적이고 무질서한 생활 세계를 회복시키기 위해 노력하고 있는 것이다!). 세계를 가로지르는 텍스트·그림 메시지가 지닌 불균등한 대중성도 있다. 지금까지는 온라인 정보 서비스가 상대적으로 실패했지만, '손 안의 소형화된 인터넷'은 계속해서 휴대폰의 미래가 가진 장점으로 내세워졌다. 모든 이러한 것들은 휴대폰이 기업이나 문화적 비관주의자들이 상

---

*   어쩌고저쩌고 하는 정확히 전달할 필요가 없는 말을 대신하는 표현. 체계(광고)가 생활 세계(일상에서 쓰는 말)를 재구성하면서 생활 세계의 용어를 역으로 쓰고 있다는 반어적 뜻이다. — 옮긴이

상하는 것과 반대로 '체계의 조종steering'에 의해 쉽게 움직이지 않는다는 점을 말해 준다. 이것은 '플래시 몹flash mob'*이나 엽색꾼, 축구 홀리건, 범죄 네트워크 등의 편에서 휴대폰에 대해 은밀하게 표현하는 다양한 감성에 의해서도 강화되었다. 게다가 내가 생각하기에 우리는 휴대폰이나 다른 커뮤니케이션 장치들이 체계와 생활 세계 사이의 **경계적 논쟁**에 어떻게 연관되느냐에 대한 연구로부터 얻는 게 많을 수 있다. 단순히 생활 세계를 말 없는 희생자로 낙인찍어 버리는 식민화의 이야기가 아니라는 말이다.

어떻게 우리는 라디오의 상대적인 재미 및 집단적인 준거틀(하나의 '체계')과 퍼스널 MP3 플레이어의 초개인화된 풍요(또 다른 '체계')를 맞바꾸는 디지털 시민의 의미를 파악할 것인가? 어떻게 우리는 자신의 문자 메시지를 따라가면서 내 강의를 듣는 학생을 이해할 수 있을 것인가? 명백하게 나는 그녀를 지루하게 했지만, 과연 나는 그녀가 교육 '체계' — 죽은 백인들로 이루어진 유럽산 남자 이론가들의 정전을 '제2의 자연'으로 제시하는 이해하기 어려운 강의 — 가 자신의 생활 세계를 식민화시키고 있는 것에 어떻게든 저항하고 있는 것으로 생각하면서 위안을 얻을 수 있을까? 우리는 기차역에 서 있는, 시장 조사원이나 거리의 전도사의 공격을 피하기 위해 자신의 휴대폰을 켜 쫓아낼 생각을 하는 통근자를 어떻게 읽어야 할 것인가?(그녀의 이런 지각된 '체계성'은 가치의 문제에 무관심하기 때문에 나온 것이 아니라 — 이와 정반대로 — 어디선지 모르게 나타나 통근자의

---

*   이메일이나 휴대폰 연락으로 모여 아주 짧은 시간 동안 집단적 행동을 한 뒤, 순식간에 흩어지는 불특정 다수의 군중. — 옮긴이

생활 세계를 침해하는 명백한 외계적 현실성extraterresterial facticity*에 대응하기 위해 나온 것이다. 그녀는 그들이 서로 공유할 수 있는 것을 찾지 못한다).

어떤 점에서 이런 단순화된 비그넷vignettes**은 자신의 워크맨에 플러그를 꽂아두고 있는 중국 젊은이에 대한 레이 초우Rey Chow의 저항적 독해를 상기시킨다. "나는 거기에 없어, 네가 나를 수집한 곳에는:"[290] 그러나 우리는 저항과 편입의 이분법을 넘어설 필요가 있다. 그러한 장치가 종종 생활 세계에서 용인하거나 차단하는 체계 세계(종종 문화 산업의 외양을 띤다)의 측면들을 **구성**configuring하는 과정에 연관될 때, '저항'을 운운하는 것은 결코 정확하지 않을 것이다. '체계'는 하나가 아니며 내적으로 논리 정연한 괴물이 아니다. 나의 '체계 세계'(휴대폰의 불가피하면서 만연한 현실성, 그리고 그것의 짜증나는 습격까지를 포함한다)는 내 학생의 세계(말하자면, 그것은 교수 계획표에서의 자료의 양, 과목의 필수 과정과 평가 기준 등이다)와 같지 않다. 통근자의 '체계 세계'(늦게 도착하는 기차 또는 거리 전도사들과 시장 조사원이 끼치는 매일의 위험이 있는)는 기차역(A에서 B로 가는 일에 온통 정신이 팔려 있어서 무엇이 일어났는지조차 잊어버린 군중)에서 종교를 파는 사람의 '체계 세계'와 같지 않다. 더 나아가 우리는 이런 만남을 '경계 토론'으로 상정하는 것이 현실적으로 사회적 행위자 자신의 자기에 대한 이해와 어느 정도로 공명하는지와 다시 이러한 만남이 반체계적(반근대적) 반동주의나 행정관리적 개인주의의 무비판적 수용이라는 두 가지 함정(사람들의 말을 들

---

*   역자의 문의에 저자는 "마치 다른 세계로부터 침입해 오는 외부적 존재" 정도로 해석하면 좋겠다는 전언을 보내왔다. ― 옮긴이

**   특정한 사람·상황 등을 분명히 보여 주는 짧막한 글이나 행동을 말한다. ― 옮긴이

어보면, 이 둘은 모두 오늘날의 풍요함을 즐기는 것처럼 보인다)에 **빠지지** 않으면서 더 큰 **성찰성**(체계 논리의 성격과 범위에 대해 의문을 제기할 수 있도록 잘 준비된 시민)에 얼마나 가까이 갈 수 있을지를 분석할 필요가 있다.

내 요점은 우리가 분석에서 비판적이면서 차별적일 필요가 있다는 것이다. 그러나 이론적 지향을 가진 연구라면, 지금처럼 철저하게 기술화된technologised 사회적 상호작용의 발전 과정에서 문제가 된 일부 문화적 동학에 깊은 이해를 가져야 하며, 진행 중인 **매개화**에는 종속되면서도 필연적으로 해석적 또는 존재론적 종결을 용인하지 않는 복잡한 **경계적 논쟁**과 관련해 공적인 것과 사적인 것, 체계와 생활 세계 등 사이의 긴장을 수용하는 더 섬세한 개념적 틀을 필요로 한다. 지금의 논쟁에서 기술과 문화적 형식의 배치가 개입하고, 무기로도 활용된다는(모든 측면에서) 점을 제대로 알기 위해서는 이제 상호주관성 대 화폐·권력의 이분법적 대립을 넘어서야 한다. 내가 공적–사적, 체계–생활 세계의 단층선을 강조하는 편향이 있기는 하더라도 — 휴대폰에 대한 나의 비뚤어진 매료는 언급할 필요도 없이 — 우리의 주목을 필요로 하는 다른 많은 질문들을 경시할 의도는 없다는 점이다. 예를 들어 우리는 인터넷 채팅방이나 리스트서버, 그리고 가상 공동체들이 익명과 체현, 전문가와 비전문가, 지역과 글로벌 등을 포함하는 경계적 논쟁에 의해 상당히 혼란스럽게 된 것을 알고 있다. 얼마나 이러한 경계적 논쟁이 만연되어 있는지를 증명하는 많은 기존의 그리고 진행 중인 연구가 있다. 이를테면 인터넷은 적어도 면대면 만남에서는 금지되거나 제한된 것으로부터 자유롭게 어디에서 '나는 진정으로 내가 될 수 있는가' 또는 어디에서 '나는 나에 대한 다양한 이야기들을 탐구하고 실험해 볼 수 있는가'[291]하는 장소를 꿈꾸는 데 나름의 역할을 한다 — '타자'가 일반화될 수 있다면, 나는 진정으로 '구체적'으로 될 수 있다는 식이다. 그것은 또한 저자의 꿈과 '수용자-지향적 주체성'이 활개 칠 수 있는 장소이기도 하다. 이렇게 인터넷에 의해 주어진 상상된 수용자와 초월성 또는 비체현의 착각*은 **호모 디지털리스**Homo digitalis를 이전보다 강해진 구텐베르크 인간Gutenberg Man**에 가까운 존재로 채색할 수 있다. 이런 논의에서 개진되는 많은 주장들은 면대면 공동체와 방송 모델의 일반화된 타자를 양 극단으로 하는 연속선 사이의 중간쯤에 위치하기 때문에 오용의 가능성이나 권력 게임이 익명의 장막 아래에서 배가되면서 온갖 종류의 갈등이 벌어진다. 온라인 '비방하기,' '트롤링trolling,'*** 젠더 왜곡, 그리고 정체성 놀이 등이 낳는 긴장은 국외자들에게 컴퓨터 마니아들의 일상적 행위[일탈이 아닌 — 옮긴이]처럼 보일 수 있으며, 그것들은 공론장과 공론장의 문화적 맥락의 이해에 유익한 타자의 윤리를 둘러싼 갈등에 대한 풍부한 사례 연구가 된다.

온라인 포르노그래피의 번성은 이러한 경계 논쟁과 관련해 디지털 문화가 더 큰 성찰을 가질 만한 잠재성이 있다는, 위험할 정도로 낙천적으로 들리는 의견에 유용한 반대 사례를 제공한다. 만약 초월성과 비체현의 (젠더화된) 꿈이 인터넷을 통해 풍부하게 흘러나왔다면,[292] **체현적 신체** 역시 이에 뒤지지 않는다. 인터넷이 일부 여성들에게 그들의 신체

---

*	원어는 delusions인데, 인터넷의 가능성을 너무 믿는 것을 말한다. — 옮긴이
**	구텐베르크의 활판 인쇄술이 만들어 낸, 독서와 신문을 자신의 무대로 삼는 매개화된 인간을 말한다. — 옮긴이
***	인터넷에서 고의로 파괴적 행동을 일삼는 해커, 악플러, 키보드 워리어 등을 통칭하는 개념. — 옮긴이

가 전파되는 계약을 통제할 수 있게 하는 탈상품화나 여성 신체의 회복 같은 것, 말하자면 인습적이거나 더 착취하는 출구로부터 단절했다는 무언가가 그럴듯하게 제시되기도 한다. 그러나 동시에 온라인 문화가 발터 벤야민[293]이 상상했던 것보다 상징을 원래의 출처로부터 더 포괄적으로 추출해 내는 방식은 포르노그래피의 이미지(그리고 그들의 생산을 부추겼을 금전적 또는 착취적 관계)의 기원을 극단적으로 불투명하게opaque 만든다. 반면 포르노그래피 수용(남성이 압도적인)의 익명성과 인스턴트 방식은 소비자들의 포르노에 대한 우려를 진정시키는 데 도움이 된다. 이때 디지털 문화가 경계를 흐리고, 성찰성을 단념케 하는 것임에는 의심의 여지가 없다. 내 요점은 만약 우리가 하버마스적 담론 윤리가 꼭 호소하고자 하는 공론장과 성찰성의 문화에 대한 이해를 심화시키려 한다면, 디지털 문화의 모순과 복잡성을 진지하게 다루어야만 한다는 것이다.

이 장에서 나의 의도는 매개화의 문제에 대해 약간을 '긁는' 것이었다. 만약 그것이 오늘날 우리 세계에 진정으로 적절한 것이라면, 공론장 이론은 커뮤니케이션의 이론이 되는 것에 만족하지 말아야 할 것이다. 그것은 **매개화**의 이론이 되어야 할 것이다. 매개화는 사실상 커뮤니케이션과 다르다. 우리의 매개화 분석은 사상, 상징 그리고 메시지를 위한 용기로서의 미디어의 역할, 그리고 권력과 화폐의 '매체'를 넘어서야 한다. 그것은 또한 최근 사회의 틈fissures과 더 나은 사회를 위한 우리의 열망을 형성하는 문화적 단층선, 경계의 매개화에 참여해야 한다. 다음 그리고 마지막 장에서 살펴볼 도덕에 대해 미리 말해 둔다면, 미완일 뿐만 아니라 거의 시작된 적조차 없는 중요하고 복잡한 과업이다.

5

미완의 기획
성찰적 민주주의

　　　　　지금까지 논의의 과정에서 특히 이전 장에서 하버마스적 공론장의 발상이 **성찰성**의 문제에 있다는 점이 상당히 분명해졌다. 공론장 개념은 성찰성 문화의 맥락 내에서 다루어질 때, 가장 생산적인 것이 될 수 있다. 공론장에 힘을 실어 주고, 지금까지 의문시되지 않았던 가치와 제도들을 문제 삼으며, 모순이나 갈등, 그리고 차이를 처리하는 새로운 방법을 위한 모색이 바로 이 성찰성 문화다. 하버마스 모델에서 공론장과 성찰의 맥락은 서로를 강화시켜 준다. 공론장은 경쟁하는 주장들을 사려 깊게, 숙의를 통해, 그리고 가능한 평등하게 따져보는데 모범적 공간의 역할을 수행한다. 이는 일상에서 나타나는 불규칙하고 감정적인 미시적 실천과 담론에 영향을 미치는 — 적어도 결코 식민화하지는 않는 — 하나의 윤리다. 우리는 또한 이 성찰적 문화가 역사적 과정 속에서 얼마나 복잡하게 전개되고 있는지를 알고 있다. 이러한 시사는 하버마스의 중기 업적인 《커뮤니케이션 행위 이론》과 관련 저작을 따로 읽어 얻은 것이다. 이 저작들에서 하버마스는 근대적 인간 주체가 전근대적 인간에 비해 역사화할 수 있는, 말하자면 역사적 조건이나 개인의 이력biographies을 맥락화하고 비판할 수 있는 '탈관습적' 능력을 갖춘 점을 과도하게 중시한다. 공론장에 관한 초기 문헌에서 하버마스는 문화적 성찰성의 분석에 배경이 되는 특정한 제도와 근대의 '전통'(구체적인 법과 저널리즘 문화를 포함해)이 가진 역사적 우연성 contingency을 성공적으로 고찰했다. 최근에는 '윤리적 지향'을 등장시켜 또 다른 우연성의 한 측면을 보여 준다. 이 지향은 개방성과 상호성의 기준에 의해 판단되는 커뮤니케이션 관계의 맥락에서 우리의 주체적·상호 주관적 그리고 제도적 구조를 향한 성찰적 태도를 자기 의식적으로 **긍정한다**. 하버마스의 역사 철학 전체의 가닥들을 통틀어 성찰성의 문제는 그의 지적인 기획에서 중심을 차지한다.

하버마스는 '미완의 근대성 기획'으로 그의 작업이 가진 전반적인 지향점을 집약한다. 우리의 논의를 마무리하면서 나는 이 미완의 기획을 '성찰적 근대성'의 하나로 하기를 제안하고 싶다. 이것은 물론 내가 만든 조어가 아니다. 나는 여기에서 하버마스의 공론장 정치와 성찰적 근대성의 담론 사이에 만남을 주선하고자 한다. 성찰적 근대성은 특히 울리히 벡Ulich Beck과 앤서니 기든스의 후원하에 지난 10년 남짓의 기간 동안 사회학적 상상력에 많은 영향을 미쳤다. 이렇게 공론장과 성찰성을 만나게 하는 것은 내가 서론에서 제기했던 '전술'에 부합하는 것이다. 하버마스와 논쟁을 벌였던 다른 사상가들과의 무대는 내부적인 것(결코 하찮은 것이 아님에도 불구하고)으로 기술함으로써 하버마스적 기획의 장점과 단점에 대한 깊고 풍부한 의미를 얻을 수 있기를 희망한다. 이것은 하버마스의 철학적 최대 경쟁자로부터 하버마스를 분리시켜 위대한 이론 전쟁을 분석함으로써, 누가 이겼느냐를 보여 주기보다는 공통적인 것을 추출해 서로 보완하자는 전술이다.

벡은 성찰적 근대성이 '정치의 재창조'를 필요로 한다고 주장했다.[294] 나는 하버마스의 헌정적 애국주의에 대한 최근 관심에서 볼 수 있는 보수주의에도 불구하고 벡의 주장이 하버마스의 기획과 넓은 의미에서 보조를 같이 한다고 생각한다. 바꾸어 말해 나는 하버마스의 공론장론이 우리가 그것을 좋아하던 좋아하지 않던, 그리고 정말로 하버마스 자신이 그것을 좋아하던 그렇지 않던, '정치'나 '시민권,' 그리고 '민주주의'라는 말에 우리가 부여하는 의미가 우리가 그것을 지키려고만 한다면 쉽게 찾을 수 있는(또는 찾아야만 하는) 것이라는 점을 가르쳐 준다고 생각한다. 필요한 것은 끊임없는 재창조와 갱신의 과정인 것이다. 이제 우리는 우리를 구하기 위해 신이나 자연, 이성에 기댈 수 없다. 우리 스스로의 손으로 해야 한다. 지금 같은 다원주의 시대에는 다른 것을 희생하고 신이나 자연, 이성의 어느 하나에 온통 의지할 수도 없다. 우리가 무에서 '재창조'를 할 수는 없기 **때문에** 우리 자신의 특정한 신(그리고 악마)과 우리 자신의 이성, 그리고 우리 자신의 '자연' 해석(인간과 비인간에 대한 것 모두) ─ 그런 다양성 속에 있는 우리의 생활 세계 ─ 이 새로운 정치에 원료를 공급하면서 동시에 그에 대해 도전도 같이 한다. 재창조라는 말이 다소라도 적절하려면, 과거와의 깨끗한 단절 같은 것을 의미하지는 않는다는 점이 강조되어야 한다. 정말로 성찰적 근대성의 담론에서 확인된 정치적 시간political sands은 적어도 후기 자본주의의 등장으로까지 거슬러 올라갈 수 있다. 한 걸음 더 나아가 나는 가장 추상적인 수준에서 계몽주의 기획의 가치와 유사한 것이 지금도 여전히 적실성이 있다는, 궁극적으로 하버마스가 설득력 있는 주장을 한다는 결론을 내리고자 한다.

성찰적 근대성의 '새로운' 정치는 자유민주주의의 공식적 정체의 구속을 점점 벗어나는 불투명하고 가변적인 권력 관계의 맥락 안에서 서서히 표면으로 부상하고 있다. 복지 국가는 한때 실질적인 권리의 보장을 통해 시민에게 힘을 실어 주기로 약속한 적이 있다. 통제하기 어려운 시장의 극단성에 대항해 시민을 보호하고, 정의의 원칙에 따라 경제 성장의 과실을 재분배하기로 했다. 그러나 지금은 이런 이상에 대한 극심한 회의주의(또는 냉소주의)가 시대정신이 되고 있다. 급진적인 '좌파'의 정치는 길을 잃어버렸다. 완전 고용의 목표는 이제 최후의 몸부림을 치고 있다. 야심찬 국가적·지역적 보호 정책마저 글로벌 자본의 엄청난 유동성과 거부권에 막혀 아무런 인상도 남기지 못했다. 부자와 빈자 사이의 불평등은 국제적·국내적으로 스캔들이 될 정도로 높은 수준이 되어 버렸다. 재정 위기는 복지 국가의 만성적 특성으로 치부될 정도가 되었다. 경제 성장과 완전 고용의 낡은 케인즈주의 모델은 신자유주의와 '제3의 길' 사회민주주의 실험* 등 양자의 후원을 통해 부추겨졌지만, 아무런 제한 없이 가속된 자신의 생태계 손상에 확실한 대책을 내놓지 못했다. 그리고 사적 영역의 정치화는 일상생활의 **민주화**가 아닌 다른 어떤 것으로 전락해 버렸다. 이 점은 '복지 국가nanny state'가 한편으로는 자녀의 양육이나 고용 실천, 학교의 커리큘럼 같은 일상생활의 미시적 측면들을 관리해 주면서, 다른 한편으로는 가정 폭력이나 자녀의 권

---

*   '제3의 길' 사회민주주의를 문제 삼는 담론에서 기든스를 상기시키는 것은 다소 이상하다. 사실 내가 생각하기에 '제3의 길'이라는 용어는 드러내는 것보다는 숨기는 게 더 많다. 기든스가 토니 블레어의 영국 정부와 관련이 있다고는 해도, 블레어의 제3의 길 정치에 그를 대변인으로 삼는 것은 너무 단순화된 처사다. 그러나 기든스의 발상이 블레어 정부의 정책이나 열망, 이데올로기보다 더 급진적이기는 한 반면, 나는 그들 모두가 다 충분히 급진적이지는 않았다고 주장할 것이다.

리, 젠더 사이의 수입 불평등 등을 예방하기 위해 필요한 캠페인을 전개하기도 하지만, 결국은 멀리 떨어지고remote 반갑지 않은 힘으로 간주되어 이에 대항하는 대중적 저항이 주기적으로 발생한다는 명백하게 모순적인 현상에 의해 두드러진다. 요약하면, 이런 암울한 현실은 좌파 측의 정치적 공백에 상당 부분 책임이 있다. 그들은 새로운 방식의 진보적 정치를 활성화시켜야 하는 부담을 가진다.

| 성찰적 주체 |

우리가 본 대로 이러한 맥락에서 새로운 방식의 투쟁이나 갈등을 구상하는 하나의 방식은 신생의 것처럼 보이는 여러 '단층선'을 진지하게 사고하는 것이다. 그러나 간단히 말해 '오래된' 정치의 '오래된' 단층선은 무엇인가? 구 정치의 가장 근본적인 두 가지 단층선 — 자본-노동관계와 공적-사적 이분법(복지 국가, 가족법, 젠더 평등의 이슈를 둘러싼 갈등에서 특히 명백해졌다) — 역시 모두 시야에서 사라진 것처럼 보이지 않는다. 그러나 그들은 탈중심화되었고, 다른 단층선과 주목받기 위한 경쟁을 해야 한다.

그렇다면 '새로운' 단층선은 무엇인가? 기든스는 우리에게 질문의 답을 준다. 사회는 상호작용과 관계가 점점 더 계속해서 '탈영토화'되어 가는 데 비해, 공식적 정체는 영토에 기반을 두는 지역적인 것으로 계속 남아 있으므로 현대 생활의 권력 관계를 제대로 매개하지 못한다. 커뮤니케이션 미디어, 교통, 이민, 금융 자본의 이동, 글로벌한 범위의 환경 문제, 그리고 생체 의학적 위험 등 모두는 국가가 정치적 신경계의 중심 기능을 하는 사이버네틱 사회의 사회민주주의 모델의 한계(마르크스주의는 말할 것도 없다)를 부각시킨다. 새로이 떠오르는 모델은 '흐름flows'의 네트워크에 기반을 둔 것이다. 이 모델에서 국가는 전능의 허울을 벗고, 위기에 대응할 수 있는 숙련된 방안을 따로 체득해야 한다. 이것은 다른 말로 하면 '조직 자본주의'의 꿈(또는 악몽)의 종말이다. 기든스는 "우리 시대의 혁명적 변화는 정통적인 정치 영역에서보다는 지역적이고 글로벌한 변화가 상호작용하는 단층선을 따라 발생한다"[295]고 한다. 사회관계가 시간과 공간을 가로질러 점점 탄력적이 되어감에 따라 지역적 사건이 글로벌한 차원에서도 중요해지고, 그 반대도 같이 작용한다는 인식이 받아들여지면서 '원격에서의 행위'는 이제 보통의 일이 된다. '글로벌하게 생각하고 지역적으로 행동하라'는 환경 운동의 상투적 문구는 그런 인식에 정치적 중요성을 부여했다. 그러나 기든스가 주장하는 것은 글로벌화가 단순히 사회관계를 넓히거나 늘리는 것이 아니라는 것이다. 그것은 또한 의식이나 자기 인식의 가장 깊은 차원에서 개인에 영향을 미친다. 그것은 복잡성에 초점을 맞추어 재설정된 자아selfhood를 상정한다. 유토피아, 청사진 그리고 운명론적 종교 서사가 갈수록 경멸스럽게 다루어진다. 이것은 장 프랑수아 료타르Jean-François Lyotard가 유명하게 탈근대적 조건의 특징으로 추출한 '거대 서사에 대한 불신'이다.[296] 그러나 대부분의 탈근대 담론의 허무주의적 경향과는 대조적으로 기든스는 이 재설정된 자아가 '급진적 불확실성'의 맥락에서 최선의 결정을 하는데 잘 맞는 것으로 본다.

추상적 체계가 일상적 존재의 조직 안으로 틈입하게 되면, 저항의 정치가 아니라 참여engagement의 정치가 필요하다고 기든스는 주장한다. 그는 그러한 반동적 작용이 점점 지배적이 되어 간다는 점을 알고 있었다. 심지어는 (또는 특히) 생활의 가장 빤한 일에서조차 아무도 추상적 체계의 영향을 피해갈 수는 없다. 우리가 음식을 먹거나 약을 먹을 때, 차를 운전할 때, ATM기를 찾을 때, 비행기를 타거나 전등을 켤 때마다 불투명한 체계나 부재한 타자에게 주저하면서도 의존하게 되고, 우리의 인생을 살게 해 주는 제도와 파우스트식 거래 관계에 들어가는 것이다.[297] 또한 이러한 체계는 생체 의학적이나 경제적 그리고 다른 위험으로부터 대부분 우리를 **보호**하면서도, 그들 자신이 만든 위험manufactured risk을 또한 과잉 **생성시킨다**. 기든스의 전체적 계획에서 참여의 정치는 **위험과 신뢰**의 상반된 축을 따라 작동한다. 우리는 이제까지 없었던 회의주의와 종속의 시대에 살고, 그 속에서 기든스가 '존재론적 안전ontological security'으로 불렀던 이슈가 부각된다. 이 이슈는 단지 참여를 통해서만 해결될 수 있다. 우리가 실용주의적 운명론의 태도를 취하면, 그 이슈는 일시적으로만 억제될 뿐이다.[298] '참여'라는 말을 통해 기든스는 단순히 새로운 정치가 기존의 전문가 체계를 더 투명하고 민주적으로 책임 있게 만들기 위해 노력해야 한다고 주장하는 것만은 아니다. 참여의 정치는 불확실성과 부재를 해명하기보다는 오히려 '능동적 신뢰'를 생성시켜야 한다. 어빙 고프만Erving Goffman이 제도의 '앞무대'와 '뒷무대'의 사이에 둔 차이를 원용해 기든스는 다음과 같이 주장한다.

> 모든 사람이 신뢰의 실제적 저장소repository가 특정한 맥락에서 '그것을 대리하는' 개인보다 추상 체계 속에 있다는 것을 알고 있음에도 불구하고 접근하는 지점은 체계를 작동시키는 살과 피를 지닌 사람(잠재적으로 오류 가능성이 높은)이 될 수밖에 없는 점을 생각나게 만든다.[299]

그가 부재한 관계 또는 '얼굴 없는 헌신'으로 불렸던 것은 이제 개인화된 '얼굴 있는 노동facework'[300]의 맥락에서 자신의 자리를 되찾아야 한다. 다시 말해 제도는 '앞무대로' 나와야 한다. 그러나 이것이 제한 없는 공적 감시를 할 목적으로 제도를 샅샅이 드러나게 하는 것과 같지는 않다. 앞무대와 뒷무대의 차이가 사라지기보다는 논쟁의 더욱 불안정한 자리가 된다. 현대 세계는 권력적인 제도에 기본적으로 자율성을 주고 싶어 하는 사람들이 살아가는 곳이다. 왜냐하면 우리 대부분은 바쁜 생활을 영위하며, 그런 우리 능력에 자신의 장치를 갖춘 이런 제도들은 종종 위험하다. 그러나 또한 현대 세계에서는 제도가 정보를 억제·오도하거나 응답해야 하는 것을 거부함으로써 논쟁적 이슈를 앞무대로 제기하려 하지 않을 때마다 제도를 비판할 수 있는 능력 있는 시민이 점점 더 늘어나고 있다. 시민들은 적절하게 동기화될 때, 제도를 개방시키거나 앞무대와 뒷무대 사이의 공식적인 경계를 파괴하는 데 능숙하다. 우리는 기든스가 설득력 있게 상기시켜 준 대로 '똑똑한 사람들의 세계'에 살고 있다.[301]

그러나 '일반' 시민들이 교육이나 인터넷, 독학을 통해 습득할 수 있는 '전문적' 지식의 양은, 말하자면 전문가와 시민을 같게 만들 수 있는 등식의 단지 일부일 뿐이다. 예를 들어 제도화된 회의주의*와 전문직의 경쟁으로 인해 전문가 체계들 **사이에서** 그리고 체계 **내에서는** 일상적으로 갈등이 벌어진다. 대규모 산업과 전문직들은 하나의 목소리를 내는 단일한 세력이 아니다. 통계적 '사실'을 어떻게 **해석할** 것인가를 둘러싸고도 쉽게 대답하기 어려운 주장이 빈번하게 공개적으로 개진된다

---

* 　　감사audit 같은 것처럼 제도를 믿지 못해 만들어진 것이다. — 옮긴이

(특히 경제적 '데이터'는 답변보다 질문을 늘 더 많이 만든다). 미디어는 과학적 또는 정치적 제도들(그리고 자주 경쟁적 미디어 제도들)이 특정한 이익 집단이나 기업과 결탁한 것을 폭로함으로써 이들이 걸친 자율성의 장막을 걷어내 버리려는 것이 자신의 일이라고 여긴다. 그리고 결정적으로는 '만들어진' 위험에 대한 공중의 관심이 커진다. 권력적인 기술–과학 제도는 문제와 처방의 망 속에서 '이미 항상' 연계되어 있다. 아무리 모든 정치적 제도들이 같은 정도로 공중의 냉소public cynicism에 순응하지 않는다 해도, 시민에 무조건적 신뢰를 하도록 명령할 수는 없고, 결국 상황에 앞서 사전 대책과 사후 대응을 마련하는 PR 활동에 집중해야 한다. 그러나 이런 모든 체제적 엔트로피는 **투명성**의 증가와는 관계가 없다. 오히려 그것은 궁극적으로 일반 시민 사이에 더 큰 불확실성과 혼란을 조장하기까지 하며('우리가 더 많이 파악하면 할수록 오히려 우리는 더 모르게 된다'), 한때 전문직 제도들이 고취시켰던 전문가 지식/확고한 신뢰의 전통적 분위기aura를 훼손시킨다. 시민들은 점점 더 궂은일을 하게 되며, 스스로 답을 찾기 위해 노력하고, 결국 마지막에는 다시 전문가 체계에 의존하는 것으로 남게 된다. 예를 들어 자신의 의사가 확실한 진단을 할 수 없다는 점에 실망해 인터넷으로 눈길을 돌린 한 환자가 있다고 하자. 그녀의 성찰적 주체성은 의사 직업에 대한 최후의 의존을 감소시키지는 않는다. 인터넷에서 적절한 정보를 얻은 그녀는 — 이 정보 역시 다른 의학 전문가에 의해 제공된 것이다 — 관련 전문가에게 자신의 경우를 그 정보에 비추어 다시 평가해 달라고 해야 한다. 그런 어려움을 극복한 다음에 그녀는 적절한 조치를 받기 위해 다시 전문직 의사에게 의존하게 될 것이다. 이런 시나리오에서 전문가는 탈중심화되었고 크게 늘어났지만, 결코 전문가 체계 자체는 초월되지 않았고 중요성이 떨어지지도 않

았다. 오히려 이런 우세한 성찰성의 문화에서는 전문가의 주장이 일반 시민의 담론 세계에 들어갔을 때, 다른 전문가의 주장과 경쟁해야만 하며, 시민 자신들의 성찰적 능력과도 연계해야 한다.[302]

우리가 살고 있는 세계에서는 명백하게 회의주의, 박식함, 그리고 성찰성이 증가되고 있다. 기든스의 새로운 정치는 근대성의 기회와 위험을 비현실적으로 없애거나 철회하는 것이 아니라 이에 참여하는 새로운 방법을 찾는 것이다. 사회적 행위자들(시민과 제도 모두)은 결과가 절대적인 확실성을 가질 것으로 예상되지 않을 때에도 반드시 선택을 하지 않으면 안 된다. 왜냐하면 무행동이나 철회도 나름의 위험성을 가지고 있기 때문이다. 예를 들어 예방 접종 프로그램이 부모에게 제기한 딜레마를 생각해 보라.* 자동차 여행의 심각한 위험성을 알고 피하려 했을 때 나오는 사회적 무능력이라는 평판도 마찬가지다. 장점도 있고 단점도 있는 선택의 기로에서 새로운 성찰적 근대성은, 한때 계몽주의가 약속한 '천부적 이성'의 확신도, 많은 생태학적 담론에서 시사된 모성의 자연 Mother Nature으로 회귀하는 향수적 길도 모두 허용하지 않는다.[303]

기든스의 성찰적 주체 모델은 유용하다. 다소 실용주의적이고 반유토피아적 성격이 있지만(기든스는 우리가 '생활 정치'를 위해 '해방의 정치'를 포기해야 한다고 주장한다), 어떤 점에서 이는 후기 근대성을 낙관적으로 읽어 낸 결과다. 그러나 내가 생각하기에 다소는 암울한 이야기가 될 수도 있다는 게 놓쳐 버린 차원이다. 그의 성찰적 주체의 초상은 결국은 유아론적 solipsistic**이다. 타자나 전문가 체계와의 관계를 협상할 수 있는 성찰적

---

*   접종이 병을 옮길 수도 있다. — 옮긴이
**   라틴어의 solus(오로지 하나)와 ipse(자신)에서 만들어진 말. 즉 오로지 자

능력을 가진 개인의 세계를 기든스는 묘사한다. 그러나 여기에 상호 주관적인 차원 — 곧 우리가 **주체로서** 어떻게 서로를 다루면서 사는지의 문제 — 은 대체로 결여되어 있다. 우리가 개인과 개인 사이, 시민과 제도 사이에 더 많은 **대화**를 필요로 한다고 기든스가 주장하기는 할지라도 말이다. 그러나 기든스는 정보나 식견, 관점이나 경험처럼 말없는 '데이터'가 흐르는 전달자로서 (대화의) 당연시된 지위를 넘어서는 대화론을 제시하지는 않았다. 대화는 우리가 우리 자신의 생활 세계로 돌아가기 전에 협상을 위해 상대를 만나는 다리처럼 기능한다. 그러나 기든스에게 실제 성찰적 행위는 '똑똑한' 개인의 육지terra firma 위에서 발생한다. 우리는 어떻게 '우리'가 도덕적 공동체에서 서로 같이 살기를 원하는가, 어떻게 '우리'가 우리의 집단적 정체성(아마도 하나의 집단으로, '사회'로, 인간 종으로)이 자발적이든 귀속적이든 관계없이 특정한 방향으로 전문가 체계를 움직이려 하는가를 따져볼 수 있는 통찰력을 기든스에게서는 얻을 수 없다. 기든스에게 중력의 중심은 개인이다. 이 개인은 종교에 의한 것이든, 국가주의나 전통적 공동체에 의한 것이든, 일련의 집단적 확신에 따른 장치들에 맡겨져 있기는 해도 결국 자신의 행동에 대해 책임을 져야 하는 존재다. 우리는 전문가 체계와 일반 시민 사이에서 벌어지는 투쟁이 시민의 높아진 성찰성으로 '앞무대'가 작동시키는 규모, 말하자면

기 자신 하나뿐이라는 의미다. 주관적 관념론이 철저하게 자신의 입장을 추구해 나가면 의식만이 남게 될 뿐이라는 결론, 즉 유아론에 빠지게 된다. 주관적 관념론은 감각적 경험을 기초로 출발하고 거기에서는 감각에 나타난 것만 존재하며, 따라서 본래 존재하는 것은 이같이 감각하고 있는 자기뿐이라는 입장을 취한다. — 옮긴이

세련되면서도 진상은 숨기려 하는 PR 활동이 엄청나게 확대될 때, 이 규모가 — 그 규모는 집단적 대응을 **필요로 한다** — 어느 정도일지에 대해 아는 바 없다. 우리는 또한 '개인화'가 발전되는 상호 주관적 맥락이나 차이와 갈등에 의해 형성되는 **공적** 맥락이 맡는 현실적이면서 잠재적인 역할에 대해서도 알지 못한다. 우리는 국가 같은 집단적 틀(이 틀은 개인이나 집단을 대신해 말하고 행동한다) 내의 '문화적 구성원의 자격'이나 다양한 개인과 하위문화 집단을 '포용'하는 문제에 대해서도 별로 알게 되는 게 없다. 최근의 담론들이 이에 주목해 '문화적 시민권'으로 유용하게 틀을 바꾸었음에도 불구하고 하버마스는 아직도 '연대'의 문제로 다룬다.[304] 내 주장은 기든스 자신이 숙의민주주의나 정체성의 담론 구성, 또는 연대와 문화적 시민권의 문제에 대한 논쟁을 몰랐다는 점에 있지 않다. 그는 '자아'에 대한 몰두를 연민적 자아도취주의 또는 사생활 중심적 침잠의 징후로 보는 사람들의 전면적 비난으로부터 자구 해결책을 행사하는self-help 집단을 구해 내고, 자아 정체성이나 건강, 다이어트에 대한 압도적인 관심을 견고하게 유지했다. 대조적으로 기든스는 우리가 '자아'에 대한 관심을 갈수록 커지는 성찰적 주체에 대한 적극적 관심으로 읽어 주도록 기대했다.[305] 우리가 자구적 집단이나 자아 정체성의 정치를 찬양하는 방향으로 빠지지 않아야만 함에도 불구하고 이것은 내재적으로 나쁜 목적이 아니다. 그러나 중요한 것은 1인칭 **복수**['우리' — 옮긴이]라는 다루기 힘든 문제를 전면에 내세우는 성찰적 주체의 이야기가 아직도 우리에게는 없다는 점이다.

기든스의 '생활 정치'는 내용에서는 소비자 '정치'의 제한된 지평을 넘어섰으나 형식에서는 그렇지 못했다. 자구적, 자발적 그리고 이슈 집단의 집단적 행위 사이트들은 전문가 체계를 급진적으로 민주화시키기 위한 통로보다는 제도적 장치의 훼손에 책임이 있는 지배적 성찰의 문화를 상징하는 데 더 잘 어울린다. 스콧 래시Scott Lash와 존 어리John Urry가 적절하게 지적한 대로, 안정과 질서의 심리적 필요성을 특히 중시한 '존재론적 안전' 개념에 기든스가 지나치게 집착하면서 드러내게 되는 보수적 편향은 **너무 많은** 민주화와는 갈등을 일으킬 수밖에 없다.[306] 중요한 것은 전문가 체계와 일반 시민의 행동 사이가 **질적 의미**에서 좀 더 나은 방향으로 개선되고 있느냐다. 후기 근대성의 병폐들은 자아실현을 위해 체계가 제공하는 기회가 불균등하게 분배된 점이 위주가 된 것처럼 보인다. 후기 근대성에서 탈전통화와 만들어진 위험에 의해 발생하는 우려는 비단 부자에게만 있는 전유물은 아니다. 이 세계에서 의미와 장소를 찾고자 하는 노력이 물질적 희소성에 의해서 제한은 받지만 결코 없어지지는 않는다면, 질문은 이제 어떻게 하면 물질적 그리고 상징적 자원의 이중적 수탈로 고통 받는 사람들을 성찰적 집단으로 바꿀 수 있을까가 되어야 한다.[307] 개인주의에 대한 경도에도 불구하고, 기든스의 성찰적 근대성은 어떤 의미에서는 베버보다는 마르크스에 더 가깝다. 후기 근대성의 병폐는, 합리화라는 특정한 길로 잘못 방향을 틀었던 데서라기보다는 그 길을 따라 충분히 걸어가지 못했기 때문에 발생했다.

│ 위험과 성찰성 │

울리히 벡의 '위험사회론'[308]은 확실히 비관적이지만, 더 급진적인 변화를 위한 전망과 관련해서는 낙관론 또한 향유하는 것이다. 처음에는 강조점이 다소 달랐다. 벡은 성찰적 근대성의 일부인 자아 정체성이나 노동, 여가를 둘러싼 이슈가 점점 강해지는 현상을 보는 동안에는 무엇보다도 먼저 지구의 생존 가능성이나 생존 형태를 위협하는 문제 따위를 두려워하는 생태학자였다. 만들어진 위험이나 다시 자연으로 돌아갈 수 없는 문제 등에 처해, 벡은 이 현실이 단점도 있고 장점도 있다고 보기보다는 오히려 진퇴양난에 빠진 것이라고 생각했다.

산업 사회를 뒷받침하는 중심 갈등이 '선goods'의 분배와 관련된 것이라면, 벡의 설명에 따르면, 우리는 지금 위험 사회의 영향권 내에서 '악bads'의 분배를 둘러싸고 더 많은 갈등이 벌어지는 형편으로 나아가고 있다. 말하자면, 환경적, 경제적 그리고 심리적 위험의 분배다. 위험 사회는 지배적 위험의 성격이 새로운 현상이거나 우리가 '더 위험한 시대'에 살고 있기 때문이 아니라, 위험의 특성이 이전 시대의 것과 다르기 때문에 특이한 구성체다. 오늘날의 주된 위험은 이전과는 비교할 수 없을 정도로 인간의 제도와 연관되어 있다. 위험이 만들어진 것이 아닌 경우에서조차 우리는 인간의 제도가 위험을 충분히 정의하거나 예측하지 못할 때, 제도가 '자연적인' 위험을 조장하고 있다고 느낀다. 크리스마스 이튿날 아시아에서 발생한 츠나미 직후에 지진학자들에게 쏟아진 비판적 질문들을 상기해 보라. 게다가 위험은 가만있지 않고 움직이며, 처음 발생한 곳에서부터 멀리 이동한다(영국의 대기 오염은 스칸디나비아의 산성비를 낳으며, 지구의 한쪽에서 내려진 경제적 결정은 다른 한쪽에서 실업을 야기한다). 그리고 위험은 사실로 나타나기 이전에, 그리고 결과가 발생해 복구할 수 없게 되기 이전에는 정체를 알거나 계산하기가 갈수록 복잡하고 어려워진다. 예를 들어 유전자 조작을 둘러싼 공포나 미래 세대의 면역 체계와 연관된 지나친 항생제 의존이 끼치는 악영향은 대개라도 어림조차 할 수 없는 수준의 위험이다.[309] 물론 위험은 사고 실험thought experiment이나 컴퓨터를 활용한 모델 작업 그리고 가설적 시나리오를 통해 점점 더 예측이 가능하게 될 것임에 틀림없다. 이제 과학적 의문은 부득불 점점 더 **사실에 반하는 것**이 된다. 새로운 의학적 처치가 낳는 100명의 환자 가운데 50명이 수술대 위에서 죽을 때 갑자기 분명해진다. 이러한 종류의 '단순한' 위험 평가는 별 문제가 안 된다(그러한 운 없는 '통계'를 제외하면). 다른 한편으로 유전자 조작의 장기적 결과의 정보를 수집하려 할 때는, 한 개인이 식습관을 바꿀지를 결정하기 전에 자신이 얼마나 오래 사는가를 거의 기다리지도 보지도 못하는 것처럼 경험주의는 큰 도움이 되지 않는다. 벡이 지적한 대로 점점 더 위험은 담론적으로 구성되거나 '과학적으로 태어난다.'[310] 위험의 정의와 상상된 미래가 투영된 상징물symbolic castings을 둘러싼 갈등은, 유전자 조작을 놓고 경쟁하는 담론들이 최근 들어 주목받은 대로 공적 담론에서 점점 자주 등장하고 더 정치화된다.[311] 과학적 '진보'의 미덕과 기아의 잠정적 제거 대 '프랑켄슈타인 음식'*의 위험성을 보라.

지금까지 본 대로 벡의 '위험 사회'는 기든스의 성찰적 근대화와 잘 어울린다. 둘 다는 위험이 무엇이냐(정의)와 위험을 누가 만드느냐(창조) 사이에 구분이 어려워진다는 점을 강조한다. 이에는 모든 전문가 체계 그리고 궁극적으로 모든 시민이 연루되어 있다. **양자 모두**에서. 근대성이 '자연'과 '사회'를 신화적으로 분리시켜 놓은 것은, 이제 제도적 지식과 응용마저 스스로 감수해야 하는 위험의 목록 속에 들어가게 되면서, 우리와 '자연'의 관계(가장 넓은 의미에서 '사실성'의 영역)가 **서로 떼려야 뗄 수**

---

*　　　유전자적으로 조작된 음식. — 옮긴이

없는 관계가 되면서, 또 우리가 자연의 '선'과 '악'의 정의 및 분배를 놓고 투쟁하게 되면서 더욱 옹호되기 어렵게 되었다. 그러나 기든스의 성찰적 근대화가 집중적으로 개인과 전문가 체계가 만나는 교차점에 주목하는 자리에서, 벡은 우리 시대의 가장 골치 아픈 문제 중 하나에 적절한 것으로 증명된 분석을 했다. 그것은 바로 과학, 법, 그리고 도덕, 미학 등 모든 분야에서 제도화된 초전문화hyper-specialization와 후기 근대성의 '가치 영역'에서의 문화적 **탈분화**de-differentiation(베버 이후의) 사이의 역설이다. 우리가 만나는 문제는 단지 수학적 계산이 불가능하다거나 사실만을 따로 분리시키기 어렵다는 점에서만 모호하지 않다. 그것은 또한 자연과학 또는 사회과학적 지식의 생산에서 자율성의 장막이 점차 벗겨지고 있다는 사실로부터 비롯된다. 이것은 과학에 돈을 대고 이를 형성시키는 정치적·상업적 이익 때문만 아니라(우리는 이를 극복할 수 있는 하나의 **왜곡** 정도로 항상 희망적으로 묘사해 왔다), 과학이 항상 이미 '자연'과 그것의 자취를 정의하고 상징적으로 구성하는 정치적 투쟁에 연루되어 있기 때문이다.

그래서 유전공학이나 도시계획학 등에 의해 내팽개쳐지는 도덕적, 윤리적 그리고 미학적 문제가 갈수록 시급하게 되는 반면에, 우리는 시민과 제도 사이는 말할 것도 없고 사회를 구성하는 분야들, 말하자면 베버의 가치의 영역들을 **관통해서** 토론을 원활히 진행시킬 수 있는 민주적 제도가 없다. 미디어가 상당한 신뢰성을 가지고 이런 중재의 기능을 하지만, 그러한 기능이 전문적 미디어 제도의 전유물이어야만 한다는 생각에는 심각한 문제가 있다. 미디어는 관습과 구조적 제한에 의해 지배되는 특정한 논리에 복종하며, 정당하고 열려 있고 대의적인 담론을 해야 한다는 어떤 **공식적**인 책임(일부 최소한의 법적 금지 사항을 넘는)도 대개

지지 않기 때문이다. 그리고 미디어는 정치적 대의제의 상위 집단이 미디어의 토론을 반드시 고려하게끔 강제할 수 있는 **공식적** 힘(또는 '권리')도 갖고 있지 있다. 미디어는 공식적으로 정의 또는 주권의 원칙에 의해 지배되지 **않으며**, 이 점은 미디어가 가진 민주적 중요성과 무력함*을 동시에 부각시킨다.

벡의 주장에서 성찰적 근대성은 일종의 고도화된 '권력 분할'과 탈분화의 도전에 의해 주도되는 토론의 공식·비공식 제도의 다양화를 필요로 한다. 과학적 제도를 포함해 전문가 체계는 자신 행위의 결과에 설명을 해야 하는 한에서 필연적으로 성찰적이 된다. 전문가 체계는 **동시에** 출처이자 정의자definer, 처방자가 된다. 예를 들어 경제 성장은 갈수록 스스로의 파괴적인 부수 효과에 의해 부추겨지는 게 분명해지고 있다. 급증하는 알레르기를 치료하는 약, 스트레스를 다루는 치료법, 우리가 할 일을 돕는 녹색 소비자 상품, 환경 보호용 청소 산업(특히 군사적 충돌 이후에 바빠졌다), '모든 것을 떠나 잠시 쉬는' 필요를 충족시켜 주는 여행 산업, 위험의 확산을 조장하는 보험 산업 등등이 그러하다. 그러나 객관적인 의미에서 이를 '성찰성'이라고 부르는 것은 벡이 분명하게 지적한 대로 **성찰성의 문화**와 같은 것이 아니다. 그런 성찰성은 과학적, 도덕적 그리고 미학적 문제에 시민들을 참여시키고, 시민들에게 더 많은 영향력을 행사하게 해 주며, 전문가 체계로 하여금 자신의 외부 효과[312]를 비판적으로 반성하게 하는(단순히 자본화만 하는 게 아니라) 계몽된 학제적 interdisciplinary 성찰성이 실질적으로 **결여**되었다는 점이 중요하다. 지그

---

*   중요성importance과 무력함impotence의 영어상 표현의 유사성을 교차시킨다. — 옮긴이

문트 바우만Zygmunt Bauman의 지적대로 고삐 풀린 '술수의 논리'는 여전히 파편화로 기승을 떨치며, 시장은 위험과 처방을 인위적으로 분리하고 사사화시켜야만 한다.[313] 그리고 위험 때문에 소비자나 유권자를 끌어들일 만한 계산 가능한 시장의 기회가 창출되지 않는 곳에서는 어떤 행동을 하지 않으려 하는 완고한 태도가 지배적이 되는데, 허구적 상품 곧 절대적 증거는 존재하지 않는다는 점에 의해 정당화된다.[314]* 전문가 체계가 내적 회의주의를 권장하는 곳에서는 명백한 확신을 가지고 외적으로 지식을 제시하고,[315] 뒷무대-앞무대의 경계를 철저하게 감시하는 경향이 나타난다. 이해관계에 초연한 이상적 지식의 상이 사라지고, 이제 공중은 경쟁하는 수많은 이익적 주장만 접하게 된다. 벡은 이를 두고 전문가 지식의 '봉건화'[316]라고 한탄한다. 오늘날 지식은 정부든, 기업이든, 의사 협회든, 식량위원회든, 소비자 집단이든, 노동조합이든, 그저 여러 이익 집단에 의해 제공되는 주장에 불과해져 진실성과 타당성을 분별하는 것이 불가능해졌다. 그러한 분위기는 단순한 회의주의를 넘어 전문가 지식 전체에 대한 **냉소주의**를 팽배시킨다. 전문가 지식은 이제 연구 재원을 대줄 수 있는 이익 집단에 팔리거나 이 집단을 위해 만들어진 주문 상품과 점점 더 비슷하게 보인다.[317] 이런 식이라면 벡이 말하는 성찰적 근대화가 불규칙하고, 원시적이며, 가장 비성찰적인 형태로 계속되는 것이다.

---

*   이 부분에 대해 저자는 "사람들은 그런 절대적 증거가 존재하지 않을 때에도 마치 그것이 가치 있는 상품인 것처럼 '절대적 증거'(인공 강우처럼 인위적으로 기후를 변화시키는 것 같은)를 찾기를 고집하기 때문이다"라고 설명해 주었다. ― 옮긴이

이렇게 벡은 우리를 분개하게 하면서도, 약간의 희망 어린 처방도 내놓는다. 국가가 단지 과학과 산업을 더 집중적으로 통제하는 것은 적절한 대답이 아니다. 그러한 사고는 쉽게 사이버네틱적 오류에 빠지는 것이며, 사실상 새로운 병목을 만드는 것, 곧 필연적으로 넓어져야 하는 토론의 범위나 문제 정의의 통로가 오히려 '기술-과학적 합리성의 경제적 단안증cyclopia[318]*에 의해 심하게 옭죄어지는 것에 불과하다. 필요한 것은 시민으로 하여금 지역 환경의 운영에 더 깊이 관여하게 함으로써 권력을 근본적으로 탈중심화하는 것이다. 벡은 일종의 '생태학적 상원上院'의 개념을 주장하는데, 예를 들어 이는 과학, 정치, 법적 전문가, 시민과 소비자 집단, 노동조합 같은 대표자들을 모두 포괄하는 것이다. 그러나 그런 제도들은 그저 모여서 아래에서 벌어지는 광범위한 '하위 정치sub-politics' 영역의 담론과 토론을 중재할 뿐, 이를 대체할 수는 없다. 문제는 전문가 지식의 특수성을 훼손시키지 않으면서 전문 직업, 사회운동, 노동조합, 저항 집단, 하위문화 집단 그리고 산업 등의 다양한 하위 정치적 담론의 자율성을 약화시키지 않는 것이다. 오히려 '권력 분할'과 탈중심화되고 분화된 정치의 발상[319]을 **급진화**하며, 다양한 하위 정치 영역을 **통틀어** 더 많은 대화를 유도하고, 공정한 협상을 제도화하는 것이 요점이다. 벡의 성찰적 근대성의 정치는 '맥락 속에서의 전문화'[320]를 풍부하게 하면서 저항운동이나 노동조합 같은 하위 정치 집단에 힘을 실어 주는 것이다.[321]

벡의 '하위 정치' 개념은 여기에서 특히 중요한데, 그 이유는 하위

---

*   눈이 하나밖에 없는 병. — 옮긴이

정치야말로 이 책을 통해 다양한 방식으로 제기했던 공론장론의 딜레마와 직접적인 연관이 있기 때문이다. 그것은 급진적 민주주의라면 어떤 모델이든, 공식적·서발턴 공론장을 모두 소화해야 한다는 낸시 프레이저의 주장과 상통한다(1장). 그리고 그것은 하버마스의 생활 세계의 식민화 테제와도 일치한다(3장). 벡의 하위 정치 모델은 다양한 색깔을 가진 유효한 이익 집단을 모두 공식적인 정치 과정 안으로 끌어들인다는 그의 열망을 반영한다. 오늘날 공개적 감시로부터 벗어나서 정치적 대표자들과 로비나 담합 등을 통해 많은 이익을 얻는 특수 이익 집단이 있다. 압력 단체들을 비롯해 대부분의 하위 정치 집단은 얼마 안 되는 자원을 지명도를 얻기 위한 전술적 투쟁에 투여해야 하면서, 정치적 형식과 내용이 유리되는 것에 따라 많은 불이익을 받는다. 권력을 나눈다는 전제에서, 이익 집단을 재구조화된 형식적 민주주의의 범위 안으로 끌어들이는 것은 집단의 책무성을 높이고 공론장에 권력을 부여하는 것이다. 그러나 이런 하위 정치 모델이 민주주의적 상상에서 가치를 지니려면, 포섭co-option의 위험성에 유의해야 한다. 모든 다양한 하위 정치의 자율성과 진실성을 높이기 위해서는 공식적 정치 과정의 의제가 '위에서 아래'가 아닌 '아래에서 위'로 올라가게 하는 방법이 필요하다. 또한 코드, 관습, 법칙, 의례 그리고 전통 등 다양하게 **'일하는 방식'**을 문화화하고, 존중하며, 활용해야 한다. 헌정주의적 애국주의에 대한 우리의 토론(3장)에서 우리는 절차적 공통의 장 — 가장 넓은 의미에서 **헌법** — 이 다양한 문화적 **특수성**에 비추어 만들어지고 갱신될 수 있는 한, 잠재적으로 여러 문화가 혼재된 것으로 바뀔 수 있다는 점에 주목했다. 그것은 다른 말로 해서, 글로벌보다는 **초지역적**trans-local인 것을 지향해야 한다는 뜻이다. 우리는 권력의 수직적·수평적인 분리가 단지 전략적 기회주의만 증가시키게 될 수 있는 위험성을 또한 심각하게 고려해야 한다. 하위 정치 집단은 지금까지 거부당해 왔던 자신의 목소리가 공식화되었을 때, 과연 커뮤니케이션적 그리고 협동적 성향을 선호할 수 있겠는가? 하위 정치의 개념은 이런 위험성을 인정하면서 성찰적으로 열려야 한다. 하위 정치를 고착되게 정의하면, 그것의 대안성을 의미하는 접두사(sub-)를 위험에 빠뜨린다. 급진화된 민주주의의 모델은 하위 정치를 제도 내의 특정한 연계의 하나로 보다는, 새롭고 예측 불가능한 정치의 장과 새로운 양식의 **정치적인 것 되기**being political*를 추구해야 한다. 현재의 가시적인 하위 정치에 힘을 실어 주고, 공식적으로 편입시키는 방법을 찾을 때조차 말이다. 우리가 지금의 정치 문화를 통해 알 수 있는 것은 오늘날의 하위 정치가 그저 쉽게 내일의 체계적 '자연'으로 응고되어 버릴 수 있다는 것이다.

│ 공론장을 다시 논의하기 │

물론 하버마스에게 체계와 생활 세계를 나누는 단층선은 새로운 하위 정치의 맥락에 있다. 하버마스의 비판 이론의 중심에는 전통으로부터 근대성으로 이행하는 동안 자본주의적 발전이 합리화의 일면적 형식 곧 체계의 필요에만 특권을 주는 행위를 했다는 믿음이 있다. 그 결과로 생활 세계는 갈수록 자율적이 되어가는 체계에 개입할 수 있는 능력을 잃

---

* '~되기'의 동적인 표현은 '존재'와 '안정성'이 아니라 '생성'과 '유동성'을 추구하려 했던 들뢰즈식 어법이다. ― 옮긴이

어버리고, 목적과 수단의 담론이 우연히 스쳐 지나가는 배처럼 긴밀히 어울리지 않게 되었다. 그러나 탈전통적 생활 세계의 성찰성에는 우리가 지금까지 추종해 왔던 자본주의적 근대화의 길에 의해 낭비되어 버린 해방적 잠재성이 있다. 지금 복지 국가의 관리적 촉수는 일상생활의 곳곳에 스며들어 있다. 정치적 토론은 '과학적으로 관리'되어 왔다. 자본주의는 교육이나 성, 죽음, 여가, 관광, 예술가의 열정, 그리고 의미를 찾는 현대적 투쟁에 연루된 많은 다양한 문화적 실천을 상품화하고 도구화하는 것을 이미 터득했다. 전통에서 근대로 오는 도정은 적어도 아직은 물화된 사회 구조로부터 해방되는 방향으로 바뀌지 않았다.

기든스는 하버마스의 원대한 주장을 대수롭지 않게 여겨 왔다. 그는 커뮤니케이션 행위가 전통과 '체계' 사이의 세계에서 잃어버린 제3의 항項으로 기능한다는 개념이 상당히 문제라고 본다. 그러나 하버마스의 담론 윤리가 가진 반사실적 이상에 대한 그의 경멸 또한 문제다. 한편으로 기든스는 '대화적 민주주의'의 이상을 찬양하지만, 이 용어를 추상적 체계에서의 적극적 신뢰로부터 친밀한 영역의 이른바 '순수한 관계'에 이르기까지 모든 것을 포괄하는 것으로 사용한다. 그러나 대화에 가치를 두면서 어떻게 이상이나 '사실에 반한' 윤리에 함축적이라도 근거를 두는 것을 피할 수 있는지가 분명치 않다. 기든스는 예컨대 근본주의를 '대화의 거부'로 기술한다.[322] 이러한 정의에 기초해 볼 때, 소비자본주의의 광범위한 제도적 관성이야말로 일종의 체계적 근본주의임에 분명하다고 우리는 조심스럽게 말할 수 있다. 그러나 이와 달리 종교적·정치적인 근본주의들은 좀처럼 침묵하지 않는다. 그들은 자신의 이름을 텔레비전이나 인터넷 등 가용한 모든 채널들을 통해 큰소리로 말한다. 소음 — 대화가 아닌 — 은 침묵의 반대다. 우리가 '소음'을 모든 커뮤니케이션의 불가피하면서 잠재적으로 해방적 측면으로 간주한다 하더라도(소음은 그럴 수 있다), 근본주의의 극단적인 사례는 마치 그것이 필수적인 것처럼 대화의 윤리는 분별적인 것이 되어야만 한다는 점을 잘 보여준다. 실제 생활의 커뮤니케이션이 지닌 많은 단점과 만날 때, 상호성과 개방성 같은 규범들을 열망할 수밖에 없게 된다.

물론 근본주의적 경향과 반민주적 방법은 보수주의적 하위 정치에만 독점적으로 해당되지 않는다. 색깔이 붉은 색이건 푸른색이건, 진보적 속성을 가진 하위 정치 역시 겉보기에도 자주 평등주의적·포용적 참여 또는 개방적이고 솔직한 커뮤니케이션이라는 열망이 없거나 부족하다. 그래도 진보성이 궁극적으로 풀뿌리 행동주의자, 반인종주의·반이민 주창자, 자구 집단, 지역의 이웃 감시 집단, 그리고 심지어는 '우리 고장을 깨끗하게' 캠페인 운동가 등의 진정한 가치를, '낡은 방식'의 허울적 정치 공작보다 자아 정체성이나 아이러니, 캠프,* 카니발성 같은 기준이 주요하게 작용하는 정체성의 정치, 팬덤, 스타일 패거리, 플래시몹, 그리고 블로거 등의 탈근대적 부족**과 연계시킨다. 대부분의 경우, 그들은 소비자본주의와 복지 국가라는 경직된 조건으로부터 문화적 실천을 해방시키고자 하는 희망으로 서로 결속된다. 심지어는 자신의 대안적 생활 세계라는 또 다른 근본주의까지 만들어 낼 정도로 그들은 모

---

* 만화를 그대로 실사로 옮겨놓은 것 같은 과장된 연출이 만들어 내는 우스꽝스러운 분위기나 동성애자 하위문화에서 시작된 저속한 스타일을 말한다. — 옮긴이

** 예전처럼 혈연이나 지연이 아니라 이해관계나 정치적·문화적 지향이 같은 집단, 즉 부족tribes을 중심으로 세력을 형성해 힘을 과시하는 현상을 나타낸다. — 옮긴이

두 체계의 근본주의에 반감을 갖고 있다.

이 점은 차이의 건초더미에서 연대의 바늘 찾기가 될 수도 있다. 그럼에도 불구하고 그것은 체계와 생활 세계 사이의 긴장이 다양한 실천의 장에 어떻게 급진적으로 영향을 미칠 수 있는가를 부각시킨다. 이 장은 이데올로기적으로 공약 불가능하고, '정치'가 실제로 의미하는 바에 대한 인식이 서로 다른 점을 오히려 즐기게 해 줄 수 있다. 예를 들어 진지한 행동가들에게 탈근대적 부족의 관심은 하찮고 비정치적인 것으로 보일 수도 있다. 탈근대적 부족주의자들에게 이전까지의 진지한 행동가들은 일상생활의 풍부한 미시-정치에는 헛되고도 무용한, 위로부터의 권력에 저항하는 정치에 완고하게 집착한다. 물론 나는 더 많은 연대를 위하여 이 차이를 과도하게 드라마화해 서술했다. 실상에 있어서 이 '탈근대'와 '진지한' 지향의 사이는 결코 상호 배제적이지 않으며, 집단이나 개인에 동시에 영향을 미친다. 그러나 유의할 점은 체계와 생활 세계 사이의 긴장이 **하위 정치의 필수적 성찰성**에도 영향을 미친다는 점이다. 만약 우리가 하버마스의 체계와 생활 세계 이론을 결론까지 따른다면, 우리는 정치 문화의 문제를 일단 보류해 두는bracketing off 위험성이 있기는 하지만, 계속해서 같은 질문을 이어가는 성찰적 정치 문화에 대해서는 뚜렷한 호감을 드러내는 일이 된다. 그 질문이란 "권력은 무엇이며 어디에 있는가?" 그리고 이에 따라 "정치란 무엇이며 어디에 있는가?"

그러나 하버마스의 이론이 하지 **못하는** 것은, 문화와 정치가 전체적으로 결합하는 현상을 정당화하는 것이다. '문화가 경쟁과 권력 게임의 장이 될 때 문화는 정치적이다'라는 막연한 의미에서만, 문화적 자율성과 차이를 둘러싼 갈등이 정치적인 색깔을 띠는 것은 아니다. 이 이슈는 다음의 열거에서 보는 바대로 좀 더 협의로, 아마도 옛날의 의미로도 정치적인 것이다. 물질적 빈곤, 상업적·정치적으로 관할되지 않는 집단적 공간(물리적이든 매개된 것이든)의 결여, 생활 스타일과 개인 이력을 표준화시키는 복지 국가, 실업자의 경제 사정 악화, 근로자의 고용 형태 악화(비정규직) 등 모두는 자율적 생활 형태의 발전을 제약하고 제도적 개혁과 분배적 정의에 관여하는 정치를 필요로 하는 정확히 물질적 요인의 문제다. 문화적 자유가 정치적 이슈라는 일반적인 생각은 이런 의미에서 전혀 새롭지 않다.

그러나 탈근대 논쟁에 이어 가장 골치 아픈 문제(그리고 문화와 정치 사이의 차이를 없애 버리면 가장 쉽게 피할 수 있는 문제)는, 물론 어떻게 문화적 자율성을 위한 필요가 자율성과 차이의 원칙을 훼손하지 않고, 민주적 의지의 형성과 정책 입안의 공식적 영역으로 상향적으로 스며들어가게 한다는 의미에서 정치화될 수 있느냐이다. 하나의 대응은 문화적 분리주의다. 근본적 공약 불가능성의 운명론적 선언이다. 한편으로, 이는 방금 언급한 바와 같은 자원의 불평등한 분배에 대항하지 않으며, 문화 시장의 무정부주의의 입장에서 스스로 주변화와 무력화disenfranchisement를 조장한다. 다른 한편으로, 이에 대한 보수주의의 대안은 — 공동체주의의 외양을 띠는데 — 공공선이라는 관점에서, 정치적 공동체를 성찰적 비판이나 차이에 적대적인 태도를 가진 공동의 문화적·윤리적 공동체와 합치려고 시도한다는 점에서 오히려 상황을 더 악화시킨다.

'운명 공동체'가 '차이의 공동체' 외의 다른 어떤 것이 되어야 한다고 상상하는 것은 가장 나쁜 의미에서 유토피아적이다. 순수하게 맥락주의적 입장*에서는 다룰 수 없는 것처럼 보이는 것은, 복잡하게 상호 연결된 사회에서 넓어진 정치적 이슈와 권력 관계의 범위가 지역적인 문화적 담론의 양식을 넘다 못해 아예 점점 무관심해진다는 점이다. 어떤 경우에든 그런 담론은 너무 가변적이고 동적이어서 정치적 공동체를 위한 안정된 기초를 제공할 수 없다. 동시에 기든스나 벡, 그리고 하버마스 등을 포함한 이론가들은, 모두 위험 사회에서 중요한 문제가 글로벌한 성격 — 생태 문제를 가장 두드러진 예로 들 수 있는데 — 을 가지므로 그래도 문화적 세계시민주의의 입장이 관용과 차이를 장려할 수 있는 보편적 이익을 확립하는 데는 어느 정도 기초를 제공할지 모른다고 추측한다(또는 희망한다).[323] 그러나 우리는 조심스러워야 한다. 생태적 붕괴와 다른 글로벌한 위험이 전략적 이익(벡의 단순화되고 오도할 수 있는 말에서 따온 것. '빈곤은 위계적인 것이지만 스모그는 민주적이다')[324]의 명료한 적대를 강화하기보다 평등하게 하거나 약화시킨다는 생각은, 공공선이 가진 문화적으로 보편적인 개념에 **맞기는커녕** 잘 되어야 이상주의적이고, 못 되면 위험하기까지 하다.

하버마스가 보기에는, 이러한 질문들을 다루려는 시도가 새로운 하위 정치를 매우 오래된 맥락의 틀 — 주장과 현실 사이의 긴장을 폭로하는 마르크스주의와 연계된, 권리와 가치를 구분하는 자유주의의 맥락 — 속에 넣어 버리는 결과를 초래할 수 있다. 하위 정치는 체계화된 형식적 민주주의의 한계점에서 **아래로부터** 권력을 행사하면서도 지역화된 생활 세계의 공약 불가능한 다원성을 **넘어서는**, 활기를 되찾은 정치 문화를 상상해 볼 수 있는 아마도 유일한 방법일 것이다. 하버마스가 비판 이론에 공론장의 민주적 숙의 외부에서 상정할 수 있도록 허용

---

* 　맥락주의는 행위나 언명, 표현 등이 발생하는 맥락을 강조해 모든 것이 맥락에 상대적이라고 주장하는 철학의 한 관점이다. 이 관점은 때로 상대주의로 경도되기도 한다. — 옮긴이

해 주는 유일한 보편성은 — 이때는 잠정적인 것이다 — 가장 형식적이고 최소주의적인 일련의 불가피한 전제들이다. 이 전제는 우리가 청자와 화자로서 강요되지 않는 합의의 가능성을 믿으면서 '옳다는 신념'의 담론에 참여할 때, 설사 합의가 원칙상 결국 협상의 정당화에 머물 뿐이라 하더라도 필연적으로 채택할 수밖에 없는 것이다. 우리가 제기하는 주장은 대화를 통해서만 이상적으로 충족되어질 수 있다. 우리는 우리 자신을 이해시킬 수 있도록 노력해야 한다. 그리고 우리는 진정한 합의와 강요된 합의 사이를 어떻게든 구분할 수 있다. 하버마스는 이런 전제야말로, 옳다는 신념에서 추구되지만 현실은 엉망인 커뮤니케이션을 그래도 어느 정도 유지하게 해 주는 데 필수적으로 작용하는 '사실에 반하는 것'*이라고 주장한다. 하버마스에게 '도덕적' 관점의 보편주의는 이런 의미에서 엄격하게 절차적인 것으로 남아 있다. 항상 미완의 것일 수밖에 없는 그것의 산물은, 타자의 진실성과 자율성에 대한 상호성과 존중이라는 자유주의의 오래된 가치를 달성하기 위해 노력한다. 그러나 현대의 자유주의는 자율성이 구속받지 않는 개인적 자아의 본질적 권리에서 나온다고 상정한다는 점에서 잘못된 방향으로 갔다. 하버마스에게 이것은 개인이 아닌 바로 상호주관성으로부터 오는 것이다.

우리가 본 대로 하버마스는 하나의 정치 문화 내에서 '도덕적 관점'이 윤리적으로 양식화되어 있기 마련이라면, 권리와 가치 사이의 단층선이야말로 민주적 숙의의 주제가 되어야만 한다고 주장한다. 그래서 하버마스는 예컨대 복지 국가가 추상적 권리를 **반영할** 뿐만 아니라 실질적으

---

*　　일종의 내재적 규범인 것이다. — 옮긴이

로 구성하는데 기여도 한다고 생각한다. 그러므로 이 '권리'는 복지 체제마다 다양할 수 있다. 그러나 대부분의 복지 국가 체계는 스칸디나비아와 영국의 모델 사이의 주목할 만한 차이에도 불구하고, 핵가족이나 이성애 결혼, 장기간 거주, 그리고 표준화된 노동 이력 등을 포함해 특정한 삶의 형태에 특권을 부여하는 문화적 규범을 보여 준다. 그렇다 하더라도 하버마스에게 복지 권리라는 발상은 귀족의 모욕patrician affront이라는 이유로 결코 포기되어져서는 안 되며(많은 좌파, 무정부주의자, 신보수주의 공동체주의자들의 경향은 그렇다), 우리는 깨지기 쉬운 규범성에나 어울리는 체계의 근본주의에 도전할 필요가 있다. 하버마스는 복지 국가의 기획이 '성찰성의 더 높은 수준'에서 계속될 필요가 있다고 말한다.[325]

민주주의적 문화 자체의 차원에서 볼 때, 정치적 공론장의 제도들은 계급, 인종, 그리고 젠더에서 특정의 문화를 체현하는 경향이 있다. 신사회·저항운동에 대한 중산층의 관심, 미디어와 저널리즘 전문 직업자들의 인구사회학적 구성에서 특권층이 많은 왜곡skew, 노동조합운동의 가부장주의와 외국인 혐오증에 대한 만성적 인식, 정치 정당의 노인 중심적 네트워크 등이 주요 사례다. 이런 왜곡 현상은 잘 알려져 있지도 않고 쟁점이 아닌 것으로 치부해 무시해 버리기 쉽지만, 사실은 비판적인 분석을 필요로 하는 중요한 것이다. 이와 동시에 하버마스의 비판 이론은, 우리에게 이런 '낡은' 제도들을 개혁·재고하는 동시에 정치적 숙의와 행위의 새로운 장들을 비판적으로 감시함으로써, 정치 그 자체를 다시 생각하는 시급한 기획을 하게 한다. 이런 새로운 장들은 말하자면 풍성한 공론장과 전략적 네트워크로서 국가, 정당, '대중' 미디어 등과 같은 오랜 체계적 요소들의 언어 게임을 거부할 때조차 이들이 형성시키는 맥락 속에서 불가피하게 활동할 수밖에 없다. 두 '기획'은 항상 '미완'의 상태로 남는 것이다.

존 킨John Keane은 운동가 네트워크와 하위문화 운동의 형태를 띤 급진적 정치라면 '국가'와 '공식적' 정치의 영향권 바깥에서 활동해야만 한다고 주장하는 사람들에게 함축적인 응수를 한다. 그는 시민 사회와 법치 국가가 '서로의 민주화의 조건이 되어야 한다'고 주장한다.[326] 이런 순환에서 민주주의의 윤리는 만약 그것이 무언가 하나 — 차이를 주장하고, 문제를 정의하며, 불평등의 인식을 표현하는 권리와 **수단** 같은 — 는 다른 것보다 더 평등해야만 한다는 궁극적으로 실용주의적인 주장으로부터 출발한다면 무력하게 되는 것을 피할 수 있을 것이다. '낡은 정치'의 이론적 기둥 가운데 하나인 보편주의는 설사 급진적으로 절차주의적이고, 계속해서 성찰적인 개념으로 상정되어야만 하는 정도에서라도 글로벌화되는 세계에서는 결코 안 보이게 될 수 없을 것이다. 물론 이 점을 주장한다는 것은, 진보적 정치가 차이를 약화시키거나 회피하는 헛된 일을 거부하고 차이와 더불어 사는 법을 강구한다는 **가정**도 계속해서 하는 것이다.

그러나 물론 그것은 아마도 유토피아주의, 곧 '낡은 정치'의 또 다른 이론적 기둥이면서 죽은 정치의 하나로 간주된다. 천부적 이성의 몰락, 복합적으로 만들어지는 위험의 등장, 문화적 차이와 갈등의 현실 등 모두는 정치 투쟁 뒤에 숨어 있는 유토피아적 주장의 재등장에 적의를 드러낼 것이다. 동시에 벡과 기든스가 위험 사회에 대한 논의에서 보여준 바대로 급진적 불확실성은, 미래 지향적 사고를 어떤 것이든 모두 사실에 반한 것으로 만들어 버릴 것이다. 묵시록적 SF 시나리오에서부터 단편적인 위험도 평가나 유토피아로 직결되는 것까지 모두.

재미있게도 하버마스는 최근 유전학[327]을 둘러싼 논쟁에 개입했다.

부지불식간에 그는 벡과 기든스의 사실에 반한 사고와 상징적 미래에 관한 관심에 친화적인 태도를 보였다. 이것은 또한 그의 사고를 민주주의 이론의 중심적 문제틀로서 **부재자**와의 커뮤니케이션을 강조했던 톰슨(4장), 그리고 심지어는 유령과의 만남으로 인간의 커뮤니케이션을 해석한 최근의 탈구조주의 담론과도 연결시켰다.[328]* 하버마스는 '자유주의적 우생학'이 가능하다고 본 미래 시나리오를 두고 벌어진 철학적 논변에도 참여했다. 이것은 태어나지 않은 아이의 유전학적 속성이, 심각한 질병이나 장애를 피하기 위해 고안된 의료적 개입뿐만 아니라 부모가 후손을 위해 특정한 재능이나 물리적 특성을 골라 줄 수 있는, '소비자'적 선택의 대상이 될 수 있다는 시나리오다. 하버마스에게 자유주의 우생학의 실제적 위험은 세대 사이에 회복되기 어려운 비대칭적 관계가 만들어질 수 있다는 점이다.

아이의 사회화가 너무 억압적이어서 학대로 간주될 수 있는 경우를 제외하면, 항상 청소년들에게는 비판적으로 자신의 양육을 성찰하고, 자아와 이력의 소유권을 행사할 수 있는 범위가 허용된다. 스스로의 인생에 '저자'가 될 수 있다는 발상은, 아이에서 어른으로 가는 '정상적'인 성장 과정, 그 결과로서 자아 정체성이나 자율성, 그리고 책임감을 얻는 데 배경을 제공하는 적어도 유력한 신화나 '사실에 반하는 이상'이다.

---

* 이런 담론 내에서는 살아 있는 자와 죽은 자 사이의 '진정한' 커뮤니케이션의 불가능성이 진정한 커뮤니케이션 자체의 불가능성에 대한 하나의 모델로서 기능한다. 그것은 또한 우리가 이러한 불가능성을 커뮤니케이션을 방해하기보다는 추진하는 생산력으로 다룰 수 있다는 아이러니한 제안을 하면서 문학, 영화, 계보학, 역사적 아카이브 등에서 드러난 '죽은 자와의 대화'에 만연해 있는 문화적 매혹을 본다.

하버마스에 따르면, 그 신화는 거의 무계획적이거나 자연스런 속성을 모은 집합의 생물학적 전달체로 기능하기보다 현실적으로 아이의 유전적 구성의 여러 측면을 '저자가 되어' 선택하는 부모의 예상에 의해 위험에 빠진다. 사회화 과정과 대조적으로 유전학적 영향은 비판적 반성을 통해 전유되거나 수정될 수 없으며, 그 위험은 개인이 자아의 소유권을 행사하기가 매우 어렵다는 점에 있다. 하버마스는 궁극적으로 자신의 행위나 결정, 그리고 인성에 대해 책임질 수 있다고 보는 개인들의 능력을 염려한다. 그런 개인들은 자신이 아니라 남에 의해 '저자 노릇을 당하는 것authored'을 상상하지 않는 것이 오히려 어렵다는 것을 알게 될 것이다. 그래서 하버마스는 새로운 생물학적 재생산의 영토로 기술이 진입하려는 시도 자체에 대해서는 두려움을 느끼지 않는다. 의학 기술이 위반할 수 있는 자연적 경계가 따로 존재하지는 않기 때문이다. 오히려 그는 세대 간 수평 관계 — 또는 적어도 인생사에 대한 비판적 반성, 의문의 제기, 전유 등이 발생할 수 있는 평등주의적 관계의 '사실에 반하는 이상' — 가 이전에는 전혀 없었던 새로운 세대 간 관계에 의해 대체될 수 있다는 예상 때문에 곤란해 한다. 그리고 그러한 세대 간 관계는 개인과 집단 모두, 그리고 그들이 느끼는 이 세계에서의 장소에 대한 느낌sense of place이 대단히 중요하다. 개인들은 근대 사회 내에서의 유산과 사회화의 측면들을 선별적으로 전유하거나 거부할 수 있다. 세대 전체 또한 이전 세대의 행위로부터 배우고 동시에 비판하거나 교정할 수 있다. 그러나 하버마스는 자유주의 우생학의 시나리오가 이런 미래 세대 내의 자율성의 구조와 책임감 측면에 심각한 문제를 낳을 수 있다고 주장한다.

그러나 우리는 또 한 번 기술이 기로를 제시했고, **어느 쪽** 길로 가게 **되건** 지금의 세대가 책임을 져야만 한다는 점을 알아야 한다. 의료적 이유가 아니면 — 말하자면 수명을 늘리거나 특정한 속성을 개선하거나 — 배아의 선택이나 유전자 조작을 **허용하지 않고**, 이러한 영역의 연구 개발 투자를 제한하는 결정은 원칙상 미래의 세대가 비판적으로 돌이켜볼 수 있는 것이다. 우리는 성찰적 근대성에서 우리가 보는 방식으로 '신의 영역에 도전하는' 문제를 만난다. 그러나 하버마스가 이런 다소 기본적인 지점을 놓치는 것처럼 보이는 반면, 그가 강조한 담론 윤리는 내가 생각하기에 매우 유용하다. 딜레마를 벗어날 수 있는 유일한 방법은 미래 세대와의 진지한 대화에 참여하는 것이다. 물론 그것은 말만의 가능성은 아니다. 유전학에 관한 최근의 토론에서 미래 세대는 이미 일상적으로 언급된다. 그들은 자신의 대변인을 갖고 있다. 지금 우리는 기든스나 벡 이후, 이러한 토론을 기꺼이 사실에 반하는 사고 실험으로 삼을 수 있다. 우리는 톰슨을 따라 미래 세대와의 커뮤니케이션이 매개화의 전문가 체계를 통해 나오는 '준상호작용'으로 인정할 수도 있다. 이 매개화에서, 예를 들어 로버트 윈스턴 경Lord Robert Winston 같은 '공공 과학자'는 현안이 되는 이슈나 친구들 사이에 논쟁을 지피는 〈가타카Gattaca〉* 같은 SF 영화를 설명하는 텔레비전 쇼를 진행한다. 이 매개화된 재현은 최근의 공론장의 필수 조건으로, 상당히 복잡한 여러 주제들에 대해 시민들이 의견을 갖도록 권장하지만, 사실 시민들은 큰 부담을 느낀다. 대신에 우리는 탈구조주의 담론에서 필요한 아이러니의 입장을 채택하고, 살아 있는 사람들이 모여 커뮤니케이션하는 것과 마찬가지로 사실상 죽은 자와 같은, 아직 태어나지 않은 아이들과 우리의 커뮤

---

*   1997년에 제작된 앤드루 니콜 감독의 미국 SF 영화로, 유전자 조작을 소재로 삼고 있다. — 옮긴이

니케이션 역시 어떤 경우에든 문제가 되지 않는다고 천명한다. 이런 경우에 우리가 정보의 질에 대해 갖는 우려나 미디어 재현에서 관점의 균형은 '진정한 커뮤니케이션'이라는 환상에 기초한 다소 의미 없는 몸짓에 불과할 뿐이다. 아니면 이런 불가능한 만남에 맞는 적절한 담론 윤리를 상상하려고 노력할 수 있다. 우리가 그들을 모르고 그들 역시 우리처럼 아마도 많은 목소리를 갖고 있다면, '미래 세대'는 가능한 다양한 범위에서 대표자, 재현, 그리고 담론적 틀 등을 갖추어야 비록 불완전하기는 해도 가장 잘 도움을 받을 수 있지 않을까? 그들이야말로 특별한 시장이나 정치적 이익으로부터 독립적인 토론 공간을 가장 필요로 하지 않을까? 우리는 그 주제에 대해 대대적으로 논의할 다양한 커뮤니케이션 조합(웹로그, 로비-집단 커뮤니케이션, 공영 방송의 다큐멘터리, 영화, 시, 급진적 미디어의 커뮤니케이션, 스탠드 업 코미디 기타 등등)이 절대적으로 **필요하며**, 그때에서야 그것을 공론장이라고 부르기 시작할 것이다. 이러한 커뮤니케이션 형태의 다원성(다양한 장르, 다양한 동기, 다양한 목적)이 저절로 '소음'으로부터 '대화'로 이행되는 것을 보장해 주지는 않는다. 그러나 형식이나 관점의 다양성도 없이, 우리가 미래 세대의 이익을 그저 마음에만 둔다고 해서 진실성이 있다고 주장할 수는 없다. 만약 기든스나 벡이 우리에게 사실에 반하는 사고의 중요성을 가르쳐 주었다면, 하버마스는 이 사고가 다양한 관점이 쏟아지는 가운데 '소리를 내면서' 등장해야 하는 것임을 상기시켜 주었다. 공현존(마치 '실제적' 커뮤니케이션은 참여자들에게 공통적인 공간 또는 시간적 장소를 공유하도록 요구하는 것과 같다)의 원칙에 하버마스가 집착했다('오도된 것이다')고 강조하는 독해에 대항해 어떻게 담론 윤리와 '사실에 반하는 사고'가 사실상 서로 보완적 주장이 될 수 있는지를 알아보는 것은 이처럼 가능하다.

그러나 유토피아적 반사실주의counterfactualism는 어떨까? 그것은 생태학적 파괴의 묵시록적 이미지, 만연한 첨단 기술 전쟁, 극심한 글로벌 빈곤 등 이미 이런 개발이 최대화되면서 더욱 설득력을 갖게 된 경우다. 어떻게 이런 모든 것들로부터 유토피아적 에너지를 끌어내는 문제가 '객관적으로 모호할 수 있을까'라고 하버마스는 묻는다. "모호함 obscurity은 그럼에도 불구하고 또한 한 사회가 어떤 행동을 취하려 하는 자신의 준비 상태를 평가하는 하나의 기능이다. 관건인 것은 서구 문화가 스스로를 믿는 신뢰 그 자체다."[329] 관건이 서구 문화란 말은 아마도 단지 이상주의적 의미에서 신뢰를 말하는 것은 아니다. 오히려 중요한 것은 공식·비공식 차원 모두에서 제도를 구상하고 만들고 갱신하는 능력이다. 이 제도는 문화적 파편화의 조각들로부터 생활 세계뿐만 아니라 체계의 근본주의에 도전하고, 그러한 파괴와 강제, 갈등의 묵시록적이고 설득력 있는 이미지가 만들어 내는 것처럼 보이는 운명론에도 대항하는 연대와 동맹을 끌어낼 수 있다.

공론장이 철학 세미나의 이미지에서 나올 수 있다면, 무질서한 시민이 합리적이거나 논쟁적이지 못한 자신의 언술의 '수행적 모순'을 파악할 수 있다면, 세계가 쉽게 제 자리를 잡을 수 있기라도 한 것처럼 하버마스는 커뮤니케이션 합리성의 치유력에 감정적이고 순진하면서 일차원적이기도 한 신뢰를 주었다. 지금까지의 논의가 보여 준 대로, 나는 우리가 하버마스의 공론장 담론으로부터 급진적 성격의 유산을 구분할 수 있고, 구분해내야 한다고 희망적으로 생각한다. 사실상 그 유산은 우리에게 비판 이론이 한계가 있기는 하지만, 그래도 재구성의 힘이 있다는 점을 가르쳐 준다. 일상의 투쟁과 시민 자신의 갈등을 초월해 세계를 정돈하려 하기보다는 새로운 시각으로 그러한 투쟁과 갈등을 비추어야 한다. 공통의 바탕과 결단에 대한 열망이 우리를 사로잡아야 하고, 반대의 경우가 되는 것을 피해야만 한다. 하버마스의 공론장론이 우리에게 무언가를 가르쳐 준다면 그것은 단지 민주주의적 상상에 닥친 임무가 얼마나 벅찬 것인가, 그리고 민주주의를 위한 희망이 얼마나 불안정한가다.

1   J. Habermas, *The Structural Transformation of the Public Sphere: An Inquiry into a Category of Bourgeois Society*, trans. T. Burger, Cambridge: Polity, 1989[1962], p.7.

2   같은 책, pp.15~17.

3   Habermas, *Structural Transformation*, p.11.

4   같은 책, p.18.

5   같은 책, p.24.

6   같은 책, p.15.

7   Habermas, *Structural Transformation*, pp.16~20.

8   같은 책, p.24.

9   B. Anderson, *Imagined Communities: Reflections on the Origin and Spread of Nationalism*, London: Verso, 1991.

10   Habermas, *Structural Transformation*, p.21.

11   M. McLuhan, *Understanding Media: The Extension of Man*, London: Routledge, 1994[1964].

12   Habermas, *Structural Transformation*, p.24.

13   같은 책, p.25.

14   같은 책, p.34.

15   같은 책, p.37~38.

16   같은 책, p.33.

17   같은 책, pp.49~50.

18   같은 책, pp.3, 52.

19   같은 책, p.27.

20 같은 책, p.32, 39~41.

21 같은 책, p.54.

22 같은 책, p.42.

23 같은 책, p.37.

24 같은 책, p.52~55.

25 같은 책, p.28.

26 같은 책, pp.73~79

27 같은 책, p.53.

28 Habermas, *Structural Transformation*, pp.60~61.

29 같은 책, p.64.

30 같은 책, p.73.

31 같은 책, p.89.

32 같은 책, pp.90~91.

33 같은 책, pp.91~92.

34 같은 책, pp.93~94.

35 같은 책, p.89.

36 같은 책, pp.90~91.

37 같은 책, pp.91~92.

38 같은 책, pp.93~94.

39 같은 책, p.94.

40 같은 책, p.99.

41 같은 책, p.103.

42 같은 책, pp.104~106.

43 같은 책, p.106.

44 같은 책, pp.109~110.

45 같은 책, p.106.

46 J. Habermas, *The Inclusion of the Other: Studies in Political Theory*, trans. C. Cronin and P. de Greiff, Cambridge, Mass.: MIT Press, 1998.

47 Habermas, *Structural Transformation*, p.119.

48 같은 책, p.121.

49 같은 책, pp.117~122.

50 같은 책, pp.122~123.

51 K. Marx, "A Contribution to the Critique of Hegel's philosophy of Right: Introduction" [1843 – 4] in *Early Writings*, trans. R. Livingstone and G. Benton, Harmondsworth: Penguin Books, 1992, pp.253~254.

52 Habermas, *Structural Transformation*, p.119.

53 같은 책, pp.131~132.

54 같은 책, p.131.

55 같은 책, p.133.

56 같은 책, pp.133~134.

57 같은 책, p.136.

58 같은 책, p.140.

59 같은 책, p.142.

60 같은 책, p.144.

61 같은 책, p.146.

62 같은 책, p.151.

63 같은 책, p.152.

64 같은 책, pp.154~155.

65 같은 책, p.155.

66 같은 책, p.157.

67 J. Habermas, *Legitimation Crisis*, London: Heinemann, 1976.

68 Habermas, *Structural Transformation*, p.156.

69 같은 책, p.157.

70 같은 책, p.159.

71 같은 책, p.159.

72 같은 책, p.160.

73 T. W. Adorno, "Free time," in *The Culture Industry: Selected Essays on Mass Culture*, ed. J. M. Bernstein, London: Routledge, 1991.

74 Habermas, *Structural Transformation*, pp.157~159.

75 같은 책, p.166.

76 같은 책, p.175.

77 같은 책, p.171.

78 같은 책, p.164.

79 같은 책, pp.163, 170~171.

80   J. Habermas, "Further reflections on the public sphere," in C. Calhoun (ed.), *Habermas and the Public Sphere*, Cambridge, Mass.: MIT Press, 1992, p.439.

81   Habermas, *Structural Transformation*, p.189.

82   같은 책, pp.165~166.

83   같은 책, p.166.

84   같은 책, p.182.

85   같은 책, pp.166~167.

86   같은 책, p.177.

87   같은 책, p.176.

88   C. Offe, *Contradictions of the Welfare State*, London: Hutchinson, 1984.

89   Habermas, *Structural Transformation*, pp.203~205.

90   같은 책, p.211.

91   같은 책, p.202.

92   같은 책, p.213.

93   같은 책, p.201.

94   같은 책, p.237.

95   같은 책, p.241.

96   같은 책, pp.226~227.

97   같은 책, p.210.

98   같은 책, p.209.

99   같은 책, p.227.

100   같은 책, p.208.

101   J. Habermas, "Further reflections on the public sphere," in C. Calhoun (ed.), *Habermas and the Public Sphere*, Cambridge, Mass.: MIT Press, 1992, p.438.

102   C. Calhoun, "Introduction," in Calhoun (ed.), *Habermas and the Public Sphere*, p.33.

103   G. Eley, "Nations, publics and political cultures: placing Habermas in the nineteenth century," in Calhoun (ed.), *Habermas and the Public Sphere*, p.307.

104   K. Baker, "Defining the public sphere in eighteenth century France: variations on a theme by Habermas," in Calhoun (ed.), *Habermas and the Public Sphere*, pp.191~192.

105   E. P. Thompson, *The Making of the English Working Class*, Harmondsworth:

Penguin, 1968. 이 책은 이런 의미에서 다양하면서 보완적인 역사적 강조점을 제공한다.

106 Nancy Fraser, "Rethinking the public sphere: a contribution to the critique of actually existing democracy," in Calhoun (ed.), *Habermas and the Public Sphere*, p.116.

107 Fraser, "Rethinking the public sphere," p.113.

108 M. Ryan, "Gender and public access: women's politics in nineteenth-century America," in Calhoun (ed.), *Habermas and the Public Sphere*, p.215.

109 D. Zaret, "Religion, science, and printing in the public sphere in seventeenth-century England," in Calhoun (ed.), *Habermas and the Public Sphere*, pp.262~263.

110 P. Hohendahl, "Critical theory, public sphere and culture: Jürgen Habermas and his critics," *New German Critique*, vol. 16, 1979.

111 같은 책, p.104.

112 O. Negt and A. Kluge, "The public sphere and experience: selections," trans. P. Labanyi, *October*, no. 46, Fall, 1988[1972].

113 P. Hohendahl, "Critical theory, public sphere and culture," pp.105~106.

114 같은 책, p.105.

115 Negt and Kluge, "The public sphere and experience," p.61.

116 같은 책, p.63.

117 Holub, *Habermas: Critic in the public sphere*, pp.78~105를 보라.

118 N. Garnham, "The media and the public sphere," in Calhoun (ed.), *Habermas and the Public Sphere*, pp.361~362.

119 같은 책, pp.362~364.

120 같은 책, pp.364~365.

121 Fraser, "Rethinking the public sphere," p.109.

122 같은 책, p.111.

123 같은 책, p.117.

124 같은 책, p.119 (강조는 인용자).

125 같은 책, p.120.

126 같은 책, p.121.

127 같은 책, p.117.

128 같은 책, p.122.

129 같은 책, p.123.

130 같은 책, p.124.

131 T. Gitlin, "Public sphere or public sphericules?," in T. Liebes and J. Curran (eds), *Media, Ritual, Identity*, London: Routledge, 1998, pp.168~175.

132 Fraser, "Rethinking the public sphere," p.118.

133 같은 책, pp.128~129.

134 S. Benhabib, *Situating the Self: Gender, Community and Postmodernism in Contemporary Ethics*, Cambridge: Polity Press, 1992.

135 Fraser, "Rethinking the public sphere," pp.129~130.

136 같은 책, p.130.

137 같은 책, p.131.

138 R. Pfeur Kahn, "The problem of power in Habermas," *Human Studies*, vol. 11, no. 4, 1988, pp.375~376.

139 B. Latour, "Whose cosmos, which cosmos? Comments on the peace terms of Ulrich Beck," ⟨http://www.ensmp.fr/~latour/articles/article/92-BECK-CK. html⟩ (2004).

140 J. D. Peters, "Distrust of representation: Habermas on the public sphere," *Media, Culture and Society*, vol. 15, 1993.

141 같은 책, p.562.

142 같은 책, p.563.

143 같은 책, p.564.

144 같은 책, p.566.

145 같은 책, p.546.

146 R. Sennett, *The Fall of Public Man*, London: Faber & Faber, 1986[1977], p.270.

147 같은 책, p.276.

148 Peters, "Distrust of representation," p.565.

149 B. Anderson, *Imagined Communities: Reflections on the Origin and Spread of Nationalism*, London: Verso, 1991.

150 Peters, "Distrust of representation," p.565.

151 M. Warner, "The mass public and the mass subject," In B. Robbins(ed.), *The Phantom of Public Sphere*, Minneapolis: University of Minnesota Press, 1993,

p.239.

152 같은 책, p.242.

153 같은 책, p.241.

154 같은 책, p.247.

155 같은 책, p.247~248.

156 같은 책, p.241.

157 같은 책, p.253.

158 같은 책, p.255.

159 Habermas, "Concluding remarks," p.466.

160 U. Eco, *The Role of the Reader: Explorations in the Semiotics of Texts*, Bloomington: Indiana University Press, 1984.

161 J. Habermas, *Toward a Rational Society: Student Protest, Science and Politics*, trans. J. Shapiro, Cambridge: Polity Press, 1987[1962].

162 J. Habermas, "The scientisation of politics and public opinion," in *Toward a Rational Society*, p.68.

163 J. Habermas, "The university in a democracy," in *Toward a Rational Society*, p.6.

164 Habermas, "The scientisation of politics and public opinion," pp.62~63.

165 또한 T. McCarthy, *The Critical Theory of Jürgen Habermas*, Cambridge: Polity Press, 1979, p.11을 보라.

166 Habermas, "The scientisation of politics and public opinion," p.68 이하.

167 T. W. Adorno et al., *The Positivistic Dispute in German Sociology*, London: Heineman, 1977[1969].

168 Habermas, "The university in a democracy," pp.6~7.

169 J. Habermas, "Technical progress and the social life-world," in *Toward a Rational Society*, pp.57~58.

170 Habermas, "The university in a democracy," p.7.

171 Holub, *Habermas: Critic in the Public Sphere*, pp.78~105. 또한 J. Habermas, *Philosophical and Political Profiles*, trans. F. Lawrence, London: Heinemann, 1983, pp.165~170.

172 Holub, *Habermas: Critic in the Public Sphere*, p.85.

173 J. Habermas, "Technology and science as ideology," in *Toward a Rational*

Society.

174 Habermas, "The scientisation of politics and public opinion," p.73.

175 J. Habermas, *The Theory of Communicative Action vol. 1: Reason and the Rationalisation of Society*, trans. T. McCarthy, Cambridge: Polity Press, 1991 [1981], pp.90~93.

176 J. Habermas, *Moral Consciousness and Communicative Action*, trans. C. Lenhardt and S. Weber Nicholsen, Cambridge: Polity Press, 1990[1983], p.9.

177 J. Habermas, *The Philosophical Discourse of Modernity*, trans. F. Lawrence, Cambridge: Polity Press, 1987.

178 J. Habermas, *Communication and the Evolution of Society*, trans. T. McCarth, Cambridge: Polity Press, 1984[1976], pp.1~68.

179 Habermas, *Communication and the Evolution of Society*, p.68.

180 같은 책, pp.50~51.

181 Habermas, *The Theory of Communicative Action vol. 1*, p.297.

182 Habermas, *Communication and the Evolution of Society*, p.64.

183 Habermas, *The Theory of Communicative Action vol. 1*, p.303.

184 같은 책, p.302.

185 M. Jay, "Habermas and Modernism," in R. Bernstein (ed.), *Habermas and Modernity*, Cambridge: Polity Press, 1985.

186 Habermas, *Communication and the Evolution of Society*, p.65.

187 R. Blaug, *Democracy, Real and Ideal: Discourse Ethics and Radical Politics*, Albany: Sate University of New York Press, 1999를 보라.

188 J. D. Peters, *Speaking into the Air: A History of the Idea of Communication*, Chicago: University of Chicago Press, 1999를 보라. 피터스는 우아하지만, 불필요하게 극단적으로 상호성을 비판한다.

189 Habermas, *The Theory of Communicative Action vol. 1*, p.95.

190 J. Habermas, *The Theory of Communicative Action vol. 2: Lifeworld and System: The Critique of Functionalist Reason*, trans. T. McCarthy, Cambridge: Polity Press, 1987[1981], p.119.

191 같은 책, p.125.

192 같은 책, p.124.

193 같은 책, p.138.

194 같은 책, pp.262~263.

195 Habermas, *The Theory of Communicative Action vol. 2*, p.148.

196 같은 책, p.180.

197 같은 책, p.184.

198 같은 책, p.178.

199 같은 책, pp.301~302.

200 같은 책, pp.302.

201 같은 책, p.392.

202 같은 책, p.394.

203 같은 책, p.398.

204 Habermas, *The Philosophical Discourse of Modernity*; 또한 J. Habermas, *Postmetaphysical Thinking: Philosophical Essays*, trans. W. M. Hohengarten, Cambridge. Mass.: MIT Press, 1992를 보라.

205 Habermas, *Knowledge and Human Interests*.

206 J. Habermas, *The Inclusion of the Other: Studies in Political Theory*, trans. C. Cronin and P. de Greiff, Cambridge. Mass.: MIT Press, 1998, p.4.

207 같은 책, pp.43~44.

208 J. Habermas, *The Future of Human Nature*, Cambridge: Polity Press, 2003, p.39.

209 Habermas, *The Inclusion of the Other*, p.43.

210 같은 책, p.41. (강조는 저자).

211 Habermas, *The Future of Human Nature*, p.4.

212 같은 책, p.73.

213 J. Habermas, *Between Facts and Norms: Contributions to a Discourse Theory of Law and Democracy*, trans. W. Rehg, Cambridge: Polity Press, 1996.

214 J. Habermas, "Postscript to Between Facts and Norms," in M. Deflem (ed.), H*abermas, Modernity and Law*, London: Sage, 1996, p.139.

215 Habermas, *The Inclusion of the Other*, p.257.

216 Habermas, "Postscript to Between Facts and Norms," p.138.

217 Habermas, *The Inclusion of the Other*, p.257.

218 Habermas, "Postscript to Between Facts and Norms," p.142.

219 Habermas, *The Inclusion of the Other*, p.101.

220 Habermas, "Postscript to Between Facts and Norms," p.141.

221 Peters, *Speaking into the Air.*

222 E. Laclau and C. Mouffe, *Hegemony and Socialist Strategy: Towards a Radical Democratic Politics*, London: Verso, 1985.

223 E. Laclau, *Emancipation(s)*, London: Verso, 1996, p.xⅲi.

224 Habermas, *The Inclusion of the Other*, p.109 이하.

225 같은 책, pp.112~113.

226 같은 책, p.117.

227 C. Cronin and P. de Greiff, "Translator's Introduction," in Habermas, *The Inclusion of the Other*, p.xxⅷ.

228 Habermas, *The Inclusion of the Other*, pp.221~222.

229 같은 책, p.40.

230 같은 책, p.221.

231 M. Castells, *The Rise of the Network Society*, 2nd edn., Oxford: Blackwell, 2000.

232 A. Appadurai, *Modernity at Large: Cultural Dimensions of Globalization*, Minneapolis: University of Minnesota Press, 1996.

233 M. Wark, *Virtual Geography: Living with Global Media Event*, Bloomington: Indiana Univ. Press, 1996.

234 Habermas, *The Inclusion of the Other*, p.145.

235 C. Gilligan, *In a Different Voice: Psychological Theory and Women's Development*, Cambridge, Mass.: Harvard Univ. Press, 1982.

236 D. Haraway, *Simians, Cyborgs and Women: The Reinvention of Nature*, New York: Routledge, 1991, pp.148~181.

237 G. Deleuze and F, Guattari, *A Thousand Plateaus: Capitalism and Schizophrenia*, Minneapolis: University of Minnesota Press, 1987.

238 J. Habermas, *The Theory of Communicative Action vol. 2: Lifeworld and System: The Critique of Functionalist Reason*, trans. T. McCarthy, Cambridge: Polity Press, 1987[1981], p.390.

239 J. D. Peters, *Speaking into the Air: A History of the Idea of Communication*, Chicago: University of Chicago Press, 1999.

240 J. B. Thompson, *Ideology and Modern Culture: Critical Theory in the Era*

of Mass Communication, Cambridge: Polity Press, 1990; "The theory for the public sphere," *Theory, Culture and Society*, vol. 10, no. 3, 1993; "Social theory and the media," in D. Crowley and D. Mitchell (eds), *Communication Theory Today*, Cambridge: Polity Press, 1994; *The Media and Modernity: A Social Theory of the Media*, Cambridge: Polity Press, 1995.

241 예를 들어, M. Poster, *The Second Media Age*, Cambridge: Polity Press, 1995를 보라.

242 Thompson, *Ideology and Modern Culture*, p.120.

243 같은 책, p.120.

244 같은 책, p.228 이하.

245 Thompson, "Social theory and the media," p.35.

246 같은 책, p.36.

247 같은 책, p.37. 또한 P. Scannell, "Public service broadcasting: the history of a concept," in A. Goodwin and G. Whannel (eds), *Understanding Television*, London: Routledge, 1992, pp.11~29.

248 Thompson, "Social theory and the media," p.225.

249 F. Jameson, *Postmodernism, or the Cultural Logic of Late Capitalism*, London: Verso, 1990.

250 A. Giddens, *Modernity and Self-Identity: Self and Society in the Late Modern Age*, Cambridge: Polity Press, 1991, pp.187~188.

251 Giddens, *Modernity and Self-Identity*, p.33

252 Thompson, "The theory of the public sphere," pp.186~187.

253 예를 들어 다음을 보라. P. Scannell, "Public service broadcasting and modern public life," in P. Scannell et al. (eds), *Culture and Power*, London: Sage, 1991; J. Keane, *The Media and Democracy*, Cambridge: Polity Press, 1991; P. Golding and G. Murdock, "Culture, Communications and political economy," in J. Curran and M. Gurevitch (eds), *Mass Media and Society*, 2nd edn., London: Arnold, 1991; P. Dahlgren and C. Spark (eds), *Communication and Citizenship: Journalism and the Public Sphere*, London: Sage, 1991.

254 N. Negroponte, *Being Digital*, London: Coronet, 1996; H, Schiller, "The global information highway: project for an ungovernable world," in J. Brook and I. Boal (eds), *Resisting the Virtual Life: The Culture and Politics of*

Information, Sam Francisco: City Light Books, 1995.

255 Thompson, *Ideology and Modern Culture*, p.115; Thompson, "Social theory and the media," pp.39~40.

256 J. Habermas, *The Structural Transformation of the Public Sphere: An Inquiry into a Category of Bourgeois Society*, trans. T. Burge, Cambridge: Polity Press, 1989[1962], p.195.

257 Thompson, *Ideology and Modern Culture*, pp.231~232.

258 같은 책, pp.245~246.

259 Thompson, "Social theory and the media," p.40.

260 같은 책, p.41.

261 D. Kellner, *Media Culture: Cultural Studies, Identity and Politics Between the Modern and the Postmodern*, London: Routledge, 1995, pp.198~228.

262 E. Said, *Culture and Imperialism*, London: Vintage, 1994.

263 Thompson, "Social theory and the media," p.41.

264 P. Schlesinger, "Europe's contradictory communicative space," *Daedalus*, vol. 123, no. 2, 1994, pp.34~35.

265 N. Garnham, "The media and the public sphere," in C. Calhoun (ed.), *Habermas and the Public Sphere*, Cambridge, Mass.: MIT Press, 1992, p.371.

266 D. Held, "Democracy and the new international order," in D. Archibugi and D. Held (eds), *Cosmopolitan Democracy: An Agenda for a New World Order*, Cambridge: Polity Press, 1995, p.112.

267 Thompson, "Social theory and the media," p.31.

268 J. Habermas, "What does socialism mean today? The rectifying revolution and the need for new thinking on the Left," *New Left Review*, no. 183, 1990, pp.19~20. (강조는 인용자).

269 C. Calhoun, "Populist politics, communications media and large scale societal integration," *Sociological Theory*, vol. 6, Fall, 1988, p.244.

270 이 문헌들의 유용한 서베이를 위해서는, N. Stevenson, *Understanding Media Cultures: Social Theory and Mass Communication*, London: Sage, 1995, pp.75~113.

271 J. Habermas, *The Future of Human Nature*, Cambridge: Polity Press, 2003, p.121.

272 H. Rheingold, *Virtual Community: Finding Connection in a Computerized World*, London: Vintage, 1993.

273 B. Connery, "IMHO: authority and egalitarian rhetoric in the virtual coffeehouse," in D. Porter (ed.), *Internet Culture*, London: Routledge, 1997.

274 D. Kellner, "Techno-politics, new technologies, and the new public spheres," ⟨http://www.uta.edu/huma/illuminations⟩ (1998).

275 M. Poster, *The Second Media Age*, Cambridge: Polity Press, 1995; *What's the Matter with the Internet?* Minneapolis: University of Minnesota Press, 2001.

276 M. Poster, "Cyberdemocracy: internet and the public sphere," in Porter (ed.), *Internet Culture*, p.214.

277 L. Manovich, *The Language of New Media*, Cambridge, Mass.: MIT Press, 2001.

278 D. Schiller, *Digital Capitalism: Networking the Global Market System*, Cambridge, Mass.: MIT Press, 1999.

279 J. Baudrillard, *In the Shadow of the Silent Majorities, or, the End of the Social and Other Essays*, trans. P. Foss, New York: Semiotexte, 1983; D. Morley and K. Robins, *Spaces of Identity: Global Media, Electronic Landscapes and Cultural Boundaries*, London: Routledge, 1995, pp.194~195.

280 P. Lunenfeld, *Snap to Grid: A User's Guide to Digital Arts, Media and Cultures*, Cambridge, Mass.: MIT Press, 2000.

281 G. P. Landow, *Hypertext 2.0*, Baltimore: Jones Hopkins University Press, 1997.

282 R. Barthes, *S/Z*, trans. R. Miller, New York: Hill and Wang, 1974.

283 G. Deleuze and F. Guattari, *A Thousand Plateaus: Capitalism and Schizophrenia*, Minneapolis: University of Minnesota Press, 1987.

284 J. D. Bolter and R. Grusin, *Remediation: Understanding New Media*, Cambridge, Mass.: MIT Press, 1999.

285 Manovich, *The Language of New Media*, pp.30~31.

286 R. Williams, *Television, Technology and Cultural Form,* London: Fontana, 1974; *Towards 2000*, London: Chatto and Windus, 1982.

287 G. Myerson, *Heidegger, Habermas and the Mobile Phone*, Duxford: Icon Books, 2001.

288　B. Winston, *Media Technology and Society: A History from the Telegraph to the Internet*, London: Routledge, 1998.

289　N. Perry, "Ringing in the changes: the cultural meanings of the telephone," in L. Goode and N. Zuberi (eds), *Media Studies in Aotearoa/New Zealand*, Auckland: Pearson Longman, 2004, pp.158~160.

290　"Listening otherwise: music miniaturised," in R. Chow, *Writing Diaspora: Tactics of Intervention in Contemporary Cultural Studies*, Bloomington and Indianapolis: Indiana University Press, 1993. 나는 이 점과 모바일 장치들의 문화에 대한 다른 흥미로운 관점에 나를 인도해 준 네이빌 주베리에 빚지고 있다.

291　S. Turkle, *Life on the Screen: Identity in the Age of the Internet*, New York: Simon and Schuster, 1995.

292　A. Balsamo, "The virtual body in cyberspace," in D. Bell and B. Kennedy (eds), *The Cybercultures Reader*, London: Routledge, 2000, pp.489~503.

293　W. Benjamin, "The work of art in the age of mechanical reproduction," in *Illuminations*, London: Fontana, 1990[1936], pp.211~244.

294　U. Beck, "The reinvention of politics: towards a theory of reflexive modernisation," in U. Beck, A. Giddens and S. Lash, *Reflexive Modernization*, Cambridge: Polity Press, 1994.

295　A. Giddens, *Beyond Left and Right: The Future of Radical Politics*, Cambridge: Polity Press, 1994, p.95.

296　J. F. Lyotard, *The Postmodern Condition: A Report on Knowledge*, trans. G. Bennington and B. Masum, Manchester: Manchester University Press, 1986 [1979].

297　A. Giddens, *The Consequences of Modernity*, Cambridge: Polity Press, 1990, p.84.

298　같은 책, pp.135~137.

299　같은 책, p.85.

300　같은 책, pp.87~88.

301　Giddens, *Beyond Left and Right*, p.94.

302　같은 책, pp.95~96.

303　B. Latour, *Politics of Nature: How to Bring the Sciences into Democracy*, trans. C. Porter, Cambridge, Mass.: Harvard University Press, 2004를 보라.

304 예를 들어, N. Stevenson (ed.), *Cultural Citizenship: Cosmopolitan Questions*, Maidenhead: Open University Press, 2003을 보라.

305 Giddens, *The Consequences of Modernity*, pp.123~124.

306 S. Lash and J. Urry, *Economics of Signs and Space*, London: Sage, 1994, p.39.

307 Giddens, *Beyond Left and Right*, pp.90~91.

308 U. Beck, *Risk Society: Towards a New Modernity*, trans. M. Ritter, London: Sgae, 1992[1986]; *Ecological Politics in an Age of Risk*, trans. A. Weisz, Cambridge: Polity Press, 1995[1988].

309 Beck, *Risk Society*, pp.21~22.

310 같은 책, p.34.

311 Giddens, *Modernity and Self-Identity*, pp.123~124; Giddens, *Beyond Left and Right*, pp.220~223.

312 Beck, "The reinvention of politics," pp.6~7.

313 Z. Bauman, *Postmodern Ethics*, Oxford: Blackwell, 1993, pp.196 이하.

314 Beck, *Risk Society*, p.71.

315 같은 책, p.159.

316 같은 책, p.157.

317 같은 책, p.172.

318 같은 책, p.60.

319 같은 책, p.232.

320 Beck, "The reinvention of politics," p.28.

321 Beck, *Risk Society*, p.234.

322 Giddens, *Beyond Left and Right*.

323 같은 책, pp.252~253; Beck, *Risk Society*, p.48.

324 Beck, *Risk Society*, p.36.

325 J. Habermas, "The new obscurity: the crisis of the welfare state and the exhaustion of utopian energies," in *The New Conservatism: Cultural Criticism and the Historians' Debate*, trans. S. Weber Nicholsen, Cambridge: Polity Press, 1989, p.64.

326 J. Keane, *Democracy and Civil Society*, London: Verso, 1987, p.15.

327 J. Habermas, *The Future of Human Nature*, Cambridge: Polity Press, 2003.

328 J. Derrida, *Specters of Marx: The State of the Debt, the Work of Mourning,*

and the New International, trans. P. Kamuf, London: Routledge, 1994; J. Derrida, *Archive Fever: A Freudian Impression*, trans. E. Prenowitz, Chicago: University of Chicago Press; J. D. Peters, *Speaking into the Air: A History of the Idea of Communication*, Chicago: University of Chicago Press, 1999.

329 Habermas, "The new obscurity," p.51.

Adorno, T. W., *The Culture Industry: Selected Essays on Mass Culture*, (ed.), J. M. Bernstein, London: Routledge, 1991.

———— Albert, H., Dahrendorf, R., Habermas, J., Pilot, H and Popper, K., *The Positivist Dispute in German Sociology*, (trans.) G. Adey and D. Frisby, London: Heinemann, 1977[1969].

Anderson, B., *Imagined Communities: Reflections on the Origin and Spread of Nationalism*, London: Verso, 1991.

Appadurai, A., *Modernity at Large: Cultural Dimensions of Globalization*, Minneapolis: University of Minnesota Press, 1996.

Baker, K., "Defining the public sphere in eighteenth-century France: variations on a theme by Habermas," in Calhoun (ed.), *Habermas and the Public Sphere*.

Balsamo, A., "The virtual body in cyberspace," in D. Bell and B. Kennedy (eds.), *The Cybercultures Reader*, London: Routledge, 2000.

Barthes, R., *S/Z*, (trans.) R. Miller, New York: Hill and Wang, 1974.

Baudrillard, J., *In the Shadow of the Silent Majorities, or the End of the Social and Other Essays*, (trans.) P. Foss, New York: Semiotexte, 1983.

Bauman, Z., *Postmodern Ethics*, Oxford: Blackwell, 1993.

Beck, U., *Risk Society: Toward a New Modernity*, (trans.) M. Ritter, London: Sage, 1992[1986].

———— *Ecological Politics in an Age of Risk*, (trans.) A. Weisz, Cambridge: Polity Press, 1995[1988].

———— "The reinvention of politics: towards a theory of reflexive modernisation," in U. Beck, A. Giddens and S. Lash, *Reflexive Modernization*, Cambridge: Polity Press, 1994.

Benjamin, W., "The work of art in the age of mechanical reproduction," in *Illuminations*, London: Fontana, 1990[1936].

Blaug, R., *Democracy, Real and Ideal: Discourse Ethics and Radical Politics*, Albany: State University of New York Press, 1999.

Benhabib, S., *Situating the Self: Gender, Community and Postmodernism in Contemporary Ethics*, Cambridge: Polity Press, 1992.

Bolter, J. D. and Grusin, R., *Remediation: Understanding New Media*, Cambridge, Mass.: MIT Press, 1999.

Calhoun, C., "Populist Politics, communications media and large scale societal integration," *Sociological Theory*, vol. 6, Fall, 1988.

——— (ed.), *Habermas and the Public Sphere*, Cambridge, Mass.: MIT Press, 1992.

Castells, M., *The Rise of the Network Society*, (2nd edn.), Oxford: Blackwell, 2000.

Chow, R., *Writing Diaspora: Tactics of Intervention in Contemporary Cultural Studies*, Bloomington and Indianapolis: Indiana University Press, 1993.

Connery, B., "IMHO: authority and egalitarian rhetoric in the virtual coffeehouse," in D. Porter (ed.), *Internet Culture*, London: Routledge, 1997.

Cronin, C. and de Greiff, P., "Translators' introduction," in Habermas, *The Inclusion of the Other*.

Dahlgren, P. and Sparks, C. (eds.), *Communication and Citizenship: Journalism and the Public Sphere*, London: Sage, 1991.

Deleuze, G. and Guattari, F., *A Thousand Plateaus: Capitalism and Schizophrenia*, Minneapolis: University of Minnesota Press, 1987.

Derrida, J., *Specters of Marx: The State of the Debt, the Work of Mourning, and the New International*, (trans.) P. Kamuf, London: Routledge, 1994.

——— *Archive Fever: a Freudian Impression*, (trans.) E. Prenowitz, Chicago: University of Chicago Press, 1996.

Eco, U., *The Role of the Reader: Explorations in the Semiotics of Texts*, Bloomington: Indiana University Press, 1984.

Eley, G., "Nations, publics and political cultures: placing Habermas in the nineteenth century," in Calhoun (ed.), *Habermas and the Public Sphere*.

European Commission, *Convergence Green Paper: Working Document* <http://www.ispo.cec.be/convergencegp/gpworkdoc.html>, 1998.

Fraser, N., "Rethinking the public sphere: a contribution to the critique of actually existing democracy," in Calhoun (ed.), *Habermas and the Public Sphere*.

Garnham, N., "The media and the public sphere," in Calhoun (ed.), *Habermas and the Public Sphere*.

Giddens, A., *The Consequences of Modernity*, Cambridge: Polity Press, 1990.

——— *Modernity and Self-Identity: Self and Society in the Late Modern Age*,

Cambridge: Polity Press, 1991.

—— *Beyond Left and Right: The Future of Radical Politics*, Cambridge: Polity Press, 1994.

Gilligan, C., *In a Different Voice: Psychological Theory and Women's Development*, Cambridge, Mass.: Harvard University Press, 1982.

Gitlin, T., "Public sphere or public sphericules?," in T. Liebes and J. Curran (eds.), *Media, Ritual, Identity*, London: Routledge, 1998.

Golding, P. and Murdock, G., "Culture, Communications and Political Economy" in J. Curran and M. Gurevitch (eds.), *Mass Media and Society*, (2nd edn.), London: Arnold, 1991.

Habermas, J., *The Structural Transformation of the Public Sphere: An Inquiry into a Category of Bourgeois Society*, (trans.) T. Burger, Cambridge: Polity Press, 1989[1962].

—— *Toward a Rational Society: Student Protest, Science and Politics*, (trans.) J. Shapiro, Cambridge: Polity Press, 1987[1962].

—— "The scientisation of politics and public opinion," in *Toward a Rational Society*.

—— "The university in a democracy," in *Toward a Rational Society*.

—— "Technical progress and the social life-world," in *Toward a Rational Society*.

—— "Technology and science as 'ideology'," in *Toward a Rational Society*.

—— *Knowledge and Human Interests*, (trans.) J. Shapiro, Cambridge: Polity Press, 1987[1968].

—— *Legitimation Crisis*, London: Heinemann, 1976.

—— *Communication and the Evolution of Society*, (trans.) T. McCarthy, Cambridge: Polity Press, 1984[1976].

—— *Philosophical and Political Profiles*, (trans.) F. Lawrence, London: Heinemann, 1983.

—— *The Theory of Communicative Action vol. 1: Reason and the Rationalisation of Society*, (trans.) T. McCarthy, Cambridge: Polity Press, 1991[1981].

—— *The Theory of Communicative Action vol. 2: Lifeworld and System: The Critique of Functionalist Reason*, (trans.) T. McCarthy, Cambridge: Polity Press, 1987[1981].

—— *Moral Consciousness and Communicative Action*, (trans.) C. Lenhardt and S. Weber Nicholsen, Cambridge: Polity Press, 1990[1983].

—— *The Philosophical Discourse of Modernity*, (trans.) F. Lawrence,

Cambridge: Polity Press, 1987.

——— "The new obscurity: the crisis of the welfare state and the exhaustion of utopian energies," in *The New Conservativism: Cultural Criticism and the Historians' Debate*, (trans.) S. Weber Nicholsen, Cambridge: Polity Press, 1989.

——— "What does socialism mean today? The rectifying revolution and the need for new thinking on the Left," *New Left Review*, no. 183, 1990.

——— *Postmetaphysical Thinking: Philosophical Essays*, (trans.) W. M. Hohengarten, Cambridge, Mass.: MIT Press, 1992.

——— "Further reflections on the public sphere," in Calhoun (ed.), *Habermas and the Public Sphere*, Cambridge, Mass.: MIT Press, 1992.

——— "Concluding remarks," in Calhoun (ed.), *Habermas and the Public Sphere*.

——— *Between Facts and Norms: Contributions to a Discourse Theory of Law and Democracy*, (trans.) W. Rehg, Cambridge: Polity Press, 1996.

——— "Postscript to Between Facts and Norms," in M. Deflem (ed.), *Habermas, Modernity and Law*, London: Sage, 1996.

——— *The Inclusion of the Other: Studies in Political Theory*, (trans.) C. Cronin and P. de Greiff, Cambridge, Mass.: MIT Press, 1998.

——— *The Future of Human Nature*, Cambridge: Polity Press, 2003.

Haraway, D., *Simians, Cyborgs and Women: The Reinvention of Nature*, New York: Routledge, 1991.

Held, D., "Democracy and the new international order," in D. Archibugi and D. Held (eds.), *Cosmopolitan Democracy: An Agenda for a New World Order*, Cambridge: Polity Press, 1995.

Hohendahl, P., "Critical theory, public sphere and culture: Jürgen Habermas and his critics," *New German Critique*, vol. 16, 1979.

Holub, R., *Habermas: Critic in the Public Sphere*, London: Routledge, 1991.

Jay, M., "Habermas and Modernism," in R. Bernstein (ed.), *Habermas and Modernity*, Cambridge: Polity Press, 1985.

Jameson, F., *Postmodernism, or the Cultural Logic of Late Capitalism*, London: Verso, 1990.

Katz, J., "Birth of a digital nation," *Wired*, vol. 5.04, 1996.

Keane, J., *Democracy and Civil Society*, London: Verso, 1987.

——— *The Media and Democracy*, Cambridge: Polity Press, 1991.

Kellner, D., *Media Culture: Cultural Studies, Identity and Politics Between the Modern and the Postmodern*, London: Routledge, 1995.

——— "Techno-politics, new technologies, and the new public spheres," <http://

www.uta.edu/huma/illuminations> (1998).

Laclau, E., *Emancipation(s)*, London: Verso, 1996.

———— and Mouffe, C., *Hegemony and Socialist Strategy: Towards a Radical Democratic Politics*, London: Verso, 1985.

Landow, G. P., *Hypertext 2.0*, Baltimore: Johns Hopkins University Press, 1997.

Lash, S. and Urry, J., *Economies of Signs and Space*, London: Sage, 1994.

Latour, B., "Whose cosmos, which cosmopolitics? Comments on the peace terms of Ulrich Beck," <http://www.ensmp.fr/~latour/articles/article/92-BECK-CK.html>, 2004.

———— *Politics of Nature: How to Bring the Sciences into Democracy*, (trans.) C. Porter, Cambridge, Mass.: Harvard University Press, 2004.

Lunenfeld, P., *Snap to Grid: A User's Guide to Digital Arts, Media and Cultures*, Cambridge, Mass.: MIT Press, 2000.

Lyotard, J. F., *The Postmodern Condition: A Report on Knowledge*, (trans.) G. Bennington and B. Massumi, Manchester: Manchester University Press, 1986[1979].

Manovich, L., *The Language of New Media*, Cambridge, Mass.: MIT Press, 2001.

Marx, K., "A Contribution to the Critique of Hegel's Philosophy of Right: Introduction" [1843 – 44] in *Early Writings*, (trans.) R. Livingstone and G. Benton, Harmondsworth: Penguin Books, 1992.

McLuhan, M., *Understanding Media: The Extensions of Man*, London: Routledge, 1994[1964].

Morley, D. and Robins, K., *Spaces of Identity: Global Media, Electronic Landscapes and Cultural Boundaries*, London: Routledge, 1995.

McCarthy, T., *The Critical Theory of Jürgen Habermas*, Cambridge: Polity Press, 1979.

Myerson, G., *Heidegger, Habermas and the Mobile Phone*, Duxford: Icon Books, 2001.

Negroponte, N., *Being Digital*, London: Coronet, 1996.

Negt, O. and Kluge, A., "The public sphere and experience: selections," (trans.) P. Labanyi, *October*, no. 46, Fall, 1988[1972].

Offe, C., *Contradictions of the Welfare State*, London: Hutchinson, 1984.

Perry, N., "Ringing the changes: the cultural meanings of the telephone," in L. Goode and N. Zuberi (eds.), *Media Studies in Aotearoa/New Zealand*, Auckland: Pearson Longman, 2004.

Peters, J. D., "Distrust of representation: Habermas on the public sphere," *Media, Culture and Society*, vol. 15, 1993.

————— *Speaking into the Air: A History of the Idea of Communication*, Chicago: University of Chicago Press, 1999.

Plant, S., "On the mobile: the effects of mobile telephones on social and individual life," <http://www.motorola.com/mediacenter>, 2001.

Poster, M., *The Second Media Age*, Cambridge: Polity Press, 1995.

————— "Cyberdemocracy: Internet and the Public Sphere," in D. Porter (ed.), *Internet Culture*, London: Routledge, 1997.

————— *What's the Matter with the Internet?*, Minneapolis: University of Minnesota Press, 2001.

Pfeufer Kahn, R., "The problem of power in Habermas," *Human Studies*, vol. 11, no. 4, 1988.

Ray, L., *Rethinking Critical Theory: Emancipation in the Age of Social Movements*, London: Sage, 1993.

Rheingold, H., *Virtual Community: Finding Connection in a Computerized World*, London: Vintage, 1993.

Ryan, M., "Gender and public access: women's politics in nineteenth-century America," in Calhoun (ed.), *Habermas and the Public Sphere*.

Said, E., *Culture and Imperialism*, London: Vintage, 1994.

Scanell, P., "Public service broadcasting and modern public life," in P. Scannell et al. (eds), *Culture and Power*, London: Sage, 1991.

————— "Public service broadcasting: the history of a concept," in A. Goodwin and G. Whannel (eds.), *Understanding Television*, London: Routledge, 1992.

Schiller, D., *Digital Capitalism: Networking the Global Market System*, Cambridge, Mass.: MIT Press, 1999.

Schiller, H., "The global information highway: project for an ungovernable world," in J. Brook and I. Boal (eds.), *Resisting the Virtual Life: The Culture and Politics of Information*, San Francisco: City Light Books, 1995.

Schlesinger, P., "Europe's contradictory communicative space," *Dædalus*, vol. 123, no. 2, 1994.

Sennett, R., *The Fall of Public Man*, London: Faber and Faber, 1986[1977].

Stevenson, N., *Understanding Media Cultures: Social Theory and Mass Communication*, London: Sage 1995.

————— (ed.), *Cultural Citizenship: Cosmopolitan Questions*, Maidenhead: Open University Press, 2003.

Thompson, E. P. *The Making of the English Working Class*, Harmondsworth: Penguin, 1968.

Thompson, J. B., *Ideology and Modem Culture: Critical Theory in the Era of Mass*

Communication, Cambridge: Polity Press, 1990.

———— "The theory of the public sphere," *Theory, Culture and Society*, vol. 10, no. 3, 1993.

———— "Social theory and the media," in D. Crowley and D. Mitchell (eds.), *Communication Theory Today*, Cambridge: Polity Press, 1994.

———— *The Media and Modernity: A Social Theory of the Media*, Cambridge: Polity Press, 1995.

Turkle, S., *Life on the Screen: Identity in the Age of the Internet*, New York: Simon and Schuster, 1995.

Wark, M., *Virtual Geography: Living with Global Media Events*, Bloomington: Indiana University Press, 1994.

Warner, M., "The mass public and the mass subject," in B. Robbins (ed.), *The Phantom Public Sphere*, Minneapolis: University of Minnesota Press. 1993.

Williams, R., *Television, Technology and Cultural Form*, London: Fontana. 1974.

———— *Towards 2000*, London: Chatto and Windus, 1982.

Winston, B., *Media Technology and Society: A History from the Telegraph to the Internet*, London: Routledge, 1998.

Zaret, D., "Religion, science, and printing in the public spheres in seventeenth-century England," in Calhoun (ed.), *Habermas and the Public Sphere.*